Kenkyu Sosho No.618

新興諸国の現金給付政策

アイディア・言説の視点から

宇佐見耕一・牧野久美子：編

IDE-JETRO アジア経済研究所

研究双書　No. 618

宇佐見耕一・牧野久美子　編
『新興諸国の現金給付政策――アイディア・言説の視点から――』

Shinko Shokoku no Genkin Kyufu Seisaku: Aidia Gensetsu no Shiten kara.
(Cash Transfer Policies in Emerging Countries: Ideational and Discursive Analysis)

Edited by

Koichi USAMI and Kumiko MAKINO

Contents

Introduction　Cash Transfer Policies in Emerging Countries: Concepts and Perspectives
　　　　　　　　　　　　　　　　　　　　　　　　(Koichi USAMI and Kumiko MAKINO)

Chapter 1　Universal Child Allowance and Politics of Ideas in Argentina
　　　　　　　　　　　　　　　　　　　　　　　　　　　　　(Koichi USAMI)

Chapter 2　Conditional Cash Transfer Programs in Brazil: Discourses and Ideas in Aggregation into Bolsa Família　　(Ryohei KONTA)

Chapter 3　Child Support Grant in Post-Apartheid South Africa: Revisit from the Social Investment Perspective　　(Kumiko MAKINO)

Chapter 4　The Changes in Food and Cash Benefit Policies and International Food Aid Policies in Ethiopia　　(Yuka KODAMA)

Chapter 5　Reform of Cash Transfer Policies as Income Security System in South Korea: From the National Minimum to the Social Allowance Based on the Basic Income Idea　　(Jo-seol KIM)

Chapter 6　Cash Benefit Institutions in Central and East European Countries
　　　　　　　　　　　　　　　　　　　　　　　　　　　(Manabu SENGOKU)

Conclusion　Ideational and Discursive Factors in Cash Transfer Policy Making
　　　　　　　　　　　　　　　　　　　　　　　　　　　　　(Koichi USAMI)

〔Kenkyu Sosho (IDE Research Series) No. 618〕
Published by the Institute of Developing Economies, JETRO, 2014
3-2-2, Wakaba, Mihama-ku, Chiba-shi, Chiba 261-8545, Japan

まえがき

　本書はアジア，アフリカ，ラテンアメリカおよび中東欧の新興諸国における現金給付政策を扱っている。現金給付政策には本書でも言及しているようにさまざまな形態があるが，ここでは主として税を財源とする社会扶助に分類される現金給付政策を分析の対象としている。

　新興諸国における社会保障の問題点は，社会保険でカバーされない広範な階層が存在することである。そうした階層へ社会保障を拡大する手法として，社会扶助としての各種の現金給付政策が拡充されている。本書の課題は，新興諸国においていかに現金給付政策が拡大したのかというものである。われわれはこの課題に向き合うに当たって，アイディア・言説の果たす役割に注目した。アイディア・言説の役割に注目したのは，新興諸国で採用されている現金給付政策の背景に人的投資あるいはベーシックインカムといった国際的に流布しているアイディアがあり，それがどのように当該国に伝播し，そこでどのように定着していったのかをトレイスすることが本書の課題に対する回答を導き出すのに適切であると考えたからである。また，そうしたアイディア・言説は国を超え，さらに国内の階層を超えて，すなわち利益を超えて共有されていることが推定されたからである。たとえば，条件付現金給付政策は，ラテンアメリカにおいてほとんどすべての諸国で採用されている。そこには右派政権から左派政権まで支持基盤を異にする政権において同一の政策が採用されていると同時に，一国においても政権交代を経ても同一の政策が採用されている。

　本書では，新興諸国とよばれる諸国のほかに，最貧国で社会保障を海外援助に大きく依存する事例としてエチオピア，また体制転換を経て社会保障制度が広く普及している東欧の事例を加えた。海外援助に依存するエチオピア

では海外援助機関のもつアイディアの影響が大きく，すでに政党と支持層の利害が明確でそれに対応する社会保障政策が制定されていた東欧諸国では，アイディア・言説的要因よりも利益政治が分析の手法として有効であるとの結果となった。本書が多少なりとも新興諸国における社会保障に関係する事項に関心のある読者諸氏の知見を広げることに貢献できれば幸いである。

　本書はアジア経済研究所で2012年から2013年度にかけて行われた『現金給付政策の政治経済学』研究会の成果の一部である。研究会には大林稔氏（龍谷大学）および西岡晋氏（金沢大学）を講師としてお招きし，本研究会にとって貴重な示唆を頂いた。本書は，2012年度研究会委員であった畑恵子氏（早稲田大学）と水野順子氏（元アジア経済研究所），および研究会オブザーバーの福西隆弘，村上薫，村山真弓の諸氏（いずれもアジア経済研究所）との討議にも多くを負っている。また，草稿段階では，研究所内外からの匿名査読者からも示唆に富む指摘を頂き，改稿の際におおいに参考にさせていただいた。ここに感謝の念を表したい。

2015年1月

編　者

目　　次

まえがき

序　章　新興諸国の現金給付政策——分析の課題と視点——
　　　　　………………………………………宇佐見耕一・牧野久美子……3
　はじめに ……………………………………………………………………3
　第1節　なぜ現金給付に注目するのか …………………………………4
　第2節　現金給付の位置づけと種類 ……………………………………7
　第3節　現金給付，とくに条件付現金給付に関する先行研究と
　　　　　本書の課題 ………………………………………………………9
　第4節　本書の分析の視点 ……………………………………………12
　おわりに …………………………………………………………………18

第1章　アルゼンチンにおける「普遍的子ども手当」の制定と
　　　　アイディアの政治 ……………………………宇佐見耕一……23
　はじめに …………………………………………………………………23
　第1節　先行研究と分析の視点 ………………………………………25
　第2節　既存の政策と政策アイディア ………………………………30
　第3節　「普遍的子ども手当」の制定過程とアイディア ……………38
　おわりに …………………………………………………………………52

第2章　ブラジルの条件付現金給付政策——ボルサ・ファミリアへの
　　　　集約における言説とアイディア——…………近田亮平……59
　はじめに …………………………………………………………………59

第1節　分析アプローチ ………………………………………… 61
第2節　ボルサ・ファミリア …………………………………… 66
第3節　ベーシックインカムをめぐる言説とアイディア ……… 75
第4節　拡大した中間層をめぐる言説とアイディア …………… 81
第5節　言説をめぐる状況と反応 ……………………………… 86
おわりに ………………………………………………………… 90

第3章　南アフリカの子ども手当改革──社会的投資の視点からの再評価── ………………………………… 牧野久美子 …… 97
はじめに ………………………………………………………… 97
第1節　先行研究と分析枠組み ………………………………… 98
第2節　社会手当制度の概要と子ども手当の位置づけ ………… 103
第3節　子ども手当改革をとりまく政治環境 ………………… 107
第4節　子ども手当改革の決定過程 …………………………… 111
おわりに ………………………………………………………… 123

第4章　エチオピアにおける現物・現金給付政策の変遷と国際食料援助政策 …………………………… 児玉由佳 …… 131
はじめに ………………………………………………………… 131
第1節　先行研究と分析枠組み ………………………………… 133
第2節　国際開発援助のアイディアの変遷 …………………… 136
第3節　エチオピアにおける食料援助政策の変遷 …………… 140
第4節　生産的セーフティ・ネット・プログラムと
　　　　国際食料援助政策 …………………………………… 149
おわりに ………………………………………………………… 158

第5章　岐路に立つ韓国の社会保障制度の改革課題と現金給付制度
　　　　——「最低生計費」保障から「マッチュム〈ニーズ対応〉型」
　　　　社会手当構想へ——……………………………金　早雪……167
　はじめに………………………………………………………………167
　第1節　現金給付をめぐる問題状況と分析の視角………………169
　第2節　高齢者・障害者に対する現金給付制度の展開過程……174
　第3節　「勤労貧困」層＝社会保障の「死角地帯」を対象とする
　　　　　基礎生活保障改革提案………………………………………183
　おわりに………………………………………………………………190

第6章　中東欧諸国の現金給付制度——子ども手当と最低生活保障給
　　　　付を軸に——………………………………仙石　学……197
　はじめに………………………………………………………………197
　第1節　「利益」の視点と「言説」の視点………………………198
　第2節　現金給付制度と政党政治……………………………………201
　第3節　中東欧4カ国における現金給付制度と政党政治との連関……204
　第4節　家族に対する現金給付をめぐる言説………………………216
　おわりに——「言説」の視点の可能性……………………………220

終　章　現金給付政策形成におけるアイディア・言説的要因の影響
　　　　………………………………………………宇佐見耕一……229

索　引……………………………………………………………………237

新興諸国の現金給付政策

序章

新興諸国の現金給付政策

——分析の課題と視点——

宇佐見 耕一・牧野 久美子

はじめに

　西欧諸国において福祉国家の変容に関する議論が始まって久しいが，東アジアや東欧，ラテンアメリカや南アフリカなどの新興国，アフリカやアジアの開発途上国においても社会保障制度の変容が注目されるようになっている。そのひとつが貧困緩和を目的とした現金給付政策の重要性の増大である。新興国や開発途上国の多くで，経済のグローバル化や新自由主義政策の採用を起因とする経済・社会の変容，また政治の民主化を背景に，貧困緩和政策のあり方が変容している。貧困緩和の手段として，現金給付政策が1990年代頃から地域を越えて重要性をもつようになってきた。
　本書の目的は，貧困緩和政策の中心を占めるようになった各国における現金給付の性格と，それがなぜどのように形成されたのかという点を検討することにある。現金給付政策にはさまざまなタイプがあり，そのなかにはさまざまな理念や目的がこめられている。本書でとりあげる諸国は，一人当たり国内総生産が1万ドル前後の新興国であり現金給付政策が一定程度普及している事例としてアルゼンチン，ブラジルと南アフリカ，貧困緩和政策の財源の主要部分を海外からの援助に依存する開発途上国の事例としてエチオピア，一人当たり国内総生産が2万ドルに達し急速に社会保障制度が整備されつつ

ある新興国の先行事例として韓国,共産主義政権時代に労働と結び付いた社会保障制度が整備され,民主化以降制度改革がなされた事例として中東欧のヴィシェグラード諸国(チェコ,ハンガリー,ポーランド,スロヴァキア)からなる。これらの事例研究をとおして非西欧圏の新興諸国等における現金給付政策の性格とその政策制定の経緯を確認することができる。序論では,まず貧困緩和政策において現金給付が重視されるようになった背景に触れ,現在行われている現金給付を類型化する。つづいて,そうしたさまざまな現金給付政策がいかにして制定されたのかという点を政治学視点から分析するために本書で用いる方法に関して検討し,最後に本書の構成を示す。

第1節　なぜ現金給付に注目するのか

　西欧諸国ではケインズ型福祉国家の限界,それに替わる新自由主義のアイディアの浸透とその政策導入等による福祉国家の変容,またポスト新自由主義期の新たな福祉国家の出現が語られている。イギリスでは,ビバレッジ・システムの社会保険が貧困を除去し得ないことが明らかになると,救貧を目的とした資力調査つきの現金給付が重要性を増した。サッチャー政権の登場とともに現金給付の支給条件が厳格化され,資力調査や裁量に基づく給付,労働倫理の強化が強調されるようになった(フィッツパトリック 2005, 26-27)。
　クレイトンらは,イギリスとスウェーデンの社会支出の推移分析から,1980年代と1990年代ではサービスの提供から所得移転へ,また所得移転では社会保険から社会扶助への移行がみられるとしている(Clayton and Pontusson 1998, 90)。同様にディチは,1980～1990年代の欧米諸国政府や国際機関における社会保障費の高騰等をめぐる議論から,社会保険を縮小して社会扶助に換えるべきであるという議論と,社会扶助のなかでもより厳格な適格性を求めるもの,より就労を求めるもの,また予算の支出を制約する傾向があることを見い出している。そうした背景には,失業,不安定雇用や女性労働の増

加，また新しい貧困の登場などの要因があるとする（Ditch 1999, 119）。1990年代になると，社会保障制度全体として，社会保険から社会扶助へ重点が移行していることが指摘されている。他方，ジェンソンによると，1990代中頃以降の福祉国家の変容は，社会的投資という言葉で括られるとする。社会的投資とは，社会政策への支出をコストではなく人的資本形成のための投資とみるもので，この視点に立った政策の内容は，子どもに焦点を当てつつ就労にも配慮するもの，また人的資本への投資に焦点を当てつつ世代間の負の連鎖を断ち切ることに配慮する（Jenson 2012, 38-39）というものである。

　こうした，従来型の福祉国家の限界と新たな社会政策の模索は，西欧とほぼ同時並行的にラテンアメリカや中東欧諸国，韓国でもみられた。ラテンアメリカではインフォーマル労働者を対象とした社会保険中心の社会保障制度の限界が1980年代経済危機を経て明らかになった（Usami 2004, 137-141）。中東欧諸国では国家が雇用を保障し，就労と結び付いた社会保障制度は社会主義崩壊とともに変容を迫られた（仙石 2010）。ラテンアメリカの場合，1980年代経済危機と1990年代の新自由主義経済政策導入により雇用がいっそう不安定化し，また貧困の解消が進まなかったことから，インフォーマルセクターを対象とした直接的支援が実施されるようになり，その中心に条件付現金給付政策が位置している。条件付現金給付とは，貧困の連鎖を断ち切るために若年層を対象とし，人的資本の蓄積を目的とした新たな世代の開発プログラムであり，子どもを学校に通わせるとか，定期的に保健所に連れて行くなどの人的資本への投資を条件として貧困家庭に現金を給付するものである（Rawling and Rubio 2003, 3）。人的資本への投資をとおして長期的に貧困問題へ対処しようとする条件付現金給付（de la Brière and Rawling 2006, 6）は，上述の社会的投資の視点をもつものであるといえよう。中東欧諸国でも，社会主義福祉国家では想定されていなかった貧困や失業等へのリスクに対応する制度が構築されていった。韓国でも，IMF危機以降の新自由主義政策のもとで雇用の非正規化が一段と進んだことを背景に，最低生活保障制度が整備されてきた。

また，社会的保護というアイディアも，貧困削減と関連して注目されるようになった。スレイターは近年，開発途上国や先進国の援助機関にとってもさまざまな種類の現金給付が貧困削減のための社会的保護の主要手段となってきていると指摘している。そこでは人的資本と物的資本の同時構築がめざされ，階層と世代間の平等がめざされているとしている (Slater 2011, 250)。また，社会的保護の概念は，世界銀行のような国際機関にも注目され，その政策のなかに取り入れられている。それにより，社会保障制度がもともと整備されてこなかった開発途上国でも，新たな社会政策の考え方を取り入れたプログラムが策定されることが増えた。世界銀行にとって社会的保護の概念が重要性をもつに至ったのは，1980年代以降の共産主義陣営の崩壊，永続する経済危機，また開発途上国における人口高齢化の現象がみられる状況においてであった（World Bank 2001, ix）。そこでは社会的保護に関して，単なる貧困救済策にとどまらず，貧困者が生産活動を向上できるようにするための投資とみなすべきであるとしているが，同時に財政からの移転により世界の広範な貧困問題を解決するには財政的制約があると指摘し（World Bank 2001, 9），支援の効率性も求めている。

　このように世界的に現金給付政策が注目されるようになった背景として以下の点が指摘できる。第1に，先進国や新興国では第2次世界大戦後に成立した福祉国家が想定していた正規雇用を対象とした社会保障制度が，失業の長期化や雇用の非正規化のいっそうの拡大により限界に達し，社会扶助，とくに現金給付のニーズが拡大した点である。第2に中東欧では共産主義体制が崩壊し，労働と結び付かない現金給付策のような新たな制度を制定する必要性が発生した点である。第3に，新興国や開発途上国では，先進国や国際機関における貧困政策の転換があり，単なる救貧から貧困の原因を除去し貧困の世代間連鎖を阻止するという社会的投資・人的資本への投資というアイディアが現金給付に関連して影響力をもつに至ったという点である。第4に，1980～1990年代の構造調整が成長の促進と貧困削減に寄与しなかったことが明らかになったのち，世界的に社会的保護の概念が注目されるようになった

こととも関連している。こうした社会的保護というアイディアは，その意味合いが異なるものの世界銀行，国際労働機構および国際連合により用いられ，各機関の政策に反映され，世界的に影響をもつに至ったことが考えられる（Barrientos and Hulme 2009, 441-442）。

第2節　現金給付の位置づけと種類

　本節では，社会保障政策のなかの現金給付政策の位置づけを明らかにしたうえで，現金給付政策のデザインや目的には，さまざまなものがあることを述べる。

　社会保障には，社会保険と社会扶助の大きくふたつのアプローチがある。失業保険や拠出型年金制度に代表される社会保険は，加入者が支払う保険料（拠出金）をおもな財源とし，給付は基本的に加入実績に基づき行われる。それに対して，社会扶助はおもに税金を財源とした給付であり，本書のテーマである現金給付はその一部である。日本では，生活保護のような，資力調査に基づく給付を公的扶助と呼び，社会扶助という用語は，税金を財源としつつ資力調査を伴わない給付を指すものであると説明されることが多い（隅谷 1992, 28）。しかし，国際労働機関（International Labor Organization: ILO）などでは，資力調査のあるものを含め，貧困軽減目的で行われる現金・現物給付一般を社会扶助と呼んでおり（ILO n.d.），また本書が事例として扱う国々においても，多くの場合，資力調査つきのスキームが社会扶助と呼ばれていることから，本書においては公的扶助ではなく社会扶助という用語を使用する。

　現金給付政策は通常，受益者を限定するための何らかのターゲティングを伴う。ターゲットの絞り方としては，大きく，資力調査，カテゴリーによる限定，自己選択の3種類が想定される。資力調査とは，一定の生活水準以下の人々（個人または世帯）に給付対象を絞るために，所得や資産を調べるこ

とである。カテゴリーによる限定とは，社会的に脆弱とみなされる集団，たとえば子ども，高齢者，障害者などに給付対象を限定することである。カテゴリーによる給付には，資力調査を伴うことが多いが，特定カテゴリーのなかでは資力調査なしに普遍的に（＝全員に）給付を行う場合もある。こうした普遍的給付の例としては，本書がとりあげるなかでは，東欧のハンガリーとスロヴァキアの子ども手当，また（社会保険制度との組合せという変則的な形であるが）アルゼンチンの「普遍的子ども手当」がこれに相当する。最後に，自己選択とは，労働を提供しなければ給付を受けられないワークフェアのように，真に支援を必要とする人だけがプログラムに参加するよう仕向けることをいう。

　なお，ターゲティングを伴わず，誰もが支給対象となるような現金給付はベーシックインカムと呼ばれる。ベーシックインカムが制度化された国はまだないが，政策アイディアとしては近年かなり普及してきており，新興国の現金給付をめぐる議論においてベーシックインカムのアイディアはしばしば参照されるようになっている（宇佐見・牧野 2013）。ベーシックインカムは，国家がすべての市民に対して必要最低限のサービスや給付を保障する，という普遍主義の考え方を究極まで突き詰めたものといえるが，ベーシックインカムまで行かなくとも，従来の社会保障制度から排除されてきた層にカバレッジを広げていくという意味での普遍主義的な方向性は，本書がとりあげる国々において明確に見て取ることができる。新興国や開発途上国において，社会扶助，なかでも現金給付政策の拡大が目立つのは，それが社会保険中心の従来の社会保障制度から排除されてきた貧困層や周辺化された層への社会的保護を強化する手段として，有効な手段とみなされるようになったからである。カテゴリーによる限定も選別の一種であるが，上述の普遍主義の考え方に照らして，特定の年齢層に限定されていても，そのなかでは資力調査なしに全員に給付を行うプログラムについては，本書では，（特定のカテゴリーが対象であることを明らかにしたうで）普遍的な給付としてとらえる。

　こうした現金給付は，何を目的として行われているのだろうか。スレイ

ターは,現金給付を,目的あるいはその機能を基準として,次の4つに分類している。すなわち,①消費の増加と平準化を目的とした,ターゲットを絞るが無条件の給付,②消費の増加と平準化,および人的資本の形成を目的とした,ターゲットを絞りかつ条件付の給付,③自己選択(self-targeting)による就労と結び付いた給付,④海外送金等に公的資金を投入しニーズのある地域のインフラ・生産活動の開発を目的とする移転,である (Slater 2011, 251)。このうち,本書で取り扱う現金給付の事例は,①から③のいずれかに相当する。非西欧諸国であるが先進国型の制度をもつ中東欧,韓国の最低生活保障型の現金給付,中東欧諸国と南アフリカの子ども手当制度は上記①に当たる。ラテンアメリカ諸国では,人的資本形成に重点をおき,子どもの教育や保健にかかわる条件(学校での出席率,保健プログラムへの参加など)を満たす場合に給付を行う条件付きの子ども手当(②)が普及している(うち本書ではアルゼンチン,ブラジルの例をとりあげる)。海外からの援助に依存しているエチオピアでは,③のキャッシュ・フォー・ワーク(Cash for Work: CFW)およびフード・フォー・ワーク(Food for Work: FFW)が,緊急支援的性格の援助から恒常的なプログラムへと転換した。

第3節　現金給付,とくに条件付現金給付に関する先行研究と本書の課題

　ここでは現金給付に関する先行研究の事例として条件付現金給付に関する先行研究を概観し,その成果と限界に関して指摘したい。現在新興諸国を中心に広く行われている条件付現金給付は,主として教育と健康への投資をとおして短期的かつ長期的貧困を削減することを目的としており,貧困世帯に対する現金給付に際して,子どもや青年の人的資本の蓄積を促し,貧困の世代間連鎖を断ち切り,家族が教育,栄養や健康に投資することを促す条件が付される(Villatoro 2005, 98)。教育に関しては,初等教育あるいは中等教育

の生徒をベースに支給され，支給の条件は授業への出席率がたとえば80〜85パーセント以上であることである。支給額は，学用品や交通費などの直接経費に加えて，児童労働を行った場合の機会費用相当である。医療と栄養に関しては，就学前の幼児，妊婦，授乳中の母親が対象である。この場合，個人に対してではなく家族に対して食料購入のために現金が支給される。その条件は，法定予防接種や出産に関するチェックを受けることである（World Bank 2006, 8-9）。

2009年時点で条件付現金給付プログラムは，ラテンアメリカのほぼすべての国において実施されていた。またバングラデシュ，インドネシアおよびトルコでも大規模に実施され，パイロット・プログラムを含めればより広範囲の国々で実施されるようになったが（Banco Mundial 2009, 1），世界的にみて条件付現金給付プログラムは，依然としてラテンアメリカを中心として行われているといってよい。2010年において条件付現金給付プログラムの受給世帯はラテンアメリカ域内で2500万世帯に達し，これは域内人口の19パーセントに相当する。そのうち最大規模のブラジルにおけるボルサ・ファミリア（Bolasa Família）の受給者は5200万人，次いでメキシコのオポルトゥニダデス（Oportunidades）で2700万人，3番目はコロンビアの行動する家族プログラム（Familias en Acción）の1200万人である。また，カバー率が広いのはエクアドルの人間開発債権（Bono de Desarrollo Humano）で，人口の44％がカバーされている（Cechini and Madariga 2011, 107）。

このような世界的な広まりをみせる条件付現金給付プログラムは，人的資本に投資することを目的としたプログラムであり，それは社会的保護政策が短期的な貧困削減から長期的なリスク低減へ転換するなかで生み出されたものと理解すべき（Villatoro 2005, 88）ものであるとされる。

ラテンアメリカの条件付現金給付プログラムの効果，効率，問題に関しては国連ラテンアメリカカリブ経済委員会や世界銀行の報告書等によりきわめて多くの研究がなされてきた。セチーニとマダリガによるラテンアメリカでの経験を俯瞰した研究によると，条件付現金給付プログラムによる子どもの

就学率向上，健康と栄養の向上や児童労働削減の効果は，それが認められる場合とそうでない場合があることを示している。また彼らは，最近の傾向として以下の点を指摘している。第1に，条件付現金給付プログラムは，当初受給者を労働市場へ参入させることはあまり想定していなかったが，次第に職業訓練や雇用拡大・自営業者への支援等のプログラムとの結び付きが図られるようになった。第2に，あまりに厳密な給付の条件は，普遍的権利に抵触し，基本的人権を侵害する恐れがある。そして従来の条件の効果に関する研究は，その条件がどこから来たのかという視点を欠いていると批判し，条件の効果は，条件がどのように設計され，実施されたのかに依存しているとする（Cechini and Madariga 2011, 93-150）。

プログラムの効果に関する研究とともに，対象をいかに選定するかというターゲティングやスクリーニングに関する研究も多くみられる。たとえば，ダスらは，自己選択を働かせるスクリーニング・メカニズムに関しては，資力調査が運用上また政治的に不可能な場合に有効であり，プログラムの機会費用が対象とするグループにはプラスとなり，そのほかにはマイナスとなるようにしなければならないとされる。さらに条件付現金給付の効果についても，効率的ではあるが公正性に問題があるプログラム，公正性の向上に資したが効率に問題があるプログラム，そして公正性と効率が両立するプログラムが考えられるとする（Das et al. 2004）。

このように条件付現金給付プログラムに関してはプログラムの効果や効率，あるいはターゲティングに関する先行研究が多く，それに反していかに政策が策定されたのかという政策制定過程に関する分析は少ない。条件付現金給付プログラムの効果や効率についての研究が蓄積されてきたのは，多くのプログラムにおいて，その実施の一環として，実験経済学的な手法による厳密な効果測定が行われてきた事情によるが，ローリングとルビオは，そうした効果測定がプログラムのあり方に与える影響として，以下の点を挙げている。まず，効果測定の結果に基づきプログラムが修正される。つぎに，プラスの効果が見い出されたときに効果の測定がプログラム拡大を決定させるように

導き，さらに正確に効果測定が行われることにより政権交代に際してもプログラムの継続を可能とさせる点を指摘している（Rawling and Rubio 2003, 11-13）。彼らの主張に従えば，プログラムの効果測定によりその有効性が確認されれば，そのこと自身によりプログラムが継続しかつ拡大するというものであり，こうした見方は方法論的に歴史的制度論に分類されよう。また，現金給付プログラムの政治学的研究は，選挙の際の支持と選挙への参加に関しての議論がなされている。とくに，特定のグループへのプログラムの適用をとおして政治家が支持を獲得しようとする事例が多く報告されている（Baez et al. 2012, 2）。このように条件付現金給付プログラムに関しての政治学的分析は，制度の継続性やクライアンティリズムに関する研究は存在するものの，現金給付プログラムがなぜ，あるいはいかに制定され・拡大されたのかという論点に関してはあまり多くの研究がみられない。そのため，本書の課題であるどのような性格の現金給付政策がどのように形成されたのかという問題を分析することは，研究史上の空隙を埋めることに資することになる。条件付現金給付以外の現金給付に関する先行研究も，本書の各章の先行研究の紹介で記してあるように，その効果測定と効率性等に関する研究が中心であり，どのようにそうした政策が制定されたのかという課題を設定した研究はきわめて少ない状況にある。

第4節　本書の分析の視点

　本節では，各国における現金給付政策の形成を説明するうえで有効と思われる以下の分析視点，すなわちアイディアと言説，政策の国際伝播および利益政治を提示し，その有効な点と限界を検討したい。

1．アイディアと言説

　まず本書においては，各種の現金給付政策がいかに制定されたのかという課題に対して，アイディアが政策形成に際してもつ重要性に着目した。その理由として広く利益政治，あるいは政権のイデオロギーのみでは現金給付政策の形成を説明することが必ずしも十分でない状況が出現しているからである。前述したように21世紀になってからのほとんどのラテンアメリカ諸国において貧困緩和策の中心として条件付現金給付策が採用された。そこでは，右派政権から左派政権まで支持層の異なる政権，イデオロギーの異なる政権，さらに経済発展水準の異なる国の政権において同じ骨格の政策が採用されている。このことはラテンアメリカにおける現金給付政策の制定に関して，利益政治やイデオロギーとは異なる分析視点の必要性を示していることになる。また，1994年の民主化以降アフリカ民族会議による政権が継続している南アフリカにおいても，政党と社会アクター間の利益政治からの視点による分析では現金給付政策の変容を説明しがたく，むしろ政権内部における政策アイディアの政策化過程を分析することが本書の課題に沿っていると考えられる。他方，福祉国家の再編期において注目されたピアソンらの歴史的制度論は，制度の経路依存性に注目し制度の継続を主として説明しており（Pierson 1994)，制度形成の説明には有効といえない。また，歴史的制度論の延長線上にあるマホーニーとセレーンの研究は，構築されている既存の制度の複雑性やアクターの対応等により制度に漸進的変化が起こるとしている(Mahoney and Thelen 2010)。この理論は，すでに制度が形成されている場合にはその変容を説明するのに適しているが，新たな制度が形成される場合には必ずしも十分な理論とはいえない。

　そこで，本書ではアイディアや言説が政策形成において果たした役割に注目する。バーマンは，政策形成過程の説明にアイディアを用いる場合，アイディアを固定的にとらえ，政策結果を説明する独立変数として扱うだけでな

く,そうしたアイディアがどのように形成されたか,あるいは変容したのかを説明する(従属変数としてのアイディア)ことも視野に入れるべきであるとする(Berman 2001, 233-234)。しかし,本書では問題の拡散を防ぐために,アイディア自体の形成にまで分析対象を広げることは避け,アイディアを独立変数としてとらえ,それが政策策定に及ぼす影響を考察することとする。シュミットによるとアイディアの定義は多岐にわたっているが,政治学においてそれは次の3段階の要素から構成されるとみなす傾向があるとする。すなわち,(1)個別の政策,(2)政策を策定するための青写真となる一般のプログラム,(3)価値や原則を体系づけ,政策とプログラムを補強する公共哲学である。(1)の個別具体的プログラムから(2),そして(3)になるにつれて抽象度が上がり,それぞれ討議される場も異なってくる。このうち,(1)個別の政策と(2)一般のプログラムは日常のさまざまな場で出会う前線に位置し,それらが討議されるのに対し,(3)の公共哲学は,危機時を除きあまり関心を集めない後背に位置するとみなされている(Schmidt 2008, 305-306)。アイディアを政策策定上の有力な要因とみなす論者にブライスがいる。1930年代と1970年代の米国とスウェーデンを事例として危機を分析したブライスは,アイディアを政治資源とみなし,制度形成で重要な役割を果たすとする。そこでは,深刻な危機的な状況のとき,アイディアは危機の実態や原因を特定し,それを克服するための同盟形成を可能とさせ,また既存の制度を非正統化し,新たな制度の青写真を提供するとされる(Blyth 2002, 37-42)。

　しかし,本論で扱う現金給付政策に関するアイディアは,シュミットの示す政治学におけるアイディアの主として第1段階や第2段階に相当するものである。とはいえ,本書で言及されるベーシックインカムや人的資本への投資のなかの基礎となるアイディアのなかには第3段階の公共哲学に属すものがあり,それが具体化したプログラムになると第2段階とみなすことができる。いずれにせよ,本書で扱うベーシックインカムや人的資本への投資といったアイディアは,経済・社会構造を根本的に転換させるようなブライスの想定するレベルには達していない。すなわち本書では,特定の政治経済的な

状況のなかで，アイディアが特定の政策を形成するうえでもひとつの要因として機能している場合があることを明らかにする必要がある。

　現金給付政策に関してアイディアを重視する理由として，福祉政治の分野で比較的多用されている分析手法である歴史的制度論では必ずしも十分に説明できないからであると述べた。とはいえ，制度論の枠内でシュミットはアイディアや言説を制度論のなかに組み込み，言説的制度論を提唱している。彼女によるとアイディアは言説のなかに表現され，両者は相互に影響しあう存在であると規定する。そして特定の言説のあり方が，特定の政治制度のなかで政策形成において影響をもつとする。その意味で，言説的制度論は，アイディアや言説と制度を組み合わせることにより，新たな政策の形成を説明することができる。また，彼女は，言説的制度論が他の新制度論等の方法論と相互補完的である点も強調している（Schmidt 2008）。シュミットの手法も，アイディアと言説を分析するという意味で広く社会構築主義的領域に属する手法といえる。他方，ラテンアメリカにおける現金給付政策のように実質的にコーポラティズムがある国家とそれが存在しない国家においても同様の政策が導入されているのはなぜかという問いに答えるには，シュミットの手法でも限界がある。

2．政策の国際的伝播

　アルゼンチンやブラジルのような新興国においても，またエチオピアのような後発開発途上国においても国際機関，外国政府や海外援助機関で採用されている政策が当該国において採用される場合が多い。とくに，本書でとりあげるエチオピアのような最貧国の事例では，財政的あるいは官僚機構の未整備等の理由から現金給付政策等の社会扶助政策は，外国政府や援助機関の政策枠組みを国内に移転した場合が多い。そこで注目されるのが政策の国際伝播の研究である。現金給付政策に関するアイディアは，本研究会で分析対象とする国の外からもたらされたものが多い。ドビンらは，政策の国際伝播

研究には，社会構成主義，強制理論，競争理論および学習理論の4つの潮流があると整理している（Dobbin, Simmons and Garrett 2007）。これらの4つの潮流も相互に排他的とみるよりも補完的であるとみるべきであろう。

　政策，あるいはそこに内在するアイディアの国際的伝播をトレイスするうえで，ドロウィッツとマーシュによる政策の海外からの移転に関するモデルは，便利なフレームワークを提供してくれている。そこでは，(1)なぜアクターが移転に関与するのか，(2)誰が政策移転に関与しているのか，(3)何が移転されるのか，(4)どこから政策が導き出されるのか，(5)政策移転の程度はどのくらいか，(6)政策移転にはどのような促進要因あるいは阻害要因があるのかという6つの問いが出されている（Dolowitz and Marsh 2000, 8）。彼ら自身も述べているように，これらの問いに答えることは，いかに政策が制定されたのかという過程を追うことの目安になる。さらにフィネモアとシキンクは，規範の国際的伝播とその国内への定着の分析枠組みを提示しており，ドロウィッツとマーシュ・モデルを補完する分析枠組みといえる（Finnemore and Sikkink 1998, 896-905）。これらの，政策の国際的伝播の研究は，主として海外で生まれた政策アイディアがどのように一国内に定着するのかを分析するための明確な分析枠組みを提供してくれている。しかし，政策の国際的伝播では政策アイディアのたどる道筋は明らかになるものの，なぜそれが特定の国で政策として定着したのかを説明することはできないという欠点ももっている点に留意する必要がある。

3．利益政治

　アイディアや言説が有効な分析手段となるのは，利益政治等の手法では十分な説明ができない諸国の政策制定過程の場合であることはすでに述べた。このことは逆に，特定のイデオロギーをもった政党とその政策，あるいは政党とその支持層の関係が明白な場合，政党と主要な社会のアクターによる利益政治の視点が政策策定を説明するうえで有力な手法であることを示してい

る。本書における中東欧諸国の事例では,こうした政党や主要社会アクターのイデオロギーと利害関係がかなりの程度明らかであり,アイディアや言説を分析の視点に取り入れなくても,利益政治の視点から現金給付政策の変容を説明することは可能である。

　それでは,利益とアイディアはどのような関係にあるのであろうか。アイディアと利益に関してブライスは,対象が高度に特殊性を帯びた不確実な状況では,エージェントの利益は推測や構造的位置では示されず,エージェント自身が不確実性の原因に関して抱くアイディアとの関連においてのみ確定すると論じている。彼は不確実性のある状況では,利益を必要なアイディアと関係したものとみなすべきであると主張している (Blyth 2002, 26-34)。ブライスは危機的な状況における利益とアイディアの関係を示しているが,危機的な状況ではない場合に両者の関係はどのようにみるべきであろうか。

　言説的制度論を提唱するシュミットによると,合理的制度論ではいかに選好が形成され,それが変化したのかという問題が未解決であり,その解決手法としてアイディアに回帰することがあるとする。その場合,アイディアは客観的・物資的利益で説明できないときのみ利用されるとみている。しかし,これに対して彼女はヘイを引用して,アイディアと利益の不可分性を主張している (Hay 2006)。そのうえで,利益に基づく行為は確かに存在しているが,その利益にはアイディアが含まれていると考えている (Schmidt 2008, 317-128)。

　言説的制度論を提唱するシュミットが繰り返し指摘しているように,アイディアや言説は特定の政策形成を説明する唯一の方法ではなく,他の方法論と補完関係にあることを最後に指摘しておきたい。この補完関係にはつぎに述べる二通りの補完関係がある。そのひとつは,アイディアや言説のなかに利益が含まれ,それが制度と影響しながら政策形成に至るという補完関係である。2番目は,利益政治,あるいは歴史的制度論で説明可能な部分がすでに存在し,両者では説明できない部分をアイディアや言説が説明するという補完関係である。本書での中東欧の事例は後者の立場に該当し,当該地域の

現金給付政策に関しては利益政治で説明が可能であるとするものである。

おわりに

　上記の課題を明らかにするために，本書は以下のような構成をとる。第2章から第4章ではアルゼンチン，ブラジル，および南アフリカといった中所得国で，一定規模の現金給付制度が制定されている新興国を，第5章ではエチオピアという最貧国で社会扶助の多くを外国政府，国際機関や海外援助機関に依存している事例を，そして第6章と第7章では韓国や東欧といった前記新興諸国や最貧国と比べて経済が発展し，社会保障の整備が比較的進み現金給付政策が広く実施されている事例を分析する。

　第1章のアルゼンチンの事例では，インフォーマルセクターを対象とした「普遍的子ども手当」の制定に際し，海外から導入されたベーシックインカムと人的資本への投資というアイディアがいかに定着し，それがどのように政治的資源として制度形成を促したかに関し検討を行っている。第2章のブラジルの事例では，ボルサ・ファミリアに代表される条件付現金給付政策拡大の過程を言説的制度論の視点から分析している。第3章の南アフリカの事例では，子どものいる世帯を対象とした社会手当の拡大に関して，専門家間におけるいくつかのアイディアが相互に影響しあいながら制度が形成される過程を分析している。第4章のエチオピアの事例では，外国援助によるワークフェア的な食料給付あるいは現金給付プログラムに関して，海外における援助についてのアイディアの国際的伝播を強制の概念と構築主義的メカニズムを軸に分析している。第5章の韓国では，現金給付政策が急速に整備され改革されている。そこでは，非正規労働者が拡大するなどの条件のもとで海外からのアイディアが国内に導入され，より幅広い層へ現金給付が拡大されている過程を分析している。第6章の中東欧のヴィシェグラード諸国（チェコ，ハンガリー，ポーランド，スロヴァキア）の事例では，最低生活保障給付

と子ども手当に関する分析をまず利益政治の視点から分析し，その後にアイディア的要素での説明の可能性を探っている．最後の終章では，本書で得られた知見と残された課題を示す．

〔参考文献〕

〈日本語文献〉
宇佐見耕一・牧野久美子 2013.「新興国における年金改革に関するアイデアと言説の政治——南アフリカとアルゼンチンの事例——」日本比較政治学会編『事例比較からみる福祉政治』ミネルヴァ書房　33-68.
隅谷三喜男 1992.「社会保障の理論形成」社会保障研究所編『リーディングス日本の社会保障』有斐閣　21-43.
仙石　学 2010.「中東欧における福祉枠組みの再編——政党政治の視点から——」上野俊彦・平田武・仙石学『体制転換研究の先端的議論』北海道大学スラブ研究センター　63-90.
フィッツパトリック，トニー 2005.　武川正吾・菊池英明訳『自由と保障——ベーシック・インカム論争——』勁草書房（Tony Fitzpatrick, *Freedom and Security: An Introduction to the Basic Income Debate*, Basingstoke: Macmillan, 1999）.

〈外国語文献〉
Baez, Javier E. et al. 2012. *Conditional Cash Transfer, Political Participation, and Voting Behavior,* WPS6215. Washington, D.C.: The World Bank.
Banco Mundial. 2009. *Transferencias de monetaria condicionadas, Reducción de la pobreza actual y futuro*. Washington, D.C.: Banco Mundial.
Barrientos, Armando and David Hulme. 2009. "Social Protection for the Poor and Poorest in the Developing Countries: Reflections on a Quiet Revolution." *Oxford Development Studies* 37(4) November: 439-456.
Berman, Sheri. 2001. "Ideas, Norms, and Culture in Political Analysis." *Comparative Politics* 33(2) January: 231-249.
Blyth, Mark. 2002. *Great Transformations, Economic Ideas and Institutional Change in the Twentieth Century*. Cambridge: Cambridge University Press.
Cechini, Simone y Aldo Madariaga. 2011. *Programas de transferencias condicionadas, balance de la experiencia reciente en América Latina y el Caribe*. Santiago de Chile: CEPAL and ASDI.

Clayton, Richard and Jonas Pontusson. 1998. "Welfare-State Retrenchment Revisited, Entitlement Cuts, Public Sector Restructuring, and Inegalitarian Trends in Advanced Capitalist Societies." *World Politics* 51(1) October: 67-98.

Das, Jishnu, Quy-Toan Do, and Berk Özler. 2004. *Conditional Cash Transfers and the Equity-Efficiency Debate*, WPS3280. Washington, D.C.: The World Bank.

de la Brière, Bénédicte and Laura B. Rawlings. 2006. *Examining Conditional Cash Transfer Programs: A Role for Increased Social Inclusion?* Washington, D.C.: The World Bank.

Ditch, John. 1999. "Full Circle: A Second Coming for Social Assistance?" In *Comparative Social Policy: Concepts, Theories and Methods*, edited by Jochen Clasen. Oxford: Blackwell, 114-135.

Dobbin, Frank, Beth Simmons and Geoffrey Garrett. 2007. "The Global Diffusion of Public Policies: Social Construction, Coercion, Competition, or Learning?" *Annual Review of Sociology* (33) August: 449-472.

Dolowitz, David P. and David Marsh 2000. "Learning from Abroad: The Role of Policy Transfer in Contemporary Policy-Making." *Governance: An International Journal of Policy and Administration* 13(1) January: 5-24.

Finnemore, Martha and Kathryn Sikkink 1998. "International Norm Dynamics and Political Change." *International Organization* 52(4) Autumn: 887-917.

Hall, Peter A. 1993. "Policy Paradigms, Social Learning, and the State: The Case of Economic Policymaking in Britain." *Comparative Politics* 25(3) April: 275-296.

Hay, Colin. 2006 "Constructivist Institutionalism" *The Oxford Handbook of Political Institutions*, edited by R. A. W. Rhodes, Sarah A. Binder, Bert A. Rockman. Oxford: Oxford University Press, 56-74.

ILO (International Labor Organization) n.d. "Glossary." (http://www.ilo.org/gimi/gess/ShowGlossary.do?)

Jenson, Jane. 2012. "A New Politics for the Social Investment Perspective: Objectives, Instruments, and Areas of Intervention in Welfare Regimes." In *The Politics of the New Welfare State*, edited by Giuliano Bonoli and David Natali. Oxford: Oxford University Press, 21-44.

Mahoney, James and Kathleen Thelen. 2010. "A Theory of Gradual Institutional Change." In *Explaining Institutional Change: Ambiguity, Agency, and Power*, edited by James Mahoney and Kathleen Thelen. Cambridge: Cambridge University Press, 1-37.

Pierson, Paul. 1994. *Dismantling the Welfare State? Reagan, Thatcher and the Politics of Retrenchment*. Cambridge: Cambridge University Press.

Rawling, Laura B. and Gloria M. Rubio. 2003. *Evaluating the Impact of Conditional Cash*

Transfer Programs. WPS3119. Washington, D.C.: The World Bank.

Schmidt, Vivien A. 2008. "Discursive Institutionalism: The Explanatory Power of Ideas and Discourse." *Annual Review of Political Science* (11): 303-326.

Slater, Rachel. 2011. "Cash Transfers, Social Protection and Poverty Reduction." *International Journal of Social Welfare* 20(3) July: 250-269.

Usami, Koichi. 2004. "Comparative Study of Social Security Systems in Asia and Latin America: A Contribution to the Study of Emerging Welfare States." *The Developing Economies* 42(2) June: 125-145.

Villatoro, Pablo. 2005. "Programas de transferencias monetarias condicionadas: experiencias en América Latina." *Revista de la CEPAL* (86) Agost: 87-101.

World Bank. 2001. *Social Protection Sector Strategy, From Safety Net to Springboard*. Washington, D.C.: The World Bank. (http://www-wds.worldbank.org/mwg-internal/de5fs23hu73ds/progress?id=ABGn7Z4RKn).

第1章

アルゼンチンにおける「普遍的子ども手当」の制定とアイディアの政治

宇佐見　耕一

　　はじめに

　アルゼンチンでは，第2次世界大戦後社会保険方式により家族手当が整備されてきており，その一環として子ども手当も支給されてきた。しかしその対象は，正規雇用者の子どもに限定されていた。それが2009年にクリスティーナ政権により，インフォーマルセクターをカバーする「普遍的子ども手当」（Asignación Universal por Hijo）制度が政令により制定され，何らかの形で大部分の子どもの家族が子ども手当を受給できるようになった。「普遍的子ども手当」は，普遍的と名前を冠しているものの，それ自体は主としてインフォーマルセクターの子どもを対象とした無拠出制の手当であり，従来からのフォーマルセクターの被用者を対象とした社会保険の家族手当と合わせて，ほとんどの子どもが手当を受給できるようになったという意味で「普遍的」という言葉を冠している。子ども手当の拡大は，議会において有力政党や議員により議案として提案されてきた。その多くは，「普遍的子ども手当」が制定された2009年になされたものであるが，最初に提出された法案は，1997年に当時最大野党急進党所属の下院議員エリサ・カルカ（Elisa Carca）とエリサ・カリオ（Elisa Carrió）が提案した「子どもベーシックインカム基金法案」（Fondo para el ingreso ciudadano de la niñez）であった[1]。同法案は，その後

何度も内容を一部修正しながらも再提案されている (Repetto, Díaz Langou y Vanesa Marazzi 2009, 3)。同法案は18歳以下の子ども全員を対象としているという点で普遍的であり，就学，健康診断や予防接種を受給条件としていることから，条件付現金給付に分類される。他方，2009年に制定された「普遍的子ども手当」は，インフォーマルセクターの子どもを対象とした条件付現金給付である。条件付現金給付は1990年代にブラジルやメキシコで施行され，現在ラテンアメリカ全域に広まっている。こうした条件付現金給付政策は，貧困削減とともに貧困の世代間連鎖を断ち切るうえからも注目されている。

　本章の課題は，2009年の「普遍的子ども手当」に関連したアイディアの政策形成に果たした役割に注目しつつ，それがどのようにアルゼンチンに定着し政策化されたのかを分析することにある。同制度の形成過程には，条件付現金給付やベーシックインカムといった海外に起源をもつアイディアがあり，またアルゼンチン国内には社会保険方式の子ども手当が存在していた。本章では，それらのアイディアがどのようなアクターによりもたらされ，それがどのような経緯によりアルゼンチンの政策形成過程のなかで「普遍的こども手当」の制定に至ったのかを検討したい。その際，アクターとしては社会政策学者，政党・政治家，官僚・政府機関，および特定の政策の普及を目的に活動する市民社会組織等が挙げられる。本章ではとくに，アイディアが政策形成に果たした役割に注目しつつ，最終的に「普遍的子ども手当」として政策化していく軌跡をたどりたい。そのために本章は，以下のような構成をとる。第1節では現金給付に関する先行研究を検討し，政策形成についての分析の必要性を指摘し，その分析の視点としてアイディアの国際的伝播とアイディアが政治資源として政策形成に果たした役割に注目することを述べる。第2節では，既存の制度，および海外起源の政策アイディアがどのようにアルゼンチンに定着したのかに関して分析する。第3節では，そうしたアイディアが政治資源として「普遍的子ども手当」の制定にいかに影響しているかという点を述べたい。本章で用いられるアイディアという用語に関して序章で示したシュミットの分類に従うと，ベーシックインカム論や人的資本への

投資論が価値や原則を体系づけして政策とプログラムを補強する公共哲学の段階となり，それがより具体的提案となると政策を策定するための青写真となる一般のプログラム，さらに法案化すると個別の政策の段階となる。

第1節　先行研究と分析の視点

1．アルゼンチンの子ども手当と関連した先行研究

　2009年に制定された主としてインフォーマルセクターの子どもを対象とした「普遍的子ども手当」に関しては，社会政策学者を中心にすでに多くの分析がなされている。バルベイト（Alberto C. Barbeito）とロ・ブオロ（Rúben M. LoVuolo）は，ベーシックインカムを推奨する立場から，市民であることを唯一の条件とした一定金額の現金の給付は，まず子ども手当から始めるべきであると提唱している。後述するようにラテンアメリカの貧困家庭では，世帯所得を増やすために児童労働が行われ，そこには貧困の世代間連鎖がみられる。このような子どもの状況に関しては，ラテンアメリカではコンセンサスがあり，子どものための既存のプログラムも存在していることから，子どもを対象とした部分的ベーシックインカムの創設が全市民を対象としたベーシックインカムの第1歩となるとする（Barbeito y Lo Vuolo 1996）。一方，彼らは2009年時点の子ども手当の状況に関して，既存のフォーマルセクターを対象とした社会保険制度のもとでの家族手当は，就労と連動して給付が細分化されており，親の職業により子どもの価値が決定されると批判している（Barbeito y Lo Vuolo 2009）。また，ロ・ブオロは，2009年に実際に導入された「普遍的子ども手当」の給付の条件に関して，それはターゲティングであり，懲罰的コンディショナリティーであり，受給できるのは一時的であり，現金受給と税制の整合性に問題があるとと批判している（Lo Vuolo 2012, 61）。さらに，制度自体は条件付現金給付策であり，給付のカバー率拡大には貢献し

たが、財源の不足、一部が対象となっていないこと、またコンディショナリティーにより再分配効果は弱められていると指摘している（Lo Vuolo 2009, 22）。このようにベーシックインカム導入論者の研究は、普遍主義の立場から「普遍的子ども手当」の利点と欠点を明らかにし、給付に際しての条件等を問題であるとしている。

他方、レペト（Fabián Repetto）とディアス・ランゴウ（Gala Díaz Langou）は「普遍的子ども手当」の制定を、支給額の調整や未対象者の存在など問題は残るものの、非拠出制現金給付のカバー率を拡大させ、従前の複数の非拠出制現金給付プログラムを統合したことによりプログラム間の非整合性の問題の一部が解決された点などを評価している。確かに、「普遍的子ども手当」が開始される以前の2008年において、主要な非拠出制現金給付プログラムである失業世帯主プログラム、包摂のための家族計画および能力促進・雇用保険の受給者は約135万人であったのに対し、2010年における「普遍的子ども手当」の受給者は371万人に達している（Repetto y Díaz Langou 2010, 15-19）。このような、「普遍的子ども手当」をめぐる社会政策学者の論争は、主としてその普遍性をめぐるものであり、その条件を普遍主義の立場から批判する論者と、制度導入により手当を受給する子どもが大幅に拡大したことを評価する論者がおり、またこのテーマに関連した研究は多い。

一方、いかに「普遍的子ども手当」プログラムが形成されたのかという課題に関して、ロ・ブオロは2009年の同プログラム制定に先立ち、子ども向けのベーシックインカムの議論が議会においてなされていた点を重視している（Lo Vuolo 2012, 53）。他方、ローリングス（Laura B. Rawlings）とルビオ（Gloria M. Rubio）は、ラテンアメリカにおける条件付現金給付プログラムの効果測定による政策への影響として、そのことがプログラム修正の引き金となり、プログラム拡大を決定させるように導き、政権交代に際してもプログラムの継続を可能とさせる点を指摘している（Rawling and Rubio 2003, 11-13）。彼らの主張に従えば、プログラムの効果測定によりその有効性が確認されれば、そのこと自身によりプログラムが継続し、かつ拡大するというものであり、

こうした見方は方法論的に歴史的制度論に分類されよう。ここでは，条件付現金給付という制度とその効果測定がプログラムの形成と継続に重要な役割を果たしているとされる。しかし，彼らの議論ではいかに制度が形成されたかという問題は検討されておらず，ロ・ブオロも制度制定に関する議論の存在の指摘にとどまっており，形成過程の検討まで踏み込んでいない。

これらの先行研究の焦点のひとつは，前述したように「普遍的子ども手当」の性格の普遍性に関する問題であろう。他方，制度の形成自体に直接取り組んだ研究は見当たらない。ロ・ブオロは，「普遍的子ども手当」の形成にベーシックインカムの議論が関係している点を指摘しているが，具体的にどのようにそれが関与しているかまでは分析されていない。そこでロ・ブオロの分析をヒントとすると，子どもに対する現金給付のさまざまなアイディアがあるなかで，同プログラムがどのようなアイディアを基とし，どのようなアクターによりどのように制度化されたかに関しての分析が必要であることを示唆している。その際，本論では以下に述べる理由からアイディアの導入過程とアイディア自身が政策形成に果たした役割に注目する。

2．分析の視点

本章では，アルゼンチンにおける「普遍的子ども手当」制度が形成される過程を政策に関するアイディアに注目して分析をすすめる。アイディアに注目した理由は以下の2点である。第1に2009年時点で条件付現金給付プログラムは，ラテンアメリカのほとんどすべての国において実施されている（Banco Mundial 2009, 1）。ラテンアメリカにおける条件付現金給付政策の起源は，1995年ブラジルのカンピーナス州のプログラムと，1997年にメキシコ連邦政府が始めたプログレッサ（教育・医療・食料）プログラム（Programa de Educación Salud y Alimentación: Progresa）である。それ以降，条件付現金給付政策は，左派政権や右派政権を問わず全ラテンアメリカに拡大し，貧困緩和政策の中心的位置を占めるに至った。ここでは，政権が右派か左派かという

イデオロギーは関係なく，また利益政治により決定されたとも言い難い。それでは，なぜ数ある貧困緩和政策のなかから条件付現金給付がこのように拡大したのかという問題が浮上する。先行研究では，条件付現金給付政策の継続に関して制度論的観点からの分析があったが，いかにしてその政策が選択されたのかという問いには答えていない。そこで注目されるのが政策アイディアの政策形成上に果たした役割である。前述したとおり，アルゼンチンにおける「普遍的子ども手当」制定の際には，条件付現金給付とその基となる人的資本への投資，ベーシックインカムおよび社会保険としての家族手当という政策アイディアが存在しており，制度形成過程の議論でそれらのアイディアが登場している。

　第2に条件付現金給付政策にせよベーシックインカム論にせよ，それらは外国に起源をもつアイディアである。そこでは，そうした外国起源のアイディアがどのようにアルゼンチンに定着し，「普遍的子ども手当」の制定にそれがどのように影響したのかが問題とされる。それに関してみると，政策アイディアの国際的伝播を扱った研究が参考になる。ドロウィッツ（David P. Dolowitz）とマーシュ（David Marsh）は，政策伝播に関し，何が，誰により，なぜ，どこから，どの程度政策が移転され，その制約・促進要因は何かという分析枠組みを提示している（Dolowitz and Marsh 2000, 7-12）。ナイ（Oliver Nay）によると，ドロウィッツらが提示した分析枠組みは，政策伝播の経過を整理するうえで有益であり，新制度論を補完するもののひとつとして位置づけられるが，どのように政策移転が行われたのかという観点の分析が欠けている点が批判されている（Nay 2012, 60）。

　そうした批判に対する回答のひとつとして，アイディアの国際的伝播が起きたのち，それが国内にどのよう根付くかについて，フィネモア（Martha Finnemore）とシキンク（Kathryn Sikkink）は規範の伝播として以下のような3段階を提起している。第1段階として，規範がそれを考案する規範企業家（norm entrepreneurs）により提起される。その場合動機は利他主義，共感，思想的関与であり，手法は説得である。第2段階として，そうした規範の変

化が起きてより多くの国が規範を採用するようになる。この段階のアクターは国家，国際機関，ネットワークであり，動機は正統化や名声であり，手法は社会化，制度化また示威である。第3段階は規範の内面化であり，アクターは法律家，専門家や官僚，動機は規範への適合であり，手法は職業的訓練をとおして専門家が規範を内面化させて政策化させること，とある(Finnemore and Sikkink 1998, 896-905)。この場合規範とは，序章で述べたシュミット（Vivien A. Schmidt）による政治学におけるアイディアの3段階分類のうちの，第3段階の価値や原則を体系づけ，政策とプログラムを補強する公共哲学と同意味である。しかし，それが制度化され法制化されるとシュミットのアイディアの第1段階である個別の政策の意味となる。彼らのこうした分析手段は，彼ら自身が述べているようにいかに規範が国際伝播して制度化されるに至ったのかを示す（Finnemore and Sikkink 1998, 916）ことでもあるが，方法論上は社会構築主義的な立場にあるともいえる。ここでは，フィネモアらの手法を参照して，とくにその第2段階においていかなる政策アイディアが，どのようなアクターにより，いかなる経緯でアルゼンチンにもたらされ，それがどのように国内で制度化されたのかをたどりたい。また彼は，その議論の第3段階において規範の内面化に言及している。本章ではそれを参考に，第2段階における規範の拡大をも各アクターにおけるアイディアに関する知識の共有という問いに組み替えて考察する。そのことにより，国内において特定の政策形成にアイディア的要素の果たした役割が明らかとなると考えるからである。

　その際，国内においてアイディアが政策形成に与える影響として，ブライス（Mark Blyth）が主張する政治資源としてのアイディアに注目する必要があろう。アイディア自身が政策を実現させるうえでの政治資源となるというのがブライスの考えである（Blyth 2002）。フレケンシュタイン（Timo Fleckenstein）も，アイディアが制度と同じく制度変化を抑制したり助長したりする役割を果たすと述べている（Fleckenstein 2011, 39）。しかし，ブライスはアイディアが政治資源として影響をもつのは，世界経済が危機的局面に陥ると

きであり，その際に分析対象とされたアイディアも経済・社会の根底を形成するようなアイディアであった。本論では政治資源という概念をアクター間のアイディアの共有という視点からとらえなおしてみたい。他方，本章で取り扱う「普遍的子ども手当」はそうした社会全体を覆うアイディアではなく，今日のアルゼンチンの社会政策の中心のひとつを占める政策である。そこでここでは，そのような全面的な経済・社会にかかわるアイディアの交代ではなく，中位の社会政策の政策策定過程においてもアイディアがアクター間で共有されるに至り，政治資源として影響力をもっていることを示したい。すなわち，危機的な状況になくてもアイディアが新たな制度形成，ここでは「普遍的子ども手当」という政策策定に際して，エージェント間の同盟を形成させたり，新たな制度策定に青写真を提供したりしている（Blyth 2002, 37-41）というような政治資源としての役割を果たしている事例を示したい。その際，政治資源として上述した各アクター間におけるアイディアに関する認識の共有という点を切り口としたい。「普遍的子ども手当」自身は，条件付現金給付政策であるが，それは社会保険である家族手当と，既存の非拠出制手当である多子手当を補完しつつ18歳以下の子どもをカバーしている。そこで条件付現金給付政策における普遍主義の問題と条件の問題を考えることをとおして，政治資源としてどのようなアイディアがどのように「普遍的子ども手当」の制定にかかわったのかを考察したい。

第2節　既存の政策と政策アイディア

ここでは，「普遍的子ども手当」の制定に関連のある既存の制度を確認し，さらに新たな政策に関するアイディアがどのように国際伝播し，アルゼンチン国内に根付いたかを跡付けたい。

1．既存の子ども手当——社会保険と非拠出制手当——

　アルゼンチンでは，2009年に「普遍的子ども手当」が制定される以前よりフォーマルセクターの被雇用者の子どもを対象とした家族手当制度が存在しており，現在も存続している。アルゼンチンで最初に家族手当が法制化されたのは，第2次世界大戦後に成立したペロン (Juan Domingo Perón) 政権期の1957年の政令1957号によってであり，民間企業のすべてに対して毎月家族手当の支給を義務化し，そのために年金金庫が管理する基金への拠出金の支払いを定めた (Fraga Patrao, sin fecha 583-584)。その後，各年金金庫に家族手当が制定され，ほとんどすべての被用者が家族手当を受給できるようになった。オンガニア (Juan Carlos Onganía) 軍政下の1968年に法律18017号により，給付が現在の家族手当とほぼ同様の結婚，妊娠・出産，配偶者手当，子ども手当，多子手当，小学校就学手当，中等教育就学手当に統一された。

　2013年現在有効な家族手当は，1996年に新自由主義改革を推進したメネム・ペロン党政権下で前記法律18017号を廃して，新たに法律24714号として成立したものである。家族手当の形態は，雇用者が拠出金を支払い，社会保険庁 (ANSES) がその運営を担う社会保険方式であり，支給される手当は次のとおりである。結婚，妊娠，出産休暇手当，子ども手当，障害児手当，出産・養子手当，小学校・中等教育就学手当であり，配偶者手当がこのときに廃止されたことが注目される。このように，現存する家族手当は，第2次世界大戦後のペロン政権下でアルゼンチンにおける社会保障制度が拡充されるなかで制定されたものであり，労働組合に組織されたフォーマルセクターの被用者を対象とした社会保険という性格をもち，またフォーマルセクターにおける男性稼得者型の家族形態と相互に影響しあうものであった。そこでは，自営業者やインフォーマルセクターは，家族手当の対象とはならなかった。1990年代の改正では，雇用関係の柔軟化や女性の労働力化率上昇という状況のなかで，配偶者手当が廃止された。2013年現在の家族手当における子ども

手当は，原則として18歳以下の独身の子どもが対象であり，給付額は全国を4地域に区分した地域により異なり，また世帯収入が高くなるにつれて給付額は減少する。全国最大の人口を擁するブエノスアイレス州は第1地区に属し，そこでは世帯収入が200ペソから4800ペソの世帯には992ペソ，4801ペソから6000ペソの世帯に636ペソ，6001ペソから7800ペソの世帯に595ペソ，7801ペソから3万ペソの世帯に329ペソが毎月給付される[2]。ちなみに2013年10月7日の為替レートは，公式レートが1ドル5.77ペソ，ブルードルと呼ばれる非公式レートは1ドル9.52ペソである。公式レートではブエノスアイレス州の家族手当の子ども手当は，低所得層では月額171.92ドル，最高所得層では57.02ドルとなる[3]。しかし，多くの国民が利用している非公式レートで換算すると低所得層は104.20ドル，最高所得層では34.56ドルに低下してしまう。最低所得層の平均賃金が2500ペソであることから，この階層に対する992ペソの給付は，平均賃金の約40パーセントに達し大きな収入源となる。

　既存の子ども手当としては，社会保険方式の家族手当のほかに貧困層を対象とした非拠出制の多子手当がある。貧困層を対象とした非拠出制手当は，老齢年金，障害者手当，および多子手当があり，このうち多子手当はメネム・ペロン党政権期の1989年10月に公布された法律23746号に基づく。多子手当の運用は，社会開発省の外局である国家年金委員会（Comisión Nacional de Pensiones）が行っている。同委員会の資料によると，多子手当は7人以上子どものいる母親に対する手当であり，受給条件は資産・所得がなく扶助する親族がいないこととなっている[4]。すなわち貧困，とくに最貧困であることが受給条件となっている。以上のことから，子ども手当の受給者は，フォーマルセクターの被用者世帯および最貧困層の7人以上子どもがある世帯をカバーしており，6人以下の子どもをもつインフォーマルセクターや自営業者の子どもが対象外となっていた。また，制度的にはフォーマルセクターの家族手当が社会保険制度であり，非拠出制多子手当は貧困層向けの社会扶助制度に分類される。すなわち，既存の社会保険の家族手当と社会扶助である多子手当でもカバーされない広範囲な子どもが存在していたことになる。

2．ベーシックインカム論

　2009年の「普遍的子ども手当」の制定に影響を与えたアイディアとして，ここで述べるベーシックインカム論と，次項で述べる条件付現金給付制度あるいは人的資本への投資概念がある。アルゼンチンにおいて市民であることを唯一の条件として全市民に一定の現金を給付するというベーシックインカムの政策アイディアが社会政策学者のなかに普及したのは，1995年にブエノスアイレスの民間の研究所である公共政策学際研究センター（Centro Interdisciplinario para el Estudio de Política Públicas: CIEPP）から『排除に抗して：ベーシックインカムの提案』が出版されたことがきっかけであった（Lo Vuolo y Barbeito 1995）。同書は，ヨーロッパにおいてベーシックインカムのアイディアを再活性化させた P. ヴァン・パリース（P. Van Parijs）やクラウス・オフェ（Claus Offe）と，アルゼンチンの社会政策研究者ルーベン・ロ・ブオロや経済学者のアルベルト・バルベイトらとの共著で出版された。同書にはヴァン・パリースがアルゼンチン研究者と出会い，同書の刊行を薦め，ロ・ブオロらをヨーロッパ・ベーシックインカム・ネットワーク（Basic Income European Network: B.I.E.N.）のアルゼンチン代表として認めたこと，クラウス・オフェが1994年にロンドンで開催された第5回 B.I.E.N 大会への彼らの参加を支援した（Lo Vuolo y Barbeito 1995, 9）と記されている。

　それ以降，公共政策学際研究センターは，アルゼンチンにおけるベーシックインカム論普及の拠点となり，ベーシックインカムに関する多くの著作が出版されている。また，公共政策学際研究センターが中心となってベーシックインカム概念の啓発を目的とした市民社会組織アルゼンチン・ベーシックインカム・ネットワーク（Red Argentina de Ingreso Ciudadano）が組織された。その後，2000年にはアルゼンチンにおける反政府系の労働組合ナショナルセンターであるアルゼンチン労働者センター（Central de los Trabajadores de la Argentina: CTA）は，ベーシックインカムの制定を提起した[5]。アルゼンチン労

働者センターは，研究・能力形成研究所（Instituto de Estudios y Formación）という研究所をもっており，そこにはベーシックインカムを主張し，のちに下院議員となったクラウディオ・ロサーノ（Claudio Lozano）が所長を務めていた[6]。公共政策学際研究センターのロ・ブオロらは，アルゼンチンの1980年代までの階層的福祉国家と1990年代の新自由主義政策を批判し，より普遍主義的な社会政策の代替案を模索していた（Lo Vuolo y Barbeito 1993）。アルゼンチン労働者センターにしても，1991年に当時のメネム政権の新自由主義政策を批判して労働総同盟から分裂してできた新しいナショナルセンターであり，貧困者や失業者との社会運動とも関係をもち（Usami 2009, 146-149），より普遍的な社会政策を希求していた。このようにベーシックインカムのアイディアは，より普遍的な社会政策を希求していたアルゼンチンの研究者がヨーロッパの研究者と接触することによりアルゼンチンに導入され，アルゼンチンの研究者を中心にそれを普及する組織が形成された。さらに，こうした研究者の活動によりベーシックインカムのアイディアは，労働運動のなかにも取り入れられることとなった。こうした海外から来たベーシックインカムのアイディアのアルゼンチンにおける普及，言い換えれば多くのアクターによるベーシックインカムに関する知識が共有されていることが確認された。

3．条件付現金給付政策アイディアの普及

アルゼンチンの「普遍的子ども手当」の制定に直接影響を与えた政策アイディアとして，今日ラテンアメリカ全域で実施されている条件付現金給付政策がある。条件付現金給付とは，「貧困の連鎖を断ち切るために若年層を対象とし，人的資本の蓄積を目的とした新たな世代の開発プログラムである。それは，子どもを学校に通わせるとか，定期的に保健所に連れて行く等の人的資本への投資を条件として貧困家庭に現金を給付する（Rawlings and Rubio 2003, 3）」ことと定義されている。条件付現金給付は短期的（貧困層の）消費に焦点を当てるのみならず，人的資本への投資を通して長期的に貧困問題へ

対処しようとするものである（De la Brière and Rawling 2006, 6）とみなされている。

　ラテンアメリカにおいてこうした条件付現金給付が開始されたのは，前述した1997年のメキシコのプログレッサプログラムからである。その後ブラジルのボルサ・エスコラ・プログラム（Programa Nacional de Bolsa Escola）や貧困・児童労働根絶プログラム（Programa de Erradicaçao do Trabalho Infantil）等ラテンアメリカにおいて広範に採用された（Rawling and Rubio 2003, 3）。この条件付現金給付政策がラテンアメリカに普及する過程で，それを積極的に評価する世界銀行や国連ラテンアメリカ・カリブ経済委員会（ECLAC）等の調査・研究・評価報告書がインターネット上に掲載され，域内各国の社会政策研究者や社会政策に関連した官僚は，それを容易に入手することができた。たとえば，アルゼンチンの社会保険局が刊行した「普遍的子ども手当」の評価に関する文章のなかにおいて国連ラテンアメリカ・カリブ経済委員会の文書が多数引用され，条件付現金給付の理念や他国の経験をそこから学んでいることがわかる（ANSES 2012）。また，世界銀行の2003年に出された報告書では，経済成長と貧困世帯が食料，医療教育および効率的な社会的セーフティーネットにアクセスできることが貧困軽減に必要であるとのコンセンサスが過去10年に形成され，メキシコのプログレッサ・プログラムは，こうした現実を反映したメキシコの声明書である（Coady 2003, 3）と述べられている。世界銀行の別の報告書では，現金給付プログラムの重要な側面は，その結果に関する信頼できる評価をとくに強調していることであり，その肯定的評価の蓄積が既存のプログラムの継続とほかの開発途上国における類似のプログラムの設定に有益である（Fiszbein and Schady 2009, 11-12）と記述されており，人的資本に対する投資に関して国際的なコンセンサスが存在することを指摘し，国際機関や現金給付プログラム実施国でのプログラムの成果に関する評価が同プログラム普及に貢献しているとされる。そこでは，世界銀行のような国際機関が条件付現金給付のアイディアを普及させるうえで主要な役割を果たしていることが窺える。

アルゼンチンにおいて非拠出制年金以外で大規模に施行された現金給付プログラムは，経済危機のさなかの2002年にドゥアルデ・ペロン党（Eduardo Duhalde）政権による失業世帯主プログラム（Plan Jefes y Jefas de Hogar Desocupados）であった。アルゼンチン経済は2002年にデフォルトに陥り，深刻な景気後退がみられ，2003年の大ブエノスアイレス圏の貧困世帯の比率は，51.7パーセントに達している（INDEC 2003, 1）。同プログラムは，そうした経済的・社会的危機のなかで，失業者や労働組合の社会問題に対処する要求があり，労働組合，政党，教会，国際機関代表などの社会的協議が行われた後に立案されていった（宇佐見2005, 216-220; Golbert 2004, 25）。同プログラムは，2002年4月に政令565/02として公布された。

　失業世帯主プログラムの対象は，まずアルゼンチン人かアルゼンチンに永住する外国人で現在失業中の世帯主であり，18歳以下の子どもを最低ひとりもつか，きわめて困難な経済的・社会的状況にあるか，あるいは年齢を問わず障害児をもっているというものである。受給条件として子どもが就学し，また予防接種を受けることという事項がある。これは，現金給付プログラムに広くみられる条件である。さらに月額150ペソ（約42ドル，プログラム発足時）の給付を受けるには，コミュニティでの仕事か職業訓練を1日4時間から6時間行うという就労を求めている[7]。その就労と給付が連動しているという意味で，同プログラムはワークフェア的プログラムであるといえ，また条件が課されているという点で条件付現金給付政策であるといえる。

　同プログラムの実施に当たって，アルゼンチン政府は世界銀行からの融資を受けている。2002年に失業世帯主プログラムに関して約5億ドルの支出がなされたが，その4分の1が世界銀行の融資であり，2003年には6億ドルの支出のうちに世界銀行の融資は50パーセントを超えると推定されると同行の報告書に記されている（Galasso and Ravallion 2003, 2）。2002年3月21日に世界銀行内部の審査で承認を受けた対アルゼンチン貧困・失業対策融資プロジェクトの文書では，将来の反貧困政策では以下の3点に焦点を当てるべきであるとされている。すなわち第1に，改革と政策がより早い成長を導き，雇用

第1章　アルゼンチンにおける「普遍的子ども手当」の制定とアイディアの政治　37

を拡大させること，第2に，貧困者が基礎的サービスにアクセスできるようにすること。それは貧困者の全体的福利を向上させ，人的資本を向上させることによりグローバル経済のなかで生産性と競争力を向上させることができる，第3にセーフティーネットを向上させることにより，貧困者のショックに対する脆弱性を緩和できるとされている[8]。この世界銀行の融資プロジェクトは，それまでにアルゼンチンに対してなされていた「働こう：TRABAJAR」という貧困対策プログラムの第VI期に当たるとされているが，実施された時期からみると失業世帯主プログラムの設立期と一致する。そこでは，理念として条件付現金給付の条件として，人的資本の向上がすでに述べられている。同様の内容は，世界銀行の失業世帯主プログラムに関する別の融資申請書にも記されている[9]。また同プログラムが週20時間の就労か職業訓練参加を義務付けていることに関して，報告書では，プログラムが明示的に貧困であることを条件としないが，この義務のために貧困層が自己選択でターゲティングできる利点を指摘している（Galasso and Ravallion 2003, 4）。このように世界銀行のなかに人的資本の開発とワークフェアというアイディアがあり，それが対アルゼンチンの融資に際しても提示されていた。

　しかし，失業世帯主プログラムは世界銀行の融資を受けたものであるが，プログラム自身は，アルゼンチン政府が発足させたものであると世界銀行の報告書には記されている（注9と同じ）。失業世帯主プログラムは，労働・雇用・社会保障省管轄のプログラムであり，同省が刊行したプログラムの性格に関して次のような記述がある（Ministerio de Trabajo, Empleo y Seguridad Social 2003, 21-23）。そこにはまず，労働市場の最脆弱層にターゲティングされた1990年代の対失業政策を社会政策の普遍主義に反し，残余的かつ野蛮なターゲティング政策であると批判している。つづいて新しい政策としてヨーロッパにおいて普遍的手当（asignación universal）やベーシックインカム（renta básica ciudadana）など就労と関係なく支給される給付される政策を紹介している。ここでは，ベーシックインカムを厳格なターゲティングを求める政策への対抗的政策アイディアとして紹介している。つづいてこうしたアイディ

アを地域の現実や資源にひきつけて考察するうえでブラジルの政策を参照し，その特徴を次のように述べている。第1に社会政策における国家の役割の強調である。第2に，すべてのプログラムが子どもの就学と健康へのインセンティヴを伴っていること。第3に，すべてのプログラムが普遍化へ向けた傾向がある点。第4に就労と最低市民所得を分ける傾向があり，この点に関して失業世帯主プログラムの就労義務との間にジレンマを生じさせている点を指摘している。第5に，プログラムの過程で市民社会の関与が強まっている点である。このように失業世帯主プログラムを制定したアルゼンチン労働・雇用・社会保障省は，ヨーロッパでのベーシックインカムのアイディアを意識し，さらにより地域の実情に近いブラジルの社会政策を分析し，普遍主義的傾向やプログラムにおいて子どもの教育や医療促進という人的資本への投資の重要性を理解していたことになる。このように，世界銀行などの国際機関が条件付現金給付のアイディアに関する情報を提供し，また世界銀行の融資にともない，人的資本への投資という条件がアルゼンチンの政策立案に際して参照される一方，アルゼンチンの行政当局も積極的に海外での社会政策の傾向を研究し，失業世帯主プログラムという条件付現金給付政策が制定された。アルゼンチンの労働・雇用・社会保障省の文書により，同省の官僚は，対貧困政策が普遍的かつ人的資本の開発に貢献するものであることが必要であるとの世界的傾向があることを認識していたと同時に，ベーシックインカムのアイディアからプログラムの普遍性の重要性に対する認識をもっていたことが確認される。

第3節　「普遍的子ども手当」の制定過程とアイディア

ここでは2009年に制定される「普遍的子ども手当」の制定過程を分析し，そこでアイディアがどのようにアクター間で共有され，政治資源としての役割を果たしたのか明らかにしたい。

1．ベーシックインカム論からの提案

子ども手当に関する普遍主義的な最初の提案は，1996年にウィーンで開催されたヨーロッパ・ベーシックインカム・ネットワーク国際大会に前述のベーシックインカムをアルゼンチンで普及させようとする研究者，ロ・ブオロとアルベルト・バルベイトが「ラテンアメリカではなぜベーシックインカムは子どもから始めなければならないのか」という論文を提起したことに始まる。その後，同論文のスペイン語版がブエノスアイレスにある彼らの研究所のウェブサイトに掲載され，アルゼンチンでも知られるようになった (Barbeito y Lo Vuolo 1996)。

そこではまず，ラテンアメリカではベーシックインカムというアイディアはなじみがなく，また全市民に直ちにベーシックインカムを支給することは財政的かつ制度的に実現可能性がないことを指摘する。つづいて，子どもに対するベーシックインカムの支給が正当化される理由として以下の6点を指摘している。①すべての子どもに対する支給はとりわけ社会的に最も脆弱な家族に対して効果がある，②ベーシックインカムの無条件であり普遍的であるという原則に反しない，③政治的コンセンサスを得やすい，④制度的・財政的な最良の改革となる，⑤貧困の罠を回避できる，⑥現在の（新自由主義的）政策が放棄している社会的・世代縦断的な責務を果たすことができる (Barbeito y Lo Vuolo 1996, 2)。

こうしたロ・ブオロやバルベイトらのベーシックインカム論に基づいた子ども手当の提案に対して，当時野党第1党の急進党下院議員であったカリオとカルカが関心を示し，ロ・ブオロらに接触してきたと，彼らは筆者とのインタビューで述べている。そして，のちに述べる急進党両下院議員らによる子ども手当法案は，公共政策学際研究センターにおいてロ・ブオロら研究員と両議員を交えて策定された[10]。のちに述べるエリサ・カリオ議員らの「子どものためのベーシックインカム基金（Proyecto de ley: Fondos para el ingreso ciudadano de la niñez)」法案の提案趣旨として，将来的にアルゼンチン市民全員に所得の保障を行い，貧困や失業問題に対する保障網を構築することを見据えて，とくに子どもの多くが貧困であるなどのことから，子どもに対して無条件に財政から現金を給付すると述べている。ここでは，ロ・ブオロらのアイディアが彼らとの交流によりカリオ議員らの法案に取り込まれていることがわかる[11]。ここにおいて，ベーシックインカムに基づく子ども手当というアイディアが研究者と政治家を結び付け，法案を作成するうえでの政治的資源としての役割を果たしたことが確認される。

　上記のような経緯で作成された法案は，野党急進党カリオとカルカ両下院議員により1997年に議案として上程された。法案の名称は，「子どものためのベーシックインカム基金」法案であり，そのおもな内容は以下のものである。18歳以下の子どもと4カ月目以上の妊婦すべてに現金給付のために財政支出により基金を創設する。給付に際しては，いかなる条件も付けない。そのために現行の社会保険制度の家族手当を廃止し，所得税の課税ベースを広げることを提案している（注11と同じ）。

　その後同法案は，修正されつつ何度も下院に提案され，2009年に提案された法案の内容は，以下のように子どもへの教育と健康への義務が果たされていることが条件となっている[12]。第1条で子どものためのベーシックインカム基金設立を定め，その基金からの支給は，子どもへのベーシックインカム，妊婦と障害者への医療サービス等，母性や出生・養子への扶助となっている。第2条で支給は毎月現金で給され，対象は子どものためのベーシックインカムの場合18歳以下のアルゼンチン国籍保持者でアルゼンチン在住者とし，取得の条件をアルゼンチン国籍のある人に限定している。第4条では，受給者は母親が父親やその他の扶養者に優先されることが記されている。第8条では，支給の条件として学齢期の子どもは就学の証明，学齢期未満の子どもは健康診断と予防接種の証明，妊婦は妊娠の証明が定められている。また，両下院議員による提案は，すべてのアルゼンチン国籍の子どもに同じ金額の手当を支給するという点では，ベーシックインカムのもつ普遍的プログラムで

あるといえる。

　他方，受給の条件として子どもの就学や健康診断の証明を課していることは，ベーシックインカム論に基づいて提案された「子どものためのベーシックインカム基金」が条件付現金給付の人的資源への投資をとおして貧困の連鎖を断ち切るという理念を共有していることになる。すなわち，ベーシックインカム論の普遍性はその無条件性にあるが，ベーシックインカム論者のなかで，後述するようにそこでの条件が子どもの教育と健康といった大人が子どもに対して果たすべき義務と認識され，人的資源への投資を通じた貧困の連鎖を断ち切るという条件付現金給付のアイディアが受け入れられていたことを示している。また，本書序論で普遍性は，制度に資力調査がなくカバレッジを広げるものと定義している。そのため，資力調査を行わず，カバレッジを広げるベーシックインカム論者の「子どものためのベーシックインカム基金」法案は，本書が定義した意味での普遍性を備えていることになる。同法案に付随した提案理由書には，ロ・ブオロらの提案にあるベーシックインカムを子どもから始める理由がそのまま取り入れられている。そこでは，子どものためのベーシックインカムは無条件に毎月同一額を支給し，貧困であるとか失業中であるとかの申告は必要ないとその普遍性を強調している。他方で，就学や健康診断等の条件を付けたことに関して，そのことは人間開発のための基礎的条件を子どもに提供するという義務から大人を免除するものではないとする。その理由として，貧困層の子どもが就学せず児童労働を行っているために，将来正規雇用を得る可能性を低下させている状況がある点を指摘し，支給の条件を正当化している。ここにベーシックインカムという普遍主義のアイディアと人的資本への投資により貧困の世代間連鎖を断ち切るという条件付現金給付のアイディアの融合がみとめられる。このようにベーシックインカムというアイディアに基づく子ども手当は法案となり議会に提案されたが，審議されることはなく廃案となっている。しかし，両議員は，同法案を数年ごとに議会に提案している。

　同法案の提出者エリサ・カリオ下院議員の所属する急進党は，1999年にほ

かの野党と同盟を組みデ・ラ・ルーア（Fernando de la Rúa）連合政権を形成するに至った。しかし，彼女は同政権の新自由主義的政策を批判し，2000年に同党を離れ「平等な共和国によるアルゼンチン人党」（Argentinos por una República de Iguales: ARI）を結成し，2003年の大統領選挙にARIの候補として出馬した。その時の選挙公約[13]のなかに上述した子ども手当法案が，高齢者向けベーシックインカム（Ingreso ciudadano a todos adultos mayores）および失業者手当制度制定とともに掲げられており，ベーシックインカム論に基づく子ども手当法案は大統領選での選挙公約となった。大統領選挙でエリサ・カリオ候補は14.05パーセントを得票し5位に終わったが[14]，同法案が大統領選挙での公約になり全国的に知られるようになった意義は大きい。

　他方，ベーシックインカムのアイディアと結び付いた子ども手当は，労働運動と結び付き，その制定を求める全国的な社会運動となっていった。2000年になるとアルゼンチン労働者センターは，普遍的な子ども手当を65歳以上の無年金者への非拠出制年金と失業世帯主への失業者・技能形成保険とともに要求するようになった[15]。また，2001年になると経済危機の深刻化とともにアルゼンチン労働者センター主導で貧困削減を目的とする社会運動組織の反貧困国民戦線（Frente Nacional Contra la Pobreza: FreNaPo）が結成された。反貧困国民戦線には，アルゼンチン労働者センターのほかにエリサ・カリオやアリシア・カストロ（Alicia Castro））下院議員等の政治家，五月広場の祖母たちという人権団体，研究機関や中小企業の団体などが参加していた。反貧困国民戦線は，2001年12月12日から17日にかけて彼らの要求に対する自主的な国民投票運動（Asamblea Popular）を実施した。その内容は，アルゼンチン労働者センターの要求と同様に失業世帯主への380ペソの失業・技能形成保険金，18歳以下の子どもに対する60ペソの普遍的な子ども手当，および65歳以上の年金未受給者に対する150ペソの非拠出制年金の支給を支持するか否かというもので，約300万人の国民が投票に参加したとされる[16]。同運動を進めたアルゼンチン労働者センターの幹部も筆者とのインタビューにおいて，1990年代の新自由主義が多くの被害をもたらし窮乏化を進めたという認識の

もと，国民投票運動の要求は，貧困問題に対応するアルゼンチン労働者センターの対案であったとしている[17]。また，翌2002年1月にはデ・ラ・ルーア大統領辞任後に議会で選出されたペロン党のドゥアルデ大統領に対して，アルゼンチン労働者センターの指導者ビクトル・ジェナロ（Victor Gennaro）は，この国民投票の要求書を手渡している[18]。このようにベーシックインカム論を基にした子ども手当のアイディアは，研究者から政治家，労働組合や市民社会組織に広まり，それを基にした法案が提起され，またそれを要求する運動が展開された。これはまず，海外から来たベーシックインカムのアイディアがアルゼンチンに定着し，政府官僚を含む各アクターに共有されていたことを示している。そしてそのことは，ベーシックインカム論に基づく子ども手当のアイディアがそれらのアクターを結び付け，法案制定に向けての運動を促す政治資源としての役割を果たしていたとみることができる。

2．「普遍的子ども手当」制定の環境

ここでは，2009年に「普遍的子ども手当」が制定される前後の子どもの状況を述べる。まず，貧困率に関してみると子どもの貧困率はほかの年代の貧困率より高く，2006年における主要都市平均の貧困率が26.9パーセントであるのに対して，0歳から13歳までの子どものそれは40.5パーセントときわめて高くなっている。子どもの貧困率とは，世帯調査により得られる貧困人口を年齢層別に組み替え，同年齢層の子どもの人口に対する貧困な子どもの人口の比率を算出したものである。子どもの貧困率が全体の貧困率に対して高いことは，ラテンアメリカ諸国では一般的である。たとえば国際比較が可能なCEPALの統計を用いると，2011年のアルゼンチンにおける貧困人口率が5.7パーセントであるのに対して0歳から17歳の子どもの貧困人口率は24.3パーセント，ブラジルのそれは20.9パーセントに対し33.8パーセント，ボリビアは36.3パーセント対71.4パーセント，チリは11.0パーセント対15.7パーセント，メキシコ（2010年）は36.3パーセントに対し37.6パーセント等々とな

表1-1　2006年後期の年代別貧困率（主要31都市）（％）

	全体	0～13	14～22	23～64	65以上
貧困率	26.9	40.5	34.8	21.2	11.0
非最貧困率	18.2	26.2	23.7	14.8	7.8
最貧困率	8.7	14.3	11.2	6.4	3.2

（出所）　経済省ウェブサイト（http://www.indec.mecon.ar/），2013年10月29日閲覧。

っている（CEPAL 2013, 17）。一方高齢者は，過去の年金保険料未払いによる年金未受給者救済制度として導入された年金モラトリアム制度の制定により，年金受給者が拡大し，65歳以上の世代の貧困率が最も低くなっている。こうした事実は，子どもを対象とした現金給付に関してコンセンサスが存在するとする各論者の提案の裏づけのひとつとなる。

　他方，条件付現金給付の条件となる子どもの就学や医療に関してアルゼンチンの状況は全般的に良好で，子どもに対する教育や医療サービスを受けさせているという条件が必ずしも支給に際しての障害にならないと判断される。まず，アルゼンチンの初等教育就学率は高く2008年で99.4パーセント，また中等教育の就学率は2009年で86.2パーセントであった（CEPAL 2012, 31-32）。2011年における1000人当たりの5歳以下の幼児死亡率は14人であり，ラテンアメリカ平均の19人より大幅に低い。さらに2010年におけるはしかの予防接種率も99パーセントであり，ラテンアメリカ平均の93パーセントに比べて高く，子どもに対して教育や基礎的医療面でのサービスがほぼ行き届いていることが示されている（CEPAL 2012, 38）。こうした初等・中等教育の普及を反映して，アルゼンチンの児童労働の比率は低い。2005年において10歳から14歳の児童が就労していると自己申告した比率は，男児が2パーセント，女児が1パーセントであった。これに対して，隣国のパラグアイのそれは男児が23パーセント，女児が8パーセント，またボリビアのそれは男児が32パーセント，女児が15パーセントとなっている（CEPAL 2009, 6）。このように，2009年の「普遍的子ども手当」制定時には，子どもの貧困はほかの世代より

も高く,他方教育や基礎的医療は広く普及していた状況にあった。

3. 政治状況

つぎに,「普遍的子ども手当」が制定された2009年の政治的状況をみてみる。2003年に成立したペロン党のキルチネル(Néstor Kirchner)政権は,1990年代にネオリベラル改革を推進した同じくペロン党の前大統領メネム(Carlos Menem)候補の政策を批判して成立した政権であった。キルチネル政権の後を受けて2007年に夫人のクリスティーナ(Cristina Fernández de Kirchner)政権が発足した。キルチネルはペロン党党首に就任し,キルチネルおよびクリスティーナ政権の評価が問われる上下院議員を選出する中間選挙が2009年6月28日に実施された。中間選挙では4年任期の下院の半数と6年任期の上院の三分の一を選出する。下院議員は州ごとの比例代表制であり,上院は各州で得票に応じて第1党に2議席,第2党に1議席を振り分ける仕組みになっている。下院で最大の議席が改選されるのはアルゼンチン最大のブエノスアイレス州であり,注目度も高かった。当時ペロン党は与党キルチネル派がキルチネル前大統領の選出母体となった「勝利のための戦線」(Frente para la Victoria: FPV)とペロン党反主流派に分裂して選挙戦に臨んだ。キルチネル派は,ブエノスアイレス州での勝利のためにキルチネル自身を「勝利のための戦線」の候補者リストの第1位として選挙戦を戦ったが獲得議席は12にとどまり,ペロン党非主流派議員と中道右派同盟の13議席の前に敗れた[19]。この選挙の結果,「勝利のための戦線」は下院で29議席を失い,非改選と合わせて与党は87議席となり過半数129議席を大幅に割ることとなった[20]。

また,2009年選挙を挟んで与野党から多数のインフォーマルセクターに対する子ども手当法案が提出されていた。2008年5月にはエリサ・カリオをはじめとした中道左派の14議員がベーシックインカムに基づく子ども手当法案を重ねて提起した。2008年7月には与党「勝利のための戦線」の下院議員エ

クトル・レカルデ（Hector Pedro Recalde）とアウグスティン・ロッシ（Augustín Oscar Rossi）が「非登録労働者向け子ども・就学手当法案」を議会に提案した。非登録労働者とは，社会保険料未納者として労働・雇用・社会保障省が把握している事実上のインフォーマル労働者のことである。法案の骨子は，非登録労働者の18歳以下の子どもに対して，フォーマル労働者である登録労働者が法律24714号による家族手当制度において受給している手当と同額の子ども・就学手当を支給し，その受給の条件として子どもの就学を課していることである[21]。同法案の提案理由として，アルゼンチンにおけるインフォーマル労働者，すなわち非登録労働者の問題が存在していること認識し，非登録労働者はフォーマル労働者である登録労働者と同等の権利を有しているためとしている。ここでは，まずインフォーマル労働者もフォーマル労働者同様の権利を有するという普遍主義に言及している。また，同下院議員の政策秘書は，法案策定に当たりブラジル，メキシコ，チリやボリビアなどの事例を参考にしたという[22]。すなわち，域内で実施された条件付現金給付に関する知識をもっていたことになる。同法案はのちに大統領政令で制定された「普遍的子ども手当」とほぼ同じ内容となっている。

　2009年4月にはアルゼンチン第2の州サンタフェ州に基盤をもつ社会党が「子ども・青年普遍的所得」（Ingreso Universal a la Niñez y la Adolescencia）法案を提出した。そこにはすべてのアルゼンチンに在住する18歳以下の子どもに対して子ども手当を支給し，その条件として乳幼児の健康管理と学齢期の子どもの就学を掲げている。提案理由としては，キルチネル政権下での経済回復にもかかわらず，子ども貧困の問題が解決されておらず，それが急務であることが指摘されている。同党による法案の提案理由書によるとまず，新自由主義のターゲティング政策を単にスティグマを伴う貧困緩和策であり貧困そのものを解決するものでないと批判する。そのうえで，貧困層に対するより統合的な政策として普遍主義的な政策を主張している。また，子どもの教育や医療といった受給条件は，ターゲティングではなくそれらをとおして子どもに社会的参加を可能とさせるものであるとし，人的資本への投資を重視

しているとの見解を示している[23]。この社会党の提案は，就学等を条件にすべての子どもに子ども手当を支給するという点でエリサ・カリオらのベーシックインカム論に基づく子ども手当法案と同種のものであるとみなされる。

2009年8月には非主流派ナショナルセンターであるアルゼンチン労働者センターを支持基盤とするクラウディオ・ロサーノ（Claudio Lozano）下院議員をはじめとした中道左派議員6名が「普遍的子ども手当」（Asignación Universal por Hijo）を下院に提案した。前述したようにアルゼンチン労働者センターは，2001年に反貧困国民戦線や国民投票運動で中心的役割を果たし，ロサーノ下院議員もその動きのなかに含まれていた。彼らの提案は，家族手当を受給しない18歳以下のすべての子どもに，家族手当と同額の現金を支給し，受給の条件として義務的な医療診断・予防接種を受けることと，学齢期の子どもは就学していることを課している。その提案理由書では，制度の普遍化が現在の家族手当にみられる不正な社会的排除を修正するために最も必要なことであると普遍主義の重要性が強調されている（注23と同じ）。クラウディオ・ロサーノらの提案は，既存の家族手当未受給者に対して子ども手当を付加するというものであり，子どもの就学等を給付条件とするという点においても与党「勝利のための戦線」のエクトル・レカルデ議員の提案に近いものであった。提案理由としては，既存の家族手当は雇用条件の悪化によりカバー率が低下し，家族手当未受給の子どもの多くが貧困状況にあることを指摘している。また，扶養者の子どもに対する税額控除制も貧困層には無関係であり，二重の不平等を強いることになる。こうした不平等を克服するために上記「普遍的子ども手当」の制定が必要であると訴えている。このほかに，急進党が2009年5月，ブエノスアイレス州選出のフランシスコ・デ・ナルバーエス（Francisco de Narváez）下院議員が2009年8月に子ども手当を提案している（Repetto, Díaz Langou y Marazzi 2009）。

このように2009年中間選挙を挟んで与野党から子ども手当の法案が多数議会に提出された（表1-2参照）。それは，既存の社会保険である家族手当に替わり18歳以下の子ども全員に手当を支給するというベーシックインカム論を

表1-2　子ども手当法案

提案者	提案者の政党	提案年月	全員か社会保険との組合せ	就学・医療の条件
エリサ・カリオ下院議員ら	野党左派	2008年5月	子ども全員	○
エクトル・レカルデ下院議員	与党左派	2008年7月	社会保険と組合せ	○
社会党	野党左派	2008年4月	子ども全員	○
クラウディオ・ロサーノ下院議員ら	野党左派（労働組合系）	2009年8月	社会保険と組合せ	○
エルネスト・サンス上院議員	急進党野党中道左派	2009年5月	子ども全員	○
フランシスコ・デ・ナルバーエス下院議員ら	野党中道	2009年8月	社会保険と組合せ	○

（出所）　アルゼンチン下院サイト（http://www.diputados.gov.ar/frames.jsp?mActivo=proyectos&p= http://www1.hcdn.gov.ar/proyectos_search/bp.asp 2013年8月13日閲覧）；Repetto, Díaz Langou y Marazzi（2009）。
（注）　政党で明確に新自由主義を批判している場合は，左派とした。
　　　急進党はホームページに民主社会（democracia social）の政党と規定しているため中道左派とした。

　基礎としたものと，既存の家族手当を未受給のインフォーマルセクターの子どもに対して新たな手当を支給し，子ども手当の支給範囲を拡大させる案に区別でき，与党案は後者のものであった。後者を支持したものにアルゼンチン労働者センターの支援を受けたクラウディオ・ロサーノ下院議員の提案もある。また，すべての法案に子どもの就学等が受給の条件として課されており，そこには，人的資本への投資をとおして貧困の連鎖を断つという条件付現金給付のアイディアが各アクターに共通して認識されていたことを示している。それはまた，受給に際して子どもの育成に関する義務の遂行を扶養者に条件として課するという点で合意が形成されていたとみることができる。
　2009年6月選挙での与党の敗北を受けて，野党は政権に対して子どもに手当に関する要求を強めていった。こうした複数の野党側の子ども手当法案の提案を受けて，その審議入りをめぐって与野党間でやり取りが交わされている（*Clarín* 3 de agosto y 9 de septiembre de 2009）。他方，カトリック教会も子ど

第1章　アルゼンチンにおける「普遍的子ども手当」の制定とアイディアの政治　49

も手当の採決を促す姿勢を示していた（Clarín 19 de octubre de 2009）。その後もエリサ・カリオ下院議員の市民同盟（Coalición Cívica）が急進党，社会党やその他の野党勢力と歩調を合わせて政府に子ども手当の制定を求めていった（Clarín 22 de octubre de 2009）。このように，与党議員が子どもに対する手当法案を提議する一方で，野党は議会に提案された子ども手当審議入りを政府に対して一斉に要求していたのである。

4．「普遍的子ども手当」の制定

　こうした中間選挙での敗北と野党や教会・労働組合等からのより広いカバレージの子ども手当制度制定要求の高まりのなかで，2009年10月29日にクリスティーナ大統領は非拠出制の「普遍的子ども手当」の政令公布を大統領府において発表した（Cralín 29 de octubre de 2009）。「普遍的子ども手当」を定める政令1602/2009号は，既存のフォーマルセクターを対象とした家族手当法のなかに失業者やインフォーマルセクターの家族を対象とした非拠出制の「普遍的子ども手当」を挿入する内容となっている[24]。
　「普遍的子ども手当」は，そうした家庭の18歳以下の未就労の子ども5人まで受給できる。同手当の支給額は，発足時の2009年時点で月額180ペソであり，その80パーセントが毎月支給され，残りの20パーセントは4歳までの子どもは健康診断・予防接種，5歳以上の子どもは就学の義務が果たされた場合に一括で支給されるという条件が付いている。同制度制定により一定以上の所得のある自営業者や貧困層の第6子を除き，ほとんどの子どもが何らかの手当を受給できるようになった。
　こうした既存の家族手当法のなかに非拠出制の制度を挿入する形式に関して，労働省・社会保障省社会保険局次長エミリア・ロカ（Emilia Roca）は，世界銀行の条件付現金給付制度のように既存の社会保険の枠外に新たな制度を設けるのではなく，社会保険制度のなかにそれを組み込んだ点を筆者とのインタビューにおいて強調していた[25]。ここに政府当局が「普遍的子ども手

当」を普遍的であるという論拠がみえる。すなわち，フォーマルセクターの家族に対する家族手当も，また失業者やインフォーマルセクターの子どもに対する子ども手当も同一の社会保険内で社会保険局が実施しており，そこをとおしてほとんどすべての子どもが手当を受給できるようになったことを指して「普遍的」と述べているのである[26]。

「普遍的子ども手当」の実施機関であり政策の形成に関与した国家社会保険局の職員は，少なくともインフォーマルセクターの子どもに何がしかの給付を行うという点において，子ども手当の普遍化に関してコンセンサスが存在していたと述べている[27]。さらに「普遍的子ども手当」とほぼ同様の内容の法案を提出していた与党「勝利のための戦線」のレカルデ下院議員の政策秘書も，法案作成に際して議会でも制度の普遍化に関してコンセンサスが存在していたと証言している[28]。また，前述したように「失業世帯主プログラム」施行時においても，労働省の文書のなかにはベーシックインカム論を基にした制度の普遍化への指向がみられていた。

こうした普遍化に関するコンセンサスの存在は，表1-2の与野党議員の子ども手当に関する諸提案からもみることができる。ベーシックインカム論を基にしたエリサ・カリオ下院議員等の提案は，すべての子どもに対する支給であり，他方与党のリカルデ下院議員や野党のロサーノ下院議員らの提案は既存の社会保険を残し，未受給者に対する手当の支給を行うというものであった。そこには，子ども手当の支給が親の就労形態と関係するのか否かという理念上の問題は残るが，手当支給範囲を拡大するという点において両者は対立していなかった。子どもに対する手当の拡大をとおしての普遍化に関するコンセンサスの背景には，前述したように各アクターによるベーシックインカムに関するアイディアの共有が存在した。

つぎに「普遍的子ども手当」の給付に際しての条件の付与は，ラテンアメリカに広く普及している条件付現金給付政策と同様であり，上述した政府や与党議員関係者が等しく，政策または法案立案に際してメキシコやブラジルをはじめとするラテンアメリカの事例を研究し，人的資本への投資に資する

ものであると述べている。国家社会保険局の職員も，政令制定時にはすでに与野党の法案が議会に提出されており，社会保険局内でも域内の事例を研究したと述べている（注27と同じ）。また，ロカ次長は「普遍的子ども手当」は，先にアルゼンチンで導入された「失業世帯主プログラム」を改良したものであると述べている（注25と同じ）。前述したように労働・社会保障省内部でも「失業世帯主プログラム」においてはベーシックインカムのアイディアの影響が明示され，「普遍的子ども手当」はその改良であることから，ベーシックインカムのアイディアそのものは実現しなかったものの，行政府内で同アイディアは共有されていた。とはいえ，「普遍的子ども手当」は国際機関からの融資を受けずに，アルゼンチン政府が独自に立案したとの政策立案者からの証言も得られた[29]。このように「普遍的子ども手当」の給付条件に関しては，上述した国家社会保険局職員，労働・雇用・社会保障省のロカ，与党議員秘書の証言にあるように，行政府の政策立案者や与党の議員スタッフがラテンアメリカにおける条件付現金給付のアイディアを研究し，また労働・社会保障省のロカ次長自身が語っているように自国の「失業世帯主プログラム」という既存のプログラムを改良しつつ政策が策定されたことが確認された。ここに，両政策のアイディアが海外からアルゼンチン国内に伝播し，アルゼンチン国内の各アクターによりベーシックインカムの理念である普遍主義と条件付現金給付に付随する人的資本への投資というアイディアが共有されている点をみることができる。また，ベーシックインカムのアイディアは多くのアクターにより知識として共有され，カバー率の向上に向けての理論を提供し，それが利益を越えて子どもに対する手当の拡大を推進する政治合意形成のための政治資源となったとみることができる。

　もちろん，「普遍的子ども手当」における条件はベーシックインカム論者の本来の主張とは矛盾するものである。事実，ベーシックインカムの中心的推進論者であるロ・ブオロは，子どもの医療や教育に関する条件は懲罰的なものであり，長期的な人間能力開発を阻害すると非難している（Lo Vuolo 2009, 8）。また，公的医療や就学前教育施設の不備のために，支給条件を満

たすことに貧困層が困難を抱える場合がある点も指摘されている（Pautassi, Arcidiácono y Straschnoy 2013, 34-35）。他方，エリサ・カリオ下院議員の案も含めて，子ども手当の対象を子ども全員としているベーシックインカム論を基とする提案のすべてが，受給に子どもの医療管理と教育という条件を課している。また，ベーシックインカム推進論者のバルベイトも初等教育や公的医療が比較的整備されているアルゼンチンでは，こうした条件は軽いものであると証言している[30]。さらに，労働・社会保障省の文書，政府政策立案者とのインタビューや各議員の提案理由書でみられたように，現金給付に際しての条件が人的資本への投資に結び付くとのアイディアが各アクターにより共有され，それが給付に際して条件を付けるとの合意を形成させた背景にあったことが確認できた。このように条件付現金給付にかかわる人的資本への投資というアイディアも「普遍的子ども手当」制定に際しての合意形成の政治的資源となったといえる。

　おわりに

　2009年の「普遍的子ども手当」の制定により，それまでフォーマルセクターの被用者にほぼ限定されていた子どもに対する手当が，ほぼすべての子どもに拡大された。その拡大は，従来の社会保険制度である家族手当に非拠出制の「普遍的子ども手当」を組み合わせるというものであった。それは，名目的には従来から存在していた社会保険制度の拡大という形で実現された制度の普遍化であった。この「普遍的子ども手当」制定の背景には，学者同士の交流によりアルゼンチンに定着したベーシックインカムというアイディアと，世界銀行などの国際機関，ブラジル・メキシコでの先行事例からアルゼンチンの政策担当者がアドバイスを受けたり自ら学んだりして定着した，条件付現金給付に伴う人的資本への投資というアイディアがあった。これらのアイディアは，アルゼンチンに定着した後，多くのアクターにより知識と

第1章　アルゼンチンにおける「普遍的子ども手当」の制定とアイディアの政治　53

して共有されることとなった。このうちベーシックインカムのアイディアの共有は，学者，政治家や労働運動を結び付ける政治資源となった。同アイディアは制度の普遍化を促す意味で，さまざまなアクターが異なる用い方で利用した。

　他方，ベーシックインカム論者にとって条件付現金給付における条件は，彼らの主張する無条件で市民に現金を給付するという原則から外れることになる。しかし，前述したようにベーシックインカム論を基にした「子どものためのベーシックインカム基金」法案を提出したカリオ下院議員らは，同法案の提案趣意書のなかに「人間開発のための基礎的条件を子どもに提供するという義務から大人を免除するものではない」と述べて子どものための教育・医療という条件を受け入れている（第3節1参照）。また，前述したベーシックインカム推進論の中心人物であるバルベイトも「初等教育や公的医療が比較的整備されているアルゼンチンでは，こうした条件は軽いものである」と述べて，それを受け入れている（第3節4参照）。これらのことは，条件付現金給付の人的資本の開発というアイディアが，その推進者からは貧困の連鎖を遮断するという理由で，またベーシックインカム論者からは，子どもの教育・健康管理は大人の義務であるという理由で，あるいはそれらがそれほど過重な条件ではないという理由で受容されていたことを示している。その意味で，子どもに対する手当として現金の受給に教育や医療等の条件を付けることでも主要アクター間で認識が共有され，合意が形成されていたといえる。そうしたアイディアが各アクターで共有されたことにより，それに基づいた各種の提案がなされたことも2009年の「普遍的子ども手当」の制定を促したと判断される。すなわち，ここではふたつのアイディアが「普遍的子ども手当」制定を促す政治的資源としての役割を果たしたとみることができる。

　本章では，アイディアが2009年の「普遍的子ども手当」制定を促す政治的資源としてどのような役割を果たしたのかという視点から分析を行い，上記のような結論が得られた。しかし，本章では上記課題を明らかにするために，

序章で示されたアイディア内部に含まれる利益に関する分析を行っていない。それには，本章で示したアイディアのなかに含まれ，アクターが認識する利益を確定する作業が追加されることになるが，今後の研究課題としたい。

〔注〕

(1) http://www.coalicioncivica.org.ar/proyecto_ingreso_ninez/el_proyecto.htm 市民同盟ウェブサイト，2013年7月3日閲覧。
(2) http://www.anses.gob.ar/trabajadores/asignaciones-familiares-trabajadores/montos-vigentes-334 社会保険庁ウェブサイト，2013年10月7日閲覧。
(3) http://www.lanacion.com.ar/dolar-hoy-t1369 ラ・ナシオン紙ウェブサイト，2013年10月7日閲覧。
(4) http://www.desarrollosocial.gob.ar/cnp/121 社会開発省ウェブサイト，2013年10月7日閲覧。
(5) http://www.ingresociudadano.com.ar/index.php/home/menubrevehistoria ベーシックインカム市民社会組織ウェブサイト，2013年10月9日閲覧。
(6) http://www.pagina12.com.ar/diario/elpais/1-40673-2004-09-06.html パヒナ12紙ウェブサイト，2014年2月6日閲覧。
(7) http://www.trabajo.gov.ar/jefesdehogar 労働・社会保障省ウェブサイト，2013年1月29日閲覧。
(8) "Argentina –Social Protection VI" http://www-wds.worldbank.org/external/default/WDSContentServer/WDSP/IB/2001/12/21/000094946_01122104032615/Rendered/PDF/multi0page.pdf 世界銀行ウェブサイト，2013年10月21日閲覧。
(9) http://siteresources.worldbank.org/EXTLACREGTOPLABSOCPRO/Resources/503654-1204080302665/ARHeadsof 世界銀行ウェブサイト2013年10月21日閲覧。
(10) 2013年9月16日ブエノスアイレスCIEPPにおいて，Rúben Lo Vuolo, Alberto Barbeito y Corina Rodrígez 研究員とのインタビューによる。
(11) http://www.elisacarrio.com.ar/proyectos/fondo_ingreso.htm エリサ・カリオ下院議員ウェブサイト2014年5月30日閲覧。
(12) http://www.elisacarrio.com.ar/Labor_legislativa/FONDO_PARA_EL_INGRESO_CIUDADANO_A_LA_NI%c3%91EZ.pdf エリサ・カリオ下院議員ウェブサイト2014年5月29日閲覧。
(13) "Plataforma Electral: Afirmación para una república Igualitaria" http://consultas.pjn.gov.ar/cne/download/Alianza%20Afirmacion%20para%20una%20Republica%20Igualitaria.pdf アルゼンチン政府アーカイブサイト2013年10月25日閲覧。

⑭　http://www.elecciones.gov.ar/estadistica/archivos/2003/ResultTotPais2003.pdf 内務省ウェブサイト2013年10月25日　閲覧。
⑮　http://www.ingresociudadano.com.ar/index.php/home/menubrevehistoria　ベーシックインカム市民社会組織サイト2013年10月9日閲覧。
⑯　http://edant.clarin.com/diario/2001/12/18/p-01812.htm　クラリン紙ウェブサイト2013年10月28日閲覧。
⑰　2013年9月16日，CTAを構成する有力組合国家公務員組合（Asociación de Trabajadores de Estado: ATE）の国際担当委員Ruben Garridoとのインタビュー。
⑱　http://www.lanacion.com.ar/364094-el-frente-nacional-contra-la-pobreza ラ・ナシオン紙ウェブサイト2013年10月25日閲覧。
⑲　http://www.elecciones.gov.ar/estadistica/archivos/2009/Totales_por_Provincia_28_de_junio_de_2009.pdf　内務省ウェブサイト2013年11月1日閲覧。
⑳　http://www.lanacion.com.ar/1144249-contundente-triunfo-de-los-candidatos-de-cobos-en-mendoza　ラ・ナシオン紙ウェブサイト2013年11月1日閲覧。
㉑　http://www.diputados.gov.ar/frames.jsp?mActivo=proyectos&p=http://www1.hcdn.gov.ar/proyectos_search/bp.asp　連邦下院ウェブサイト2013年8月13日閲覧。
㉒　2013年9月12日，Hector Ricalde下院議員事務所での同政策秘書とのインタビューにおいて。
㉓　http://www.diputados.gov.ar/frames.jsp?mActivo=proyectos&p=http://www1.hcdn.gov.ar/proyectos_search/bp.asp　連邦下院サイト2013年8月13日閲覧。
㉔　http://infoleg.mecon.gov.ar/infolegInternet/anexos/155000-159999/159466/norma.htm　経済省ウェブサイト2013年8月27日閲覧。
㉕　2013年9月16日，労働・社会保障省社会保障局次長Emilia Rocaとのインタビューにおいて。
㉖　「普遍的子ども手当」の政令のなかに，「受給者は最低賃金以上を得ているインフォーマル労働者を除く」との但書きがある。しかし，実際の運用ではインフォーマルセクター労働者の所得把握が困難であるため，社会保険局の記録にある子どもが私立学校に通学している場合を高額所得者とみなし，支給対象外としている。2013年9月17日，社会保険局ANSES職員とのインタビューにおいて。
㉗　2013年9月17日，社会保険局（ANSES）職員とのインタビューにおいて。
㉘　2013年9月12日，Hector Ricalde下院議員事務所での同政策秘書とのインタビューにおいて。
㉙　2013年9月17日，社会保険局（ANSES）職員とのインタビューにおいて。
㉚　2013年9月16日，ブエノスアイレスCIEPPでの，Rúben Lo Vuolo, Alberto

Barbeito, および Corina Rodríguez の3名の研究員とのインタビューによる。

〔参考文献〕

〈日本語文献〉

宇佐見耕一 2005.「アルゼンチンにおける社会扶助政策と社会運動」宇佐見耕一編『新興工業国の社会福祉―最低生活保障と家族福祉―』アジア経済研究所 199-231.

〈外国語文献〉

ANSES. 2012. *La asignación Universal por hijo para protección social en perspectiva, La política pública como restauradora de derechos*. Buenos Aires: ANSES (http://observatorio.anses.gob.ar/archivos/documentos/OBS%20-%2000265%20-%20AUH%20en%20Perspectiva.pdf).

Auyero, Javier. 2001. *Poor People's Politics: Peronist Survival Networks and the Legacy of Evita*. Durham: Duke University Press.

Baez, Javier E. et al. 2012. *Conditional Cash Transfers, Political Participation, and Voting Behavior*. Policy Research Working Paper 6215. Washington, D.C.: The World Bank.

Banco Mundial. 2009. *Transferencias de monetaria condicionadas, Reducción de la pobreza actual y futuro*. Washington, D.C.: Banco Mundial.

Barbeito, Alberto y Rubén Lo Vuolo. 1996. *¿Por que comensar con un ingreso ciudadano para los menores en América Latina?* Buenos Aires: CIEPP.

―――2009. *Ingreso ciudadano para la niñez: reelaborando ideas para construir una sociedad más igualitaria*. Buenos Aires: CIEPP (http://www.ciepp.org.ar/).

Blyth, Mark. 2002. *Great Transformations, Economic Ideas and Institutional Change in the Twentieth Century*. Cambridge: Cambridge University Press.

CEPAL. 2009. "Trabajo infantil en América Latina y el Caribe: su cara invisible." *Desafíos* (8) enero: 4-9.

―――2012. *Anuario Estadístico de América Latina y el Caribe, 2012*. Santiago de Chile: CEPAL.

―――2013. *Panorama Social de América Latina 2013*. Santiago de Chile: CEPAL.

Coady, David. 2003. "Alleviating Structural Poverty in Developing Countries: The Approach of PROGRESA in Mexico." Washington, D.C.: The World Bank.

De la Brière, Bénédicte and Laura B. Rawlings. 2006. "Examining Conditional Cash

Transfer Programs: A Role for Increased Social Inclusion?" SP Discussion Paper 0603. Washington, D.C.: The World Bank.

Díaz Langou, Gala. 2012. *La implementación de la asignación universal por hijo en ámbitos subnacionales*. Buenos Aires: CIPPEC (http://www.cippec.org/Main.php?do=documentsShow).

Dolowitz, David P. and David Marsh. 2000. "Learning from Abroad: The Role of Policy Transfer in Contemporary Policy-Making." *Governance: An International Journal of Policy Administration, and Institutions* 13(1) January: 5-23.

Finnemore, Martha and Kathryn Sikkink. 1998. "International Norm Dynamics and Political Change." *International Organization* 52(4) Autumn: 887-917.

Fiszbein, Ariel and Norbert Schady. 2009. *Conditional Cash Transfers: Reducing Present and Future Poverty*. World Bank Policy Report 47603. Washington, D.C.: The World Bank.

Fleckenstein, Timo. 2011. *Institutions, Ideas, and Learning in Welfare State Change: Labour Market Reform in Germany*. London: Palgrave Macmillan.

Fraga Patrao, Roberto ed. Sin fecha, *Analanes de legislación Argentina 1957*, Buenos Aires: Editorial La Ley.

Galasso, Emanuela and Martin Ravallion. 2003. "Social Protection in a Crisis: Argentina's Plan Jefes y Jefas." World Bank Working Paper N.11/03 Washington, D.C.: The World Bank, .

Golbert, Laura. 2004. *¿Derecho a la inclusión o paz social ? Plan Jefes y jefes de hogar desocupados*. Santiago de Chile: CEPAL. (http://www.cepal.org/cgi-bin/getProd.asp?xml=/publicaciones/xml/4/14574/P14574.xml&xsl=/dds/tpl/p9f.xsl&base=/dds/tpl/top-bottom.xsl)

INDEC. 2003. *Incidencia de la pobreza y de la indigencia en los aglomerados urbanos, mayo de 2003*. Buenos Aires: INDEC.

Lo Vuolo, Rubén. 2009. *Asignación por hijo*, serie de Análisis de coyuntura núm. 21. Buenos Aires: CIEPP (http://www.ciepp.org.ar/).

———2012. "The Argentine 'Universal Child Allowance': Not the Poor but the Unemployed and Informal Workers." In *Citizen's Income and Welfare Regime in Latin America: From Cash Transfers to Rights*, edited by Rúben Lo Vuolo. Basingstoke: Palgrave Macmillan, 51-66.

Lo Vuolo, Rubén y Alberto Barbeito. 1993, *La nueva oscuridad de la política social*. Buenos Aires: CIEPP.

———1995. *Contra la exclusión: La propuesta del ingreso ciudadano*. Buenos Aires: CIEPP.

Ministerio de Trabajo, Empleo y Seguridad Social. 2003. *Plan Jefes y Jefas de Hogar Deso-*

cupados, Un año de gestión. Buenos Aires: Ministerio de Trabajo, Empleo y Seguridad Social.
Nay, Oliver. 2012. "How Do Policy Ideas Spread among International Administrations? Policy Entrepreneurs and Bureaucratic Influence in the UN Response to AIDS." *Journal of Public Policy* 32(1) April: 53-76.
Pautassi, Laura, Pilar Arcidiácono y Mora Straschnoy. 2013. *Asignación Universal por Hijo para la Protección Social de la Argentina: Entre la satisfacción de necesidades y el reconocimiento de derechos*. Santiago de Chile: CEPAL.
Rawlings, Laura B. and Gloria M. Rubio. 2003. *Evaluating the Impact of Conditional Cash Transfer Programs*. Policy Research Working Paper 3119. Washington, D.C.: The World Bank.
Repetto, Fabián y Gala Díaz Langou. 2010. *El papel de la Asignación Universal en la construcción de un Sistema de Protección Social Integral*. Buenos Aires: CIPPEC (http://www.cippec.org/-/el-papel-de-la-asignacion-universal-en-la-construccion-de-un-sistema-de-proteccion-social-integral).
Reppeto, Fabián, Gala Díaz Langou y Vanesa Marazzi. 2009. *¿Hacia un sistema de protección social integral? El ingreso para la niñez es sólo la punta del ovillo*. Buenos Aires: CIPPEC (http://redproteccionsocial.org/recursos/hacia-un-sistema-de-proteccion-social-integral-el-ingreso-para-la-niñez-es-solo-la-punta).
Schmidt, Vivien A. 2008. "Discursive Institutionalism: The Explanatory Power of Ideas and Discourse." *Annual Review of Political Science* 11(1) June: 303-326.
——— 2002. "Does Discourse Matter in the Politics of Welfare State Adjustment?" *Comparative Political Studies* 35(2): 168-193.
Usami, Koichi. 2009. "Rethinking Political Opportunity Structure in the Argentine Unemployed and Poor People's Movement." In *Protest and Social Movements in the Developing World*, edited by Shinichi Shigetomi and Kumiko Makino. Cheltenham: Edward Elgar, 134-156.
Villatoro S., Pablo. 2005. "Programa de transferencias monetarias condicionadas: experiencias en América Latina." *Revista de la CEPAL* (86) : 87-101.

第 2 章

ブラジルの条件付現金給付政策
── ボルサ・ファミリアへの集約における言説とアイディア ──

近 田 亮 平

はじめに

　ブラジルで2003年に誕生した労働者党（Partido dos Trabalhadores: PT）のルーラ（Luiz Inácio Lula da Silva）政権（2003～2010年）は，主要な貧困層向け社会政策として「ボルサ・ファミリア（家族手当）プログラム」（Programa Bolsa Família，以下，ボルサ・ファミリア）を開始した。ボルサ・ファミリアは，当時メキシコなどで実践され注目を集めていた条件付現金給付（Conditional Cash Transfer）政策であり，一定の条件を課して貧困層に現金を給付する政策である。このような政策はブラジルでも，前政権のブラジル社会民主党（Partido da Social Democracia Brasileira: PSDB）のカルドーゾ（Fernando Henrique Cardoso）大統領時代（1995～2002年）から導入されていた。ただしボルサ・ファミリアは，複数あった既存の同様な政策を統合した上で大規模に実施され，支給額の引き上げや受給年齢の伸張，新たな条件付現金給付政策の追加など，政権の看板政策として拡張されていった。その結果，ボルサ・ファミリアの受給世帯数は約1400万[1]に達し，世界で最大規模の条件付現金給付政策となった。

　ブラジルの条件付現金給付政策はボルサ・ファミリアへ集約されるかたちで実施されたが，その政策形成過程の特徴として，おもに暫定措置（Medida

Provisória）という大統領の権限で暫定的に開始され，その後に議会の承認を得て正式に施行されてきた点が挙げられる。ブラジルでは，大統領が重要な施策を議会の承認なしに暫定的に施行し，後に正式な政策として議会で法制化し実施することができる。ただし，そのために大統領は一定の期間内で，暫定措置に関する議会の支持はもちろん，それを後押しする世論の高い支持を得る必要がある。その際，暫定措置の法制化期限が基本的に60日間と短いため，大統領が暫定措置への支持を議会や国民に公の場で直接訴えることは，政策の正式な実施にとって有効な手段だといえる。

ボルサ・ファミリアをはじめとする条件付現金給付政策の先行研究は，社会政策としての特徴や意義，貧困および受給条件（後述）である教育や保健医療における効果，選挙での集票をはじめとする政治的な利用や影響力などに関するものに大別される。前述のように，ボルサ・ファミリアに集約された条件付現金給付政策は，主としてはじめに暫定措置で開始され，のちに議会での承認を得たことで拡大的に実施された。そのため暫定措置の法制化に対して，大統領の直接的な説明や説得などの言説，および，その背景にあるアイディアが与えた影響力は大きいと考えられる。しかしこのような点に着目して，ブラジルの条件付現金給付政策の政策形成過程を分析した研究はほとんどみられない。

そこで本論では，ブラジルの条件付現金給付政策がどのように形成されたのか，その過程を明らかにすることを目的として，ボルサ・ファミリアなどが大統領の暫定措置でまず開始され，その後に議会で正式に法制化されていった点に注目し，大統領が用いた言説とその背景にあるアイディアを当時の状況との関連から分析する。分析アプローチとしては，言説的制度論（Discursive Institutionalism）の視座から，大統領の直接的な語りかけである伝達的言説（Communicative Discourse）に着目し，政策の形成過程をボルサ・ファミリアが拡大実施されていく当時の状況との関連から考察する。

結論を先に述べると，ブラジルで条件付現金給付政策が形成されていく過程において，ボルサ・ファミリアの政策独自の特徴だけでなく，それらとは

異なる言説とアイディアも政策実施当時の状況との関連から用いられたことがわかった。明らかになった点はふたつあり，ひとつ目は，ブラジルで全国民を対象とする普遍的な社会政策が主流だった時期に，特定の貧困層を対象とする選別的なボルサ・ファミリアを開始する際，想定された批判を回避すべく，普遍主義というアイディアに基づく「ベーシックインカム」と結びつけた言説も用いられたことである。ふたつ目は，ブラジルで中間層の拡大をもとにした経済成長が顕著となった時期に，貧困層の利益に最も資するボルサ・ファミリアを拡張する際，政策対象外の国民の支持や理解を獲得すべく，納税者や社会全体の利益というアイディアに基づく「中間層」と結びつけた言説も用いられたことである。

本章の構成は次のとおりである。はじめに問題意識を提示し，第1節で本章の分析アプローチについて説明する。第2節では，ボルサ・ファミリアの概要と実施態様，および，ブラジルの条件付現金給付政策をめぐるおもな議論をまとめる。第3節でベーシックインカムをめぐる言説とその背景にあるアイディア，次の第4節で近年のブラジルで拡大した中間層をめぐる言説とその背景にあるアイディアについて分析する。第5節で，ブラジルの条件付現金給付政策が形成されていった過程の状況，および，言説の受け手側の反応について考察を行い，最後に本論を総括する。

第1節　分析アプローチ

1．言説的制度論と伝達的言説

本章は，大統領の言説とその背景にあるアイディアを分析し，ブラジルの条件付現金給付政策が暫定措置を活用した大統領の主導で形成された過程を明らかにするものである。そのための分析アプローチとして，政治学研究における言説的制度論を出発点とする。

政治学の新制度論では，歴史的制度論，社会学的制度論，合理的選択制度論の3つがおもな潮流であり，これらはそれぞれ構造，文化，主体を重視するのに対して，言説的制度論は第4の新制度論といわれる（小野 2009）。言説的制度論の主要論者であるSchmidt（2008）は，既存の新制度論が制度を所与のものとしてとらえるなど静態的である点や，そのために政治的変化を説明し得ない点を批判して言説的制度論を提唱し，新制度論の新たな潮流を生み出した。そこでは，制度が所与の構造および主体の行為などの結果としてとらえられ，制度と主体の相互作用を重視することで制度変化の分析が可能になるとされる。言説的制度論では制度を，ブラジルの大統領暫定措置のような所与のものとしても扱うと同時に，アイディアを反映した大統領の言説により形成された条件付現金給付政策のような，主体の思考，言葉，行為の結果としても扱うのである。

　また，言説的制度論には社会構築主義の視座が導入され，利益は客観的・物質的であるよりも主観的なものとして，規範はより動態的に構築されるものとして認識される（Schmidt 2008, 314-321）。言説的制度論に基づく研究は，既存の政治構造分析に対して言説やアイディアによる政治状況の変容という重要な視角を提示した点が評価されている（小野 2009, 10）。言説的制度論の分析枠組みは，外形的な言説のあり方が制度改革や政策形成に影響を与えるという理論構成になっており，実証分析から出発している。しかし，それに加え，言説の背景にある価値や規範といったアイディアにも注目し，解釈的手法を部分的に導入している点を特徴としている（宇佐見 2011, 65-66）。ただし，言説的制度論が各国の政治制度とその下で実践される言説のあり方により政策が形成される経緯を描き出すことを主眼とするのに対し，本章は言説的制度論を参考にしながらも，具体的な言説の分析とその背景にあるアイディアの考察，および，それらが用いられた当時の状況との関連から，特定の政策が形成された過程を描出しようとするものである。言説的制度論の中核をなす言説とは，アイディア（後述）を表明するとともに，それが伝わる相互作用のプロセス，すなわち，公共圏における政策形成や政治的コミュニ

ケーションのプロセスだとされる。そしてこのような言説は，調整的言説（Coordinative Discourse）と，冒頭で紹介した伝達的言説に分類される（Schmidt 2008, 309-313）。

調節的言説とは Schmidt（2006, 223-231）によれば，広範で多様な政策アクターが政策形成に関与し，政策に関する合意を調整する際に用いられる。調整的言説は，統治行為が多様な権威に分散する傾向があるとされる複合的な政治形態（compound polities）において，政策形成に対してより有効で影響力が強い。複雑な政治形態は，ドイツやイタリアのような多元主義，連邦制または地方分権，比例代表，コーポラティズム的などを特徴としている。このような政治形態のもとでは，政策アクター間の調整的言説が市民に対する伝達的な言説より重要性が高い。

一方，本章で着目する伝達的言説とは，主要な政治アクターが政策の策定や変更を行う際，公の場で直接的に有権者や議員に語りかける言説である。伝達的言説は，統治行為が単一の権威によって媒介される傾向があるとされるシンプルな政治形態（simple polities）において，より効果的に機能する。シンプルな政治形態の特徴は，イギリスやフランスのような多数決主義，大統領制，国家主義，集権国家的であることなどであり，このような政治形態では主要な政治アクターが公的かつ直接的な説得を試みる伝達的言説が，調節的言説より政策形成にとって有効だとされる。なぜならこのような政治形態では，実施しようとする政策の影響を最も受ける利害関係者との交渉が比較的に少なく，一般市民から政策実施の正当性を得ることがより重要となってくるからである。その具体例として Schmidt（2002, 174-176）は，イギリスのサッチャー（Margaret Thatcher）政権を取り上げ，単一アクター・システムというシンプルな政治形態のもとで，サッチャー首相が市場資本主義の必要性や重要性を国民へ直接訴えたこと，つまり伝達的言説により，新自由主義的経済改革への支持を獲得し，その断行に成功したと分析している。

一方，言説の含意として解釈されるアイディアとは，序章で言及された Schmidt（2008, 306-309; 321-322）によれば，一般性に関する3つの段階から

構成される。第1は政策決定者により提案される個別の「政策」(policies)，第2は政策を策定するための青写真となる一般的な「プログラム」(programs)，第3は価値や原則を体系付け，政策とプログラムを補強する「公共哲学」(philosophies) の段階である。これらは，第1の「政策」という固有で具体的な解決策から，第2の「プログラム」が設定する対象の範囲や問題性，そして，第3の「公共哲学」というより原理的で深いコアなものへと段階が高くなっていく。

2．ブラジルの政治形態の特徴——大統領暫定措置——

現在のブラジルの政治形態は，Schmidt の分類を当てはめると，シンプルなものと複雑なものが混合しているといえる（Fishlow 2011，堀坂 2013）。ブラジルの政治形態にとって，1985年の軍政から民政への移管と1988年に制定された憲法が大きな転換となった。ブラジルは集権国家的だった軍政期の経験をふまえ，1988年憲法では政治的な多元主義，立法府や司法府の権限強化，地方分権化の推進など，複合的な政治形態がその特徴とするような制度改革を行った。

一方で，当時の政治改革においても国家の基本的な枠組みは継続され，法案の拒否権，三軍の統帥権，外交交渉や予算編成をめぐる権限などをもつ強い大統領制も維持された。また，1997年の憲法修正により大統領の再選が1回にかぎり可能となったことで，ひとりの大統領が最長で2期8年間，政権を担うことが可能となり，政策の継続性や大統領が政治的な独自性を発揮できる可能性がさらに高まった。したがって，ブラジルの政治形態は大統領が強い権限を有する点において，シンプルな政治形態としての特徴も有しているといえる。

そして，シンプルな政治形態の要素であり，大統領がもつ権限の代表格が，本論の冒頭で述べた大統領の暫定措置である。暫定措置は民政移行後の1988年憲法で創設されたが，その起源は1930年の大統領令（decreto lei）で，21年

間続いた軍事政権はこの大統領令を多用することで独裁的な政治体制を築いた。現在の暫定措置は憲法62条によると,「例外または緊急的な手段」として行使することができ,施行された暫定措置はただちに議会での審議に回さなければならない[2]。しかし現状では,2013年末までに1230件,1年平均で50件もの暫定措置が施行されている。カルドーゾ大統領とルーラ大統領はそれぞれ2期8年の間に同数の419件を発令し,ルーラ大統領の後継者であるルセフ(Dilma Rousseff)大統領(2011年〜)は就任後3年間で116件と相対的に少ない[3]。提出された暫定措置のうち,法律として議会で承認された割合は2001年から2013年11月までの平均で87.2パーセントであり[4],大半の暫定措置が法制化されている。つまり,ブラジルでは暫定措置に限った場合,大統領の強い権限により統治行為が主導される傾向があり,シンプルな政治形態において政策が形成されているのである。

　暫定措置の議会での審議期間は基本的に60日間である。ただし,さらなる60日間の延長により最大で120日間の議会審議が可能である。議会での審議期間は以前30日だったが,2001年の憲法修正により現在のように大幅に延長された。このことにより大統領は,暫定措置で施行した自身の意向に即した法案について,議会や国民を説得できる期間が長くなり,法制化を実現できる可能性が高くなった。このように暫定措置により,大統領は自身の望む政策をまず暫定的に施行し,その後に議会や国民を説得し高い支持を得ることで,その政策を法制化し正式に実施できるのである。

　次節で説明するように,ボルサ・ファミリアへ集約されたブラジルの条件付現金給付政策は,その多くが暫定措置により実施された。分析対象をブラジルの条件付現金給付政策に限った場合,それは暫定措置というシンプルな政治形態を構成する大統領の権限でまず開始されたため,その正式実施や継続には議会や国民からの支持を事後的にとりつける必要があり,このような目的で用いられる言説は伝達的言説である。シンプルな政治形態で政策形成への影響力が大きい伝達的言説を分析するという点で,ルーラ大統領がボルサ・ファミリアを拡大展開した本論のブラジルのケースは,前項の Schmidt

がサッチャー政権を対象としたケースと類似しているといえる。

第2節　ボルサ・ファミリア

本節では，研究対象であるボルサ・ファミリアをはじめとする条件付現金給付政策の概要と実施の様子，および，それに関するおもな先行研究と議論について概説する。

1．条件付現金給付政策「ボルサ・ファミリア」の概要

ボルサ・ファミリアなどの条件付現金給付政策とは，子どもの就学や予防接種など何かしらの条件を設定し，貧困層へ生活補助としての現金を給付するものである。受給者に現金を支給する際，教育や保健医療など人的資源の形成を促す分野での活動を条件にすることで，人的資本への投資を行い，貧困の連鎖を断ち切ろうとする政策である。1990年代後半頃から新興途上国で実施されるようになったが，社会的なインフラや制度が相対的に整備されているラテンアメリカで普及がより進んでいる。

ブラジルで複数の条件付現金給付政策が集約されたボルサ・ファミリアは，2014年1月時点において，対象の低所得世帯を世帯の1人当たり月収により，70レアル[5]以下の極貧世帯と70～140レアルの貧困世帯のふたつに分類し，子どもの就学や予防接種を条件に現金を給付している。支給額は子供の数や年齢により異なるが，極貧世帯の場合，子供や妊婦の有無にかかわらず基礎的な扶助として1世帯当たり70レアルが支給される。この基礎的な70レアルに加え，15歳以下の子供や妊婦に対しては1人当たり32レアル（最高5人まで），16歳と17歳の子供に対しては1人当たり38レアル（最高2人まで）が支給される（表2-1）。また，総受給額は最少32レアルから最大306レアルで，平均受給額は約152.67レアル[6]である。ボルサ・ファミリアは，大統領の暫

表2-1 ボルサ・ファミリアの受給対象や金額

家計状況	世帯の1人当たり月収（レアル）	15歳以下の児童, 妊婦・乳母 32レアル/人（最高5人）	16〜17歳の児童 38レアル/人（最高2人）	受給額（レアル）
極貧	70未満	0人	0人	70（基礎）
		1人＋基礎	0人	102（32＋70）
		0人	1人＋基礎	108（38＋70）
		5人　　基礎	2人	306（32×5＋70＋38×2）
貧困	70以上140未満	0人	0人	0（基礎ナシ）
		1人	0人	32
		0人	1人	38
		5人	2人	236

（出所）社会開発飢餓撲滅省のウェブページのデータ（2014年1月24日時点）をもとに筆者作成。

定措置411号により2008年から対象年齢が15歳から17歳へ引き上げられたことをはじめ，後述するように支給額や受給条件が物価上昇やその時々の情勢に合わせ漸次調整されてきた。

2．ボルサ・ファミリアの開始

　ブラジルの条件付現金給付政策は1990年代に，はじめは地方自治体レベルで施行され，のちに全国レベルへ拡大されていった。その先駆的なものに，カルドーゾ政権が1996年にILOの支援を得て試験的に開始した「児童労働撲滅プログラム（Programa de Erradicação de Trabalho Infantil）」がある。同プログラムは，貧困世帯の子供の不就労と就学を条件に現金給付を行うもので，その支給額は対象世帯の所得や子供の数，居住地域（都市部／農村部）など

で異なる。児童労働撲滅プログラムは2000年,行政機関の法規則である社会保障省令[7](portaria) 2917号により正式に実施され,児童労働問題が深刻な地域を優先し徐々に全国展開されるようになった。同プログラムは,社会開発省[8]令666号により2006年からボルサ・ファミリアへ統合されたため,統合以降は所得がボルサ・ファミリアの受給条件の上限を超えた場合のみ,児童労働撲滅プログラム分の現金が給付されている。

1999年には,15～17歳の若年層に社会教育的な研修を行う「若年層の社会人間開発プログラム(Programa Agente Jovem de Desenvolvimento Social e Humano)」が,社会保障省令4977号により開始された。同プログラムでは,1年間で終了する同プログラムへの参加を条件として,対象者に当時65レアルが毎月支給された。ただし後述するように,2008年にボルサ・ファミリアの対象年齢が拡張されると,同プログラムの現金給付部分はボルサ・ファミリアに統廃合された。

2001年には,大統領の暫定措置2206号による「食糧手当プログラム(Programa Bolsa Alimentação)」が全国規模で開始された。保健省の政策である同プログラムは,1人当たり世帯月収が最低賃金[9]の半分未満の低所得世帯を対象として,妊婦や乳母に対して0～6歳の子供をもつ場合,保健医療活動への参加を条件に,1人当たり当時15レアルを最高3人(計45レアル)まで支給するものである。同じ2001年,同様に暫定措置の2140号により「ボルサ・エスコーラ(就学手当)プログラム(Programa Bolsa Escola,以下ボルサ・エスコーラ)」が全国で実施された。教育省の政策であるボルサ・エスコーラは,食糧手当プログラムと同じ低所得世帯に対し,7～15歳の子供をもつ場合に子供の就学を条件として同様の金額を支給するもので,1994年から地方自治体[10]で着手された後に全国規模で展開されるようになった。また2002年からは暫定措置18号により「ガス手当プログラム(Programa Auxílio Gas)」も実施されるようになった。鉱山エネルギー省が管轄する同プログラムは,同じ所得条件の貧困世帯を対象に,家庭用のガス購入の補助として2カ月に1回15レアルを支給するものである。

左派的とされる労働者党に政権が交代した2003年1月1日，ルーラ大統領は暫定措置103号により看板的な社会政策として「飢餓ゼロ・プログラム（Programa Fome Zero，以下飢餓ゼロ）」を発表した。そのなかに，「食糧カード・プログラム（Programa Cartão Alimentação）」という現金給付政策が含まれ，同様に暫定措置108号により着手された。同プログラムは世帯の1人当たり月収が最低賃金の半分未満の低所得世帯を対象に，食糧購入の補助として1世帯当たり50レアルを支給するものであった。しかし飢餓ゼロは，さまざまな既存や新規の社会政策の総称でもあり，具体的な成果が現れ難かったため，国民からの評価は必ずしも高くなかった[11]。

　そこでルーラ政権は，飢餓ゼロを掲げた同年の10月に別の主要な社会政策を発表し，その普及を積極的に推し進めた。それが，のちに世界的にも知られるようになったボルサ・ファミリアであり，暫定措置132号により開始された。ボルサ・ファミリアは，前述したカルドーゾ政権が開始したボルサ・エスコーラ，食糧手当プログラム，ガス手当プログラム，および，ルーラ政権自身が開始した食糧カード・プログラムの4つの現金給付政策を統合したものである。これらの現金給付政策は内容的に重複する部分が多かったが，管轄省が異なることもあり，実施における非効率性が問題視されていた。そこでルーラ政権は，政権が発足した2003年に食糧安全飢餓対策特別省（Ministério Extraordinário de Segurança Alimentar e Combate à Fome）を新たに創設した。そして翌年の2004年には臨時的な存在だった同省を社会開発飢餓対策省（Ministério do Desenvolvimento Social e Combate à Fome）という恒常的な省へ昇格させ，条件付現金給付をはじめとする選別的な社会政策による貧困削減を推進した。

　ブラジルにおける条件付現金給付政策が，ボルサ・ファミリアに集約されるかたちで展開された様子をまとめたのが図2-1である。1980年代に軍政から民政へ移行したブラジルでは，全国民を対象とした社会保障の普遍化が試みられてきた。しかし1990年代半ば以降，それまで主流だった普遍主義に基づく社会保障の整備に加え，選別的な条件付現金給付政策が地方レベルで着

図2-1 ブラジルの主な条件付現金給付政策がボルサ・ファミリアに集約されるプロセス

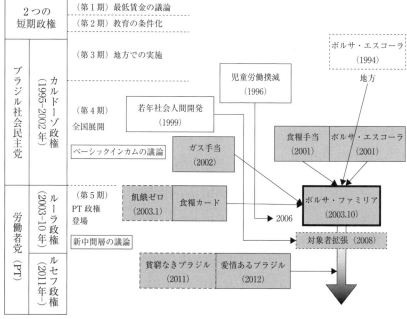

（出所）筆者作成。
（注）網掛け部分は大統領暫定措置による政策。各政策のカッコ内は開始年月。第1期〜第5期の区分はSilva（2007）によるもの。

手され，徐々に全国展開されるようになった（近田 2013）。そして，第3節で論じるベーシックインカムをめぐる議論のように，社会政策における普遍主義を追求する動きがある一方，2003年に誕生したルーラ労働者党政権は，既存の条件付現金給付政策を統合するかたちでボルサ・ファミリアを開始し，その後も拡張していったのである。

3．ボルサ・ファミリアの拡張

ボルサ・ファミリアは暫定措置411号により，2008年に対象年齢の上限が

15歳から17歳へ引き上げられた。また支給額や受給条件も，物価上昇やその時々の情勢に合わせ漸次調整されてきた。支給額は，ルーラ大統領とルセフ大統領の労働者党政権の合計11年間に4回，1〜3回目はルーラ政権期で，それぞれ2007年8月に約18パーセント，2008年7月に約8パーセント，2009年8月に約10パーセント引き上げられ，4回目はルセフ政権による2011年3月で，約19パーセント支給額が増額された[12]。これらの引き上げは暫定措置ではないが，大統領をトップとする行政府の命令である行政令（decreto）により実施された。

受給条件に関しては，ルセフ大統領が政権発足時の2011年に打ち出した「貧困なきブラジル計画」（Plano Brasil Sem Miéria，以下「貧困なきブラジル」）により拡張された。「貧困なきブラジル」は暫定措置535号により開始され，貧困が削減傾向にある近年のブラジルにおいて，政権発足当時に1620万人いたとされる世帯の1人当たり収入70レアル以下の極貧層に焦点をあてた政権の看板的な社会政策である。ルセフ政権は「貧困なきブラジル」の具体策として，ボルサ・ファミリアの支給対象（15歳以下の32レアル支給）を児童のみの3名から現行のような妊婦・乳母を含む5名へ拡張したり，受給者の選定システムを改良して受給漏れの減少に努めたりするなど，ボルサ・ファミリアの発展的な継続実施を試みた。

またルセフ政権は，0〜6歳の乳幼児を対象とした「愛情あるブラジル・プログラム」（Programa Brasil Carinhoso 以下，愛情あるブラジル）を2012年，暫定措置570号により開始した。同プログラムは，ボルサ・ファミリアをすでに受給していても，世帯1人当たりの月収が70レアル以下で0〜6歳の乳幼児をもつ場合，実際の世帯1人当たり月収と70レアルとの差額を支給するものである。すなわち，「愛情あるブラジル」はボルサ・ファミリアを乳幼児向けに拡張したプログラムだといえる。

表2-2は，労働者党政権により拡張されたボルサ・ファミリア，および，近年のブラジルにおける貧困削減の状況をまとめたものである。ボルサ・ファミリアの受給世帯数は，2006年に貧困世帯数を上回り，全世帯に対する割

表2-2 ボルサ・ファミリアの普及および貧困状況の推移

年	PBF受給(世帯)	PBF支給総額(R$)	貧困世帯(世帯)	PBF受給/貧困世帯(%)	PBF受給/全世帯(%)	貧困人口/総人口(%)
2004	6,571,839	439,870,605	13,300,716	49.4	11.8	33.7
2005	8,700,445	549,385,527	12,253,729	71.0	15.2	30.8
2006	10,965,810	686,701,812	10,801,411	101.5	18.7	26.8
2007	11,043,076	831,106,698	10,554,074	104.6	18.6	25.4
2008	10,557,996	905,899,897	9,604,697	109.9	17.3	22.6
2009	12,370,915	1,174,266,196	9,289,922	133.2	19.9	21.4
2010	12,778,220	1,239,042,080	−	−	−	−
2011	13,352,306	1,602,079,650	8,219,647	162.4	20.7	18.5
2012	13,900,733	2,012,526,564	7,437,050	186.9	21.1	16.0

(出所)IPEAdataをもとに筆者作成。
(注) PBFはボルサ・ファミリア。また，貧困世帯と人口は世帯1人当たり家計所得が貧困ラインを下回る世帯数および人数。貧困ラインとは，国際機関(FAOとWHO)が推奨する必要カロリーを満たす基礎食糧品の合計額で，政府のブラジル地理統計院(IBGE)の全国家計サンプル調査(PNAD)をもとに国内の地域間格差も考慮に入れ，政府の応用経済研究所(IPEA)が算出。

合も2013年に21.1パーセントへ達している[13]。ブラジルの条件付現金給付政策は，第4節で論じる近年の中間層の最たる拡大要因ではないことを先行研究が指摘しているが，この表からは，各種の条件付現金給付政策が，近年のブラジルにおける貧困の是正に寄与しながら，ボルサ・ファミリアに集約され拡張実施されていった様子を理解することができる。

4．ブラジルの条件付現金給付政策をめぐるおもな議論

ブラジルの条件付現金給付政策に関しては，ボルサ・ファミリアの受給者数が同様の政策として世界最大規模になったこともあり，多くの研究が行われている。それらの研究はおもに，社会政策としての特徴や意義，貧困をはじめ教育や保健医療など対象分野における効果，選挙での集票などの政治的な利用や影響力に関するものに大別される。とくに，ブラジル政府の応用経

済研究所（IPEA）がボルサ・ファミリア実施10周年に発表した研究成果で，全部で29にも及ぶ章が，第１部の社会政策への貢献，第２部の政策の裨益者や結果・効果，第３部の政策的な課題や見通しに分けられていることは，政策の政治的な利用や影響力に関するものではなく，政策的な特徴や効果に関する研究が主流であることを物語っている（Campello and Neri eds. 2013）。

　社会政策としての特徴や意義については，基本的に子どものいる貧困世帯に対象を絞った選別的な政策である点，受給者が地方政府などを介さずにカードを用いて連邦政府から支給金を直接受け取ることができる点，貧困層全体に対するカバー率を高めるため支給額を小額にした点などが議論されている。とくにボルサ・ファミリアに関しては，既存の複数の条件付現金給付を統合した点や，受給者を基本的に家計の責任者である母親とした点なども指摘されている。そして，政策の合理化や効率化が特徴として挙げられるとともに，その背景にある新自由主義的な側面についても論じられている（Castro and Modesto eds.2010; Campello and Neri eds. 2013）。

　また，ブラジルにおける社会政策の変化との関連から，条件付現金給付政策のような選別的な政策の拡張は，それ以前に主流だった普遍的な社会政策からの分岐だとする議論がみられる（近田 2012; 2013）。民政移管後のブラジルでは1988年憲法をもとに，全国民を対象とした普遍主義に基づく社会保障の整備が試みられてきたからである。このような観点も含め Silva (2007) は，ブラジルの所得移転政策について，次の第３節で言及する Suplicy 議員による最低賃金の議論を第１期，教育が受給条件とされた時期を第２期，具体的な施策が地方レベルで開始された時期を第３期，全国レベルでの実施とベーシックインカムの議論が始まった時期を第４期，ルーラ労働者党政権が登場した時期を第５期として，その特徴や意義をめぐる議論の変遷を明らかにしている（Silva の時期区分は前項の図2-1中に挿記）。

　貧困，教育，保健医療における効果や成果に関しては，ボルサ・ファミリアが子どもの就学や対象世帯の予防接種を条件とした貧困対策であることから，多くの研究が発表されている（Castro and Modesto eds.2010; Campello and

Neri eds. 2013)[14]。

　貧困に関して，労働市場に焦点を当てた Machado et al.（2011）は，ボルサ・ファミリアが貧困世帯の所得を保障する点や児童労働を抑制できる点から，ブラジルの社会保護システムの構築に寄与したと結論付けている。また 1988 年憲法以降，年金などで財政負担のより大きい非拠出型の社会保障の構築が試みられたブラジルで，相対的に財政負担の小さいボルサ・ファミリの重要性を論じている。ただしボルサ・ファミリアが，現金の直接的で主たる受給者として設定されている母親の給付金への依存を高め，労働市場へ参入する障壁になっている点などを問題として指摘している。

　教育に関して Cacciamali et al.（2010）が，ボルサ・ファミリアが短期的に就学率の向上や貧困削減に寄与する点を明らかにしている。ただし，ボルサ・ファミリアは児童労働の削減効果があまり高くなく，支給条件である就学に関して学校教育が量的な改善が進む一方で質的な問題を抱えているため，受給者は学校教育を修了しても参入する労働市場での市場価値が低く，よりよい就業が期待できないなど，長期的な貧困サイクルの断絶が困難な現状も指摘している。保健医療では Camelo at al.（2009）が，ボルサ・ファミリアの現金給付により貧困世帯の食糧支出が増加し，乳幼児をはじめとする栄養状態が改善された点を明らかにしている。ただし乳幼児死亡率については，近年のブラジルですでに低下していることもあり，ボルサ・ファミリアの受給条件である予防接種や栄養に関する検診では，状況のさらなる改善はあまり期待できないと結論付けている。

　また政治的な利用や影響力に関して，選挙での集票との関連性を扱った研究が多くみられる。Licio et al.（2009）は，ルーラ大統領の再選がかかった 2006 年の大統領選挙で，ボルサ・ファミリアの受給者がルーラ大統領の政権 1 期目の実績を高く評価し，同大統領に投票した割合が非常に高かったことを明らかにしている。また，施し主義やクライアンテリズムに注目した Moura（2007）は，国民による十分な議論を経ずに公的な貧困対策が政府主導で開始および拡大された点などに注目し，ルーラ大統領を中心とした労働

者党政権がボルサ・ファミリアを政治的なマーケティングのツールとして利用したと論じている。このような批判的な見方はメディアや有識者でも多くみられ，ノーベル平和賞を受賞したグラミン銀行のユヌス（Muhammad Yunus）も，ボルサ・ファミリアの施し主義的側面が貧困層の長期的な依存性を高めてしまうと指摘し，同政策の政治的な利用をめぐる議論がなされている[15]。一方，これらの批判的な見解とは異なり，過去の選挙の投票動向を計量的に分析した Bohn（2011）のように，ボルサ・ファミリアが政治や行政的な仲介者を通さずに直接受給者に支給される点や，ルーラおよび労働者党自身の政治的変化により支持層が拡大した点に注目し，それらの選挙への影響の方がボルサ・ファミリアより大きかったと結論付ける研究もみられる。

先行研究ではボルサ・ファミリアをはじめとする条件付現金給付政策に関して，社会政策としての意義や効率性，貧困および教育や保健医療における貢献，政治的な利用や影響力などに焦点が当てられ，おおむねポジティヴな評価がなされている。そしてルーラとルセフ大統領の労働者党政権は，おもに暫定措置で開始した同政策に対して議会の承認を得るには，議会や国民からの広範な支持の獲得が有効な手段であったため，先行研究などによる条件付現金給付政策の利点や意義を積極的に訴える言説を展開した。

第3節　ベーシックインカムをめぐる言説とアイディア

本節および次節では，ブラジルの条件付現金給付政策がボルサ・ファミリアとして拡大実施されていく過程で，前節のようなおもな議論のほかに，どのような言説やアイディアが用いられたかを分析する。その際に本論では，ボルサ・ファミリアの開始時期に主張されたベーシック・インカムをめぐる言説，および，ボルサ・ファミリアの拡張時期に言及された中間層をめぐる言説を取り上げる。そして，これらの言説が意味するアイディアについて，言説が用いられた当時の状況との関連から分析し，政策の形成過程を描き出

す。

　分析対象とする言説は，ここでは大統領の伝達的言説に着目するため，ボルサ・ファミリアなどの条件付現金給付政策に関する「大統領の公式な言説」，つまり，大統領が公の場で実際に行った発言という基準を設定する。言説空間は，同基準を満たすべく，歴代大統領の公式な言説が掲載されているブラジル政府の大統領府図書館（Biblitoteca da Presidência da República）のインターネット・サイトに限定した。具体的には，同サイトにおいて「Bolsa Família」で検索した結果，検出された496件の言説を対象とした。

　本節と次節で取り上げる言説は，本節に関しては「ベーシックインカム」や「市民権」，次節に関しては「中間層」や「経済成長」というキーワードをもとに，前述した496件の言説をサーベイした結果，「ボルサ・ファミリア」をはじめとする現金給付政策と関連付けられた箇所を抽出したものである。

1．ボルサ・ファミリアと市民権ベーシックインカム法

　ブラジルでは2004年1月8日，世界で初めてベーシックインカムに関する法律「市民権ベーシックインカム法」（Renda Básica de Cidadania）が制定された。同法の成立には，労働者党の創設者のひとりであるスプリシー（Eduardo Suplicy）上院議員が中心的な役割を果たした。ベーシックインカム主唱者のスプリシー議員は，将来的なベーシックインカムの実現を念頭に入れた「最低所得保障」（Programa de Garantia de Renda Mínima）法案を1991年に議会へ提出するなど，ブラジルにおける貧困削減に多大な貢献をしている。ただし，最低所得保障法案は上院を通過したものの下院では審議されず，法制化されることはなく現在に至っている。

　本書の序章でも論じたベーシックインカムとは，「すべての男性・女性・子どもに対して，市民権（citizenship）に基づく個人の権利として」「無条件で支払われる所得のことである」。ベーシックインカムの基軸的なイデオロ

ギーは普遍主義であり，市民権という誰もが有する普遍的な権利を拠り所として，「現存する給付，税の減免，所得控除のすべて，あるいは大部分を」ベーシックインカムに置き換え，一定の金額を無条件で給付するものである（フィッツパトリック 2005, 3-19）。スプリシー議員によれば，世界で初めて法制化された点などで国際的に注目された市民権ベーシックインカム法も，普遍主義をイデオロギー的な基底として，名称にもある「市民権」(cidadania) という普遍的な権利をもとに，無条件での所得給付をめざしている（Suplicy 2013）。ブラジルでのベーシックインカムの法制化は，スプリシー議員とともに，民主化したブラジルが1988年憲法で掲げた社会保障の普遍化という理念を究極的に追求するものだといえる。

　ボルサ・ファミリアは2003年10月に大統領の暫定措置でまず施行され，その後，市民権ベーシックインカム法が法律10835号として成立した24時間後の2004年1月9日に，法律10836号として議会で承認された。Lavinas（2013）によれば，市民権ベーシックインカムの直後に法制化されたボルサ・ファミリアは，条件付かつ補助的な額の現金を給付する貧困対策だが，最終的には普遍化や無条件給付をめざしたものであり，その普及が市民権ベーシックインカム法という法律の具現化につながるとの期待もあったとされる。実際に市民権ベーシックインカム法は冒頭で，「その対象者は行政府の基準をもとに，必要性の高い人々を優先しながら徐々に拡張される」と明記している。つまり同法は，暗示的にボルサ・ファミリアを具体的な契機として，普遍的かつ無条件の所得保障の達成をめざしていたと考えられ，この点は推進者である Suplicy（2007）の指摘と合致する。

　一方，ボルサ・ファミリアと市民権ベーシックインカム法の関連性を追究した Britto and Soares（2010）は，前者の発展が後者へと必然的に結びつくものではないと結論付けている。その理由として，両者は貧困層の最低賃金の保障という点では共通しているが，政策の対象者，給付条件の有無，財源や財政制度，社会保障の概念などの点で異なることに加え，法制化から2010年までに提出されたボルサ・ファミリアに関する34の修正法案が，ベーシッ

クインカムにまったく言及していないことを挙げている。

その後，ボルサ・ファミリアと市民権ベーシックインカム法は関連付けられぬまま約10年もの時間が経過したが，Lavinas (2013, 29; 44) によれば，市民権ベーシックインカム法は「失敗」であり，「ブラジルで忘れられたベーシックインカムが復活する可能性は低い」とされる。その要因としてブラジルの社会政策が，1988年憲法の掲げた普遍的な政策から条件付の選別的なものへ変化した点や，政策の財政負担や効率性を重視する新自由主義的要素を導入するようになった点を挙げている。スプリシー議員は市民権ベーシックインカム法を具現化すべく政府への働きかけを継続しているが[16]，2014年1月時点で同法による具体的な政策の実践は実現していない。

2．ベーシックインカムと結びつけた言説

以上のような背景をふまえた上で，ボルサ・ファミリアとベーシックインカムをめぐるルーラ大統領の言説をいくつか提示する。これらの言説は，次項で分析する普遍主義というアイディアを反映したものと考えられる。

はじめに取り上げる言説は，ボルサ・ファミリアが暫定措置により施行された際の発表式典でのものである。ルーラ大統領は，同式典への出席者に対する挨拶のあと，ベーシックインカムの実現に奔走してきたスプリシー議員の名前を最初に挙げるとともに，ボルサ・ファミリアと同議員が追求する理念とを関連付けるような言説を行っている。

ボルサ・ファミリア暫定措置発令式典，2003年10月20日，ブラジリア，ルーラ大統領

「はじめに，1991年以来，ブラジル社会，政界や財界に最低賃金の問題の説得を試み，国中を奔走し，ブラジルにおいてドンキホーテのような真の勇者として活躍されてきた，エドワルド・スプリシー（議員）同志へ申し上げたい。これ（ボルサ・ファミリア）はまだ最低賃金プロジェクトではありま

せんが，われわれがブラジルでこれからさらに完成され得ることのひとつの待ち望んだ萌芽であります（中略）。

　われわれはボルサ・ファミリアが（受益者に）何の義務を課すかを知っています。それらは実は市民権という権利であり，栄養のある食糧，基本的な教育，予防的な保健医療なのです。これらの権利の保障は国家の責務を増大させます。公的機関は人々から今よりもっと頼りにされるため，もっと強化し拡大されなければなりません。」

　またルーラ大統領は，普遍的な現金給付をめざす市民権ベーシックインカム法制定の式典においても，選別的な政策であるボルサ・ファミリについて言及している。その仕方は，市民権ベーシックインカム法が社会政策の集大成的存在であり，その実現に向けた重要な一歩としてボルサ・ファミリアを位置づける，というものである。

「市民ベーシックインカム法」制定式典，2004年1月8日，ブラジリア，ルーラ大統領
　「1991年以来スプリシー（議員）は，われわれの国に社会的権利の普遍化が可能であることを社会に説得するため，疲れを知らないドンキホーテの役割を果たしています。最低賃金という旗は，その努力のひとつのシンボルです。われわれ，そして，経済学者スプリシー（議員）は誰よりも，その目標が徐々に実施されていくものであることを知っています。おそらくその目標とは，複数の社会プログラムを漸次統合した後の集大成を意味するでしょう。そして，その最も顕著な前進は昨年のボルサ・ファミリアの創設であり，すでに360万もの世帯が受給し，2006年までに国民の25パーセントに相当する4500万人もの人々に恩恵を与えるでしょう。」

　さらにルーラ大統領は，ボルサ・ファミリアを受給するための専用カードの支給式典において，ベーシックインカムが給付の根拠とする市民権に触れている。また「条件付」に言及せず，ボルサ・ファミリアを「所得移転プロ

グラム」と表した上で，1988年憲法を礎として実施されてきた普遍的な社会政策を連想させる言説を行っている。

ボルサ・ファミリア・カード支給式典，2005年6月4日，サントアンドレ（サンパウロ州），ルーラ大統領

「私は特別な日にここへ来ました。おそらく国内で最初の大都市において，ボルサ・ファミリアを受け取る資格のある人々の完全なる包摂を記すことになる日に。それと同時にわれわれが残念に思うことは，サントアンドレのような立派で素晴らしい都市において，家族とともに尊厳をもって生存するための十分な所得を得るという，自らの完全な市民権を獲得していない家族が依然いることです。しかし，私にはひとつの約束があります。それは生活をめぐる約束であり，キャンペーンの約束であり，またプログラムに関する約束です。われわれは2006年12月31日までに，生存のための最低限の活動を可能にする所得移転プログラムを，貧困ラインを下回る所得またはそのような状況で生活しているブラジルのすべての家族が受けられるよう約束します。」

3．普遍主義のアイディア

このようなボルサ・ファミリアとベーシックインカムを関連させた大統領の言説は，アイディアに関するSchmidtの分類によれば，価値や原則を体系付け，政策とプログラムを補強する「公共哲学」の段階におけるアイディアにもとづいていると考えられる。これらの言説では，本来は条件付で選別的な貧困対策であるボルサ・ファミリアが，全国民を対象に無条件で最低賃金を保障するベーシックインカムの具現化の一歩，すなわち，理念的に異なる普遍主義と同根であるかのように提示されている。ベーシックインカムが基盤にする普遍主義という価値に訴えることは，ボルサ・ファミリアの選別的な特徴に対する批判を回避することを可能にするであろう。

このような選別的な政策に対する批判は，1988年憲法が掲げる社会保障の

普遍化の理念を堅持し普遍的な社会政策を支持する人々，選別的な政策が特徴とする効率性や合理性といった新自由主義的要素に反対する人々，納税者としての貢献度が低い貧困層に限定した政策に税金を使うことに反対する中所得以上の人々，飢餓ゼロからボルサ・ファミリアへと政権の中心的社会政策を突然変更したことに反対や疑念を抱いている人々，などから発せられると推測できる。大統領が公の場でボルサ・ファミリアとベーシックインカムを結び付けた言説は，国民や議員からの広範で直接的な支持獲得をめざした伝達的言説ととらえることができる。公共哲学のレベルでベーシックインカムという普遍主義的アイディアが伝達的言説をとおして広められることにより，実際には選別的な性質をもつ政策がより広い支持を得て制度化されるに至った。

第4節　拡大した中間層をめぐる言説とアイディア

1．ボルサ・ファミリアと中間層

　前節のベーシックインカムに加え，ボルサ・ファミリアをめぐる大統領の言説を読み解くと，経済成長が顕著だった近年のブラジルで拡大した中間層と関連付ける言い回しをいくつか見出すことができる。
　この拡大した「中間層」は，コモディティ輸出とともに近年のブラジルの経済成長を牽引したツイン・エンジンのひとつとして，21世紀のはじめに形成された国内の大衆消費市場のおもな構成員である（浜口・河合 2013）。とくに Neri et al.（2008）が，「新中間層」（A Nova Classe Média）と題する研究を発表したことで注目されるようになった。Neri et al. は政府の統計データを分析し，2002年に国民の44パーセントだった中間層が2008年に52パーセントと半数以上に拡大したことを明らかにした。同時期に当たるルーラ政権の2003～10年の8年間で，約3000万人が貧困層から中間層へ移行したとされる

（近田 2013）。ブラジルは，拡大した中間層で構成された国内消費市場をひとつの足がかりとして，2008年からのリーマンショックなどによる世界金融危機の後にも，他の諸国より相対的に早く景気が回復し，2009年にGDP成長率7.5パーセントという高い経済成長を達成した。

新中間層の形成を促したおもな要因として，Neri et al. 以前の研究では，ボルサ・ファミリアなどの所得移転政策をはじめ，社会保障制度の整備や最低賃金の引き上げが[17]挙げられていた。これに対しNeri et al. は少なくとも2004年（より貧困な階層では2001年）から，労働所得の寄与度が社会政策のそれと同等または上回るようになったと指摘した。そして2006年以降に関しては，正規雇用の拡大などによる労働所得の増大が新中間層の形成のおもな要因だったと結論付けている。

21世紀に入ってからのブラジルにおける所得格差の是正，すなわち，中間層の拡大要因を分析した研究は，Neri et al. 以前にも発表されている。たとえば，Toffmann（2005）は2002〜04年の統計データを分析し，ボルサ・ファミリアをはじめとする政府の所得移転政策よりも，労働所得および年金などの社会保障の方が，近年のブラジルにおける所得格差の是正に寄与したことを明らかにしている。

また，前述した政府の研究所IPEAが行ったボルサ・ファミリアに関する研究において，Soares et al.（2010, 40-41）が1999〜2009年に不平等を縮小させた要因として，労働所得の割合が59パーセントと最も高く，社会保障関連が18パーセント，ボルサ・ファミリアが16パーセント，その他が8パーセントとの分析結果を発表している。同じくIPEAがボルサ・ファミリアの10周年記念に実施した研究でも，Neto and Azzoni（2013, 228-227）が1995〜2006年における不平等是正の要因として，寄与度が81.0パーセントにのぼる労働所得に対して，ボルサ・ファミリアのそれは14.8パーセントだったと指摘している。

条件付現金給付政策が普及するラテンアメリカ諸国との比較では，Azevedo et al.（2013, 19）が，ラテンアメリカ諸国における所得格差是正への寄与

度が，労働所得54パーセント，所得移転政策21パーセント，年金9パーセントだったとする分析結果を発表している。これに対して，ブラジルの場合はそれぞれ45パーセント，20パーセント，18パーセントであり，ボルサ・ファミリアを中心とする所得移転政策の割合は労働所得より低く，また，年金の寄与度が他の諸国より高い点を明らかにしている。

　つまりこれらの先行研究は，政府がボルサ・ファミリアに集約して拡大展開した条件付現金給付政策が，中間層の最たる拡大要因ではないことを実証するものである。とくにこのような研究結果が，ブラジル政府の研究所であるIPEAから発表されている。そのため，政府関係者などボルサ・ファミリアに精通した人々は，近年のブラジルの経済成長の主役でもある新中間層と条件付現金給付政策が，他の要素ほど直接的な因果関係にないことを認識していたと考えられる。

2．中間層と結びつけた言説

　以上の論点をふまえた上で，ボルサ・ファミリアをめぐる言説のなかで，ルーラ大統領が「中間層」に言及しているものをいくつか取り上げる。これらの言説は，次項で分析する納税者および社会全体の利益というアイディアを反映したものと考えられる。はじめの言説は，ブラジルで「新中間層」という研究や議論が注目される前の2005年，ルーラ大統領がボルサ・ファミリアに関する国際セミナーで同政策が中間層や社会全体に資すると明言したものである。

ボルサ・ファミリア国際セミナー開会式，2005年10月20日，ブラジリア，ルーラ大統領
　「ボルサ・ファミリアは中間層のためのプログラムです。その最終的な結果はブラジルで税金を払っている人々に向けられます。なぜなら，より多くの子供たちが食べられるようになり路上生活の子供が少なくなり，より多く

の青少年が学校に通い路上生活や犯罪にかかわる青少年が少なくなり，より多くの子供たちが学校で食べることができ犯罪や小さな不正行為を犯し（社会の）周縁的な存在になる人が少なくなるからです。つまり，それらすべての受益者は受給者本人ではなく，ブラジル社会が恩恵に与(あずか)るのです。」

またルーラ大統領は，前述のNeri et al. による「新中間層」の調査が発表された2008年，ボルサ・ファミリアの支給額を引き上げる前，議会に向けた大統領教書演説で同政策について言及している。その仕方は，ボルサ・ファミリアと経済成長を促す中間層との関連性を印象付けるかたちで行われている。

議会への大統領教書演説の序文，2008年2月6日，ブラジリア，ルーラ大統領

「何百万もの家族が消費市場に包摂されました。まさに2000万ものブラジル人が過去5年間にDおよびEクラス（低所得層）からCクラス（中所得層）へ上昇したことを調査は指摘しています。われわれの国で実現されている大衆市場の拡大は単に旺盛な社会移動の現実的なシグナルだけでなく，われわれの経済成長の回復を支えるもののひとつを意味しています。昨年，国連の人間開発指数に関してブラジルは初めて上位国グループに入りました。それは，ボルサ・ファミリアをはじめとする一連のプログラムを通した飢餓と貧困への取り組みが，よい結果を出すとととともに海外でのブラジルに対する認識を高めていることを意味しています。」

さらにルーラ大統領は，2008年と同様にボルサ・ファミリアの支給額を引き上げる前，経済界や政界を代表する人々の集まりである世界経済フォーラムで同政策について言及している。その仕方は，ボルサ・ファミリアの受給者が中間層へ上昇する可能性がある点や，消費者として経済成長にも寄与できることを示唆するかたちで行われている。

世界経済フォーラム・ラテンアメリカ会議，2009年4月15日，リオデジャネイロ，ルーラ大統領

「ブラジルでボルサ・ファミリアを創設した時，われわれは経済が成長し始める前の2003年に飢餓ゼロとともに創設しました。貧困層がポケットにお金をもち始めた時，彼らは豆，コメ，靴を買い始めました。『どうしてルーラは貧乏人にお金をあげたがるのか？』という記事を書いていた人々がいました。（中略）。私は彼らが買える物を買って欲しいと思います。非常に少しです。お金持ちにとって80レアルは何の価値もなく，バーでウイスキーを飲む時のチップにしかなりません。しかしふたりか3人の子供を抱えた貧しい女性にとって，手の中の80レアルは少なくとも半月の間，家族に食糧を与えられるひとつの可能性なのです。（中略）

私はブラジルのモデルがすべての世界で上手くいくとは考えていませんし，ブラジルのモデルをコピーして欲しくはありません。しかし，私は世界のなかで7パーセントの成長を遂げながら，貧困が以前と同様に存続している国々を知っています。その理由は，金持ちはより豊かになり，貧乏人はより貧しくなる，という旧い論理を繰り返しているからです。金持ちはそのままか少しだけ前ほど豊かではなくなり，以前もっと貧しかった貧乏人は前より貧しくはなくなり中間層へと上昇して行く，ということをわれわれは証明しています。」

3．納税者・社会全体の利益のアイディア

このようなボルサ・ファミリアと拡大した中間層を関連付ける言説の背景には，アイディアに関するSchmidtの分類によれば，政策を策定するための青写真となる一般的な「プログラム」の段階のアイディアがあると考えられる。これらの言説では，貧困削減や所得格差是正を主たる目的とする条件付現金給付政策が，労働所得の増加や経済成長がおもな要因である中間層の拡大をもたらすように語られている。すなわち，条件付現金給付政策がプログ

ラムとして直接的な対象としない利益を実現し得るというかたちで，言説が発せられているのである。

その利益とはひとつに，納税者の利益が考えられる。ボルサ・ファミリアは税金を納めていないか，納税額の少ない貧困層を対象とする政策である。ただし，その受給者を将来的に正規または負担のより大きい納税者である中間層へと社会上昇させることができる。そのため，対象である貧困層だけでなく，政策の財源を負担している納税者にとっても利益になる政策だと訴えていると理解できる。そして，このようなプログラムが直接念頭におかない利益を広めることは，政策実施のために税金を払っている中所得層以上からの支持を高め，暫定措置で施行した政策の法制化に資すると考えられよう。

もうひとつの利益として，社会全体の利益を挙げることができる。ボルサ・ファミリアは貧困層の中間層化を促進し得るため，国内の消費市場を拡大して経済成長を促し，ブラジル社会全体の利益になると認識することができよう。このような認識により，プログラムの受給者ではない人々からも支持を集めることが可能になる。大統領が公の場でボルサ・ファミリアが中間層の拡大につながると訴えた言説は，国民や議員からの広範で直接的な支持獲得をめざした伝達的言説ととらえることができる。つまりこのような言説は，プログラムのレベルで直接的に結びつかない，納税者や社会全体にとっての将来的な利益というアイディアを背景として，政策の正当性や非対象者からの支持を高めようとする意図から発せられたと考えられよう。

第5節　言説をめぐる状況と反応

本節では，前節まででまとめたブラジルの条件付現金給付政策の形成過程について，言説が発せられた当時の状況および言説の受け手側の反応という観点から考察を行う。

本論で見出したふたつの言説は，大統領が暫定措置により開始や拡張を断

行した政策に対し，それを法制化するため議会や国民からの高い支持が必要だった時期に，その当時のブラジルがおかれた状況をふまえて発せられている。ベーシック・インカムと結びつけた言説は，ボルサ・ファミリアが開始された時期に発せられ，当時のブラジルは，それまで主流だった普遍的な社会政策に選別的なものが導入され始めたという状況にあった。中間層に関する言説は，ボルサ・ファミリアの対象や支給額が拡張された時期に主張され，当時ブラジルは「新中間層」を一特徴とした経済成長が顕著な状況にあった。

　これらの言説が発信された当時の状況は，本論で分析した言説の背景にあるアイディアの生成と深く関連している。大統領は，当時ブラジルがおかれていた状況を反映したアイディアを言説として具現化し，それを議員や国民に公の場で直接的に語りかけることで，条件付現金給付政策を暫定措置から正式な政策として法制化するための支持を獲得し，ボルサ・ファミリアに集約させながら形成していったと考えられる。

　では，言説の受け手である暫定措置の法制化を審議する議会の議員，および，一般の国民の実際の反応はどうだったのであろうか。暫定措置で開始された政策を法制化するのは議会であるため，政策の正式実施やボルサ・ファミリアへ集約させるかたちでの条件付現金給付政策の拡大実施には，最終的には議会からの支持が決定的となる。しかし，議会（議員）は選挙で自身を選ぶ国民（有権者）の考えを斟酌したうえで，暫定措置への対応を決めるため，国民を説得して高い支持を得ることも大事だといえる。とくに後述する世論調査の結果は，議会をはじめとする議員にとって国民からの評価を知るための重要なツールとなっている。またブラジルの議会は，政権与党単独では議会の多数派を構成できず，複数の政党による連合が不可欠な状態が続いている。実際に2010年の選挙でも，与党労働者党が獲得した下院の議席数は2割にも満たなかった。しかもブラジルでは，議員に対する所属政党の党議拘束力が弱いため，議員が独自の判断で投票する傾向が強い（堀坂 2013）。そのため，暫定措置で開始した政策を法制化するためには，政権与党は連立を余儀なくされ，議員独自の裁量幅の大きい議会だけでなく，国民からの支

持獲得も重要になっているのである。

　政治に携わる議員は，大統領がおもに暫定措置で着手した条件付現金給付政策を法制化していく際，議会承認を与えるか否かにかかわっているため，政策の実施や継続に対して決定的な影響力をもっている。本論で取り上げた大統領の言説は，議会への大統領教書演説や政治の中心である首都ブラジリアで行われた暫定措置の発令式典で発せられており，議会の議員を念頭に入れたものであることは明らかである。実際，暫定措置で施行された条件付現金給付政策は，それらの言説を聞いたと推測される議員により，正式な政策の開始時期だけでなく，その後のさらなる拡張時期においても幾度となく承認され，このことによりボルサ・ファミリアへ集約するかたちでの実施が可能になった。大統領の伝達的言説への反応として，議会の議員たちは，大統領が暫定措置で断行したブラジルの条件付現金給付政策に関して，その拡大的な実施への正式な承認を幾度にもわたり継続して与えたのである。

　一方の国民の反応に関しては，政府のボルサ・ファミリアへの高く継続的な支持率となって現れている。図2-2は政府の各分野の対策に対する国民の支持率について，世論調査の結果をルーラ政権が発足した2003年からまとめたものである。ルーラとルセフ大統領の労働者党政権は，貧困飢餓対策をボルサ・ファミリアに集約させるかたちで実施してきたため，この世論調査の貧困飢餓対策はおおむねボルサ・ファミリアに対する評価だと考えられる。本調査における貧困飢餓対策の支持率は常に他の対策より高く，選択肢が調査開始時期から変化しているものの，現行の9つの選択肢となった2008年6月以降も，貧困飢餓対策の支持率は他よりも高くなっている。

　また，ボルサ・ファミリアに関する国民の認識を調査した研究もある。Castro at el.（2009）によると，ボルサ・ファミリアがブラジルを良くすると考える人々の割合は，地域別では最高の北東部で81.6パーセントに達し，最低の南部でも65.9パーセントに上る。同様の割合は，ボルサ・ファミリア受給者を誰か知っている場合に76.5パーセント，知らない場合でも半数以上の59.6パーセントに上る。このような結果からCastro at el.は，ボルサ・ファ

第2章 ブラジルの条件付現金給付政策　89

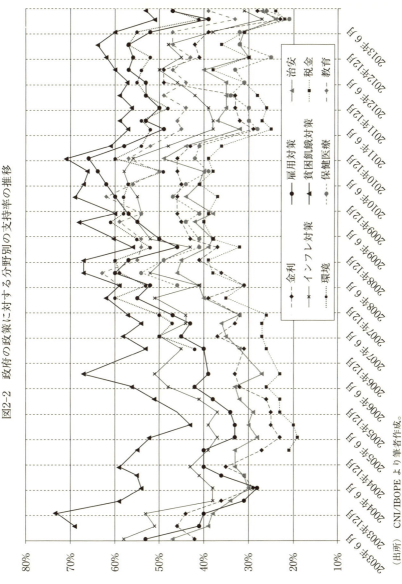

図2-2　政府の政策に対する分野別の支持率の推移

(出所) CNI/IBOPEより筆者作成。

ミリアがブラジル社会から政策として正当性を得ている点や，国民の評価が公共政策を形成する際の重要な要素となっている点を結論として挙げている。

さらに国民の反応は，選挙というかたちでも表明されてきた。本論の第2節で概説したように，ボルサ・ファミリアは選挙での投票動向を左右するひとつの要素になっている。3期連続再選の禁止という憲法規定により，高い人気を誇るルーラ大統領が出馬できなかった2010年の大統領選挙でも，ルーラ大統領が後継者に選んだルセフ候補へ投票した割合は，ボルサ・ファミリアの受給者の場合，そうではない有権者より高かったとされる[18]。また，同選挙で対立候補者もボルサ・ファミリアの継続を有権者に強く訴えており[19]，これらのことは，拡大実施されたボルサ・ファミリアを国民が如何に支持していたかを示している。そして，政策に関する国民からの高い支持率や選挙での集票に対する高い影響力は，ボルサ・ファミリアなどに関して大統領が伝達的言説により政策実施の説得を試みいくつもの暫定措置を議会が承認し続ける際，強力な後押しになったと考えられる。

おわりに

本章の目的は，ブラジルの条件付現金給付政策がどのように形成されたのか，その過程を明らかにすることであった。その際，ボルサ・ファミリアなどが大統領の暫定措置でまず開始され，その後に議会で正式に法制化されていった点に注目し，大統領が用いた言説とその背景にあるアイディアを当時の状況との関連から分析した。本論では，条件付現金給付政策をめぐる先行研究などのおもな論点のほかに，ベーシックインカムおよび拡大した中間層というふたつの言説を，ボルサ・ファミリアとの関連性から見出すことができた。そして，これらふたつの言説の背景にあるアイディアとしてそれぞれ，社会政策のあり方をめぐる普遍主義，および，経済成長と関連する納税者や社会全体の利益という点を提示した。

前者に関しては，ブラジルで全国民を対象とする普遍的な社会政策が主流だった時期に，特定の貧困層を対象とする選別的なボルサ・ファミリアを開始する際，選別的な社会政策の導入などに対する批判を回避すべく，普遍主義というアイディアに基づく「ベーシックインカム」と結びつけた言説も用いられたことがわかった。後者に関しては，ブラジルで中間層の拡大をもとにした経済成長が顕著となった時期に，貧困層の利益に最も資するボルサ・ファミリアを拡張する際，政策対象外の国民の支持や理解を獲得すべく，納税者や社会全体の利益というアイディアに基づく「中間層」と結びつけた言説も用いられたことが見出された。

　ボルサ・ファミリアに集約されたブラジルの条件付現金給付政策は，はじめはおもに大統領が暫定措置で暫定的に施行したため，その正式な開始や拡張には，議会をはじめとする議員による継続的な法的承認やそれを後押しする国民からの長期的な高い支持が必要であった。このような政策を推し進めていくため，とくに政権与党が連立を余儀なくされ，議会採決に関する議員独自の裁量幅の大きいブラジルでは，政策形成過程においてその時々の状況を反映したアイディアをもとに，それを具象化した言説を大統領が公の場で直接的に訴えた。このことが，ボルサ・ファミリのもつ選別的性格や納税負担の不公平という政策的な問題を超えて，ボルサ・ファミリアへの支持が拡大し，世界最大規模の条件付現金給付政策として制度化されることにつながったといえよう。

〔注〕
(1) 表2-2参照。
(2) 1988年憲法62条「Em caso de relevância e urgência, o Presidente da República poderá adotar medidas provisórias, com força de lei, devendo submetê-las de imediato ao Congresso Nacional」
(3) 参考文献のブラジル政府サイトなどを参照。
(4) Carazza, Bruno 2013. *Medidas Provisórias: abuso do Executivo, complacência do Legislativo ou canal de rent seeking para grupos de interesse?*（http://leisenumeros.blogspot.jp/2013/10/medidas-provisorias-abuso-do-executivo.html）29 de novem-

bro.
⑸　対ドル為替レートの2013年の平均は，1米ドル＝約2.16レアル。
⑹　2013年10月22日時点の数値。ブラジル政府サイト（http://www.brasil.gov.br/cidadania-e-justica/2013/10/bolsa-familia-paga-r-2-1-bilhoes-em-outubro）。
⑺　「省令（portaria）」とは，各省庁が担当する領域に関して公示する行政法規則であり，効力が関係各所に限定されるものから，市民の生活全般に影響を与える広範なものまである（二宮・矢谷 1993, 32-34）。
⑻　後述の「社会開発飢餓対策省」の略称。
⑼　ブラジルの最低賃金は，ひと月の基礎的食糧および生活品（cesta básica）購入額の2倍前後で，養育費などが必要な世帯の収入としては決して十分な額ではない。また，2012～15年までの最低賃金額は，前年の物価上昇率と前々年のGDP年間成長率を合算した値で調整し，その金額を議会の承認を要さない大統領令により決定される。
⑽　1994年にサンパウロ州のカンピーナス（Campinas）市，1995年にブラジリア連邦区で実施されるようになった。
⑾　ルーラ政権の食糧安全飢餓対策特別省の Ricardo Henrique 担当補佐官（当時）に行ったインタビュー調査（2013年12月12日実施）。
⑿　数値を含む各政策の概要については，Campello と Neri（2013）や二宮・矢谷（1993）をはじめ，ブラジル政府や社会開発飢餓対策省などのインターネット・サイトを参照。
⒀　ブラジルの総合雑誌『Veja』（2014年1月13日）によると，2013年には全人口約2億人の25％以上，5000万人以上がボルサ・ファミリアの裨益者とされる（http://veja.abril.com.br/noticia/brasil/numero-de-beneficiarios-do-bolsa-familia-so-cresce）。
⒁　国連開発計画（UNDP）もボルサ・ファミリアの実施10周年に際して，開発援助という視点から同政策が関連する各分野についての研究成果を発表している（http://pressroom.ipc-undp.org/bolsa-familia-programme-celebrates-10-years/）2013年10月30日。
⒂　『Veja』（http://veja.abril.com.br/blog/reinaldo/geral/nobel-da-paz-diz-que-bolsa-familia-e-assistencialista-e-que-o-assistencialismo-deve-dar-espaco-a-solucoes-de-longo-prazo/）2013年5月28日。
⒃　2013年9月22日，Suplicy 議員は全ての上院議員の署名を集め，市民ベーシック・インカム法の具現化を求める文書をルセフ大統領宛に提出している。
⒄　2014年時点で724レアル。ルーラ政権は低所得層の経済的な底上げなどを目的として，物価上昇率を上回る率で最低賃金の引き上げを行った。
⒅　2010年2月24日と25日に DataFolha が行った調査によると，当時，大統領選に出馬する可能性のある候補者に関して，ボルサ・ファミリア受給者の間で

ルセフが40%とトップであり，2位の候補者は25%であった。
⒆ O Globo 紙（http://g1.globo.com/politica/noticia/2010/04/serra-diz-que-se-eleito-pretende-fortalecer-e-ate-ampliar-bolsa-familia.html　2010年4月26日）。

〔参考文献〕

〈日本語文献〉

上谷直克 2007．「ブラジルの労働・社会保障改革——国家コーポラティズムの呪縛——」宇佐見耕一編『新興工業国における雇用と社会保障』日本貿易振興機構アジア経済研究所．

宇佐見耕一 2011．「アルゼンチンにおける福祉国家と高齢者の生活保障言説の変容」宇佐見耕一編『新興諸国における高齢者生活保障制度——批判的社会老年学からの接近——』日本貿易振興機構アジア経済研究所．

小野耕二編 2009．『構成主義的政治理論と比較政治』ミネルヴァ書房．

近田亮平 2012．「ブラジルの貧困高齢者扶助年金——表面化する人種問題からの再検討——」『アジア経済』53(3) 3月 35-57．

———2013．「社会保障における普遍主義の整備と選別主義の試み」近田亮平編『躍動するブラジル——新しい変容と挑戦——』日本貿易振興機構アジア経済研究所．

二宮正人・矢谷通朗 1993．『ブラジル法要説——法令・判例へのアプローチ——』アジア経済研究所．

浜口伸明・河合沙織 2013．「ブラジル経済の新しい秩序と進歩」近田亮平編『躍動するブラジル——新しい変容と挑戦——』日本貿易振興機構アジア経済研究所．

フィッツパトリック，トニー 2005．武川正吾・菊地英明訳『自由と保障—ベーシック・インカム論争』勁草書房（Tony Fitzpatrick, *Freedom and Security: An Introduction to the Basic Income Debate*, London: Macmillan Press, 1999）．

堀坂浩太郎 2013．「民主化と現在進行形の政治改革」近田亮平編『躍動するブラジル——新しい変容と挑戦——』日本貿易振興機構アジア経済研究所．

〈英語文献〉

Azevedo, Joao Pedro, Gabriela Inchaust, and Viviane Sanfelice 2013. *Decomposing the Recent Inequality Decline in Latin America.* (Policy Research Working Paper No. 6715) Washington, D.C.: World Bank.

Bohn, Simone R. 2011. "Social Policy and Vote in Brazil: Bolsa Família and the Shifts in

Lula's Electoral Base." *Latin American Research Review* 46(1): 54-79.

Fishlow, Albert 2011. *Starting Over: Brazil Since 1985*. Washington, D.C.: Brookings Inst Press.

Lavinas, Lena 2013. "Brazil: The Lost Road to Citizen's Income." In *Citizen's Income and Welfare Regimes in Latin America: From Cash Transfers to Rights*, edited by Ruben Lo Vuolo. New York: Palgrave Macmillan.

Machado, Ana Flavia, Gustavo Geaquint Fontes, Mariangela Furlan Antigo, Roberto Henrique Sieczkowski Gonzalez, and Fábio Veras Soares 2011. *Assessment of the Implications of the Bolsa Família Programme for the Decent Work Agenda*. (Working Paper No. 85), Brasilia: UNDP.

Roett, Riordan 2010. *The New Brazil*. Washington, D.C.: Brookings Institution Press.

Schmidt, Vivien A. 2006. "Democracy in Europe: The Impact of European Integration." *Perspectives on Politics* 3(4) Dec.: 761-779.

―――2008. "Discursive Institutionalism: The Explanatory Power of Ideas and Discourse." *Annual Review of Political Science* Vol. 11: 303-326.

〈ポルトガル語文献〉

Britto, Tatiana and Fabio Veras Soares 2010. "Bolsa Família e Renda Básica de Cidadania: um passo em falso?" *Texto para Discussão* (75) Agosto, Centro de Estudos da Consultoria do Senado.

Cacciamali, Maria Cristina, Fábio Tatei, and Natália Ferreira Batista 2010. "Impactos do Programa Bolsa Família federal sobre o trabalho infantil e a frequência escolar." *Revista de Economia Contemporânea* 14(2): 269-301.

Camelo, Rafael de Sousa, Priscilla Albuquerque Tavares and Carlos César Santejo Saiani 2009. "Alimentação, nutrição e saúde em programas de transferência de renda: evidências para o Programa Bolsa Família." *Revista EconomiA* 10(4): 685-713.

Campello, Tereza and Marcelo Côrtes Neri, ed. 2013. *Programa Bolsa Família: uma década de inclusão e cidadania*, Brasília: IPEA.

Castro, Henrique C. de Oliveira de, Maria I. M. T. Walter, Cora M. B. de Santana, and Michelle C. Stephanou 2009. "Percepções sobre o Programa Bolsa Família na sociedade brasileira." *Opinião Pública* 15(2): 333-355.

Castro, Jorge Abrahão de and Lúcia Modesto, ed. 2010. *Bolsa Família 2003-2010*: avanços e desafios. Brasília: IPEA.

Licio, Elaine C., Lucio R. Rennó and Henrique C. O. de Castro 2009. "Bolsa Família e voto na eleição presidencial de 2006: em busca do elo perdido." *Opinião Pública* 15 (1): 31-54.

Moura, Paulo Gabriel Martins de. 2007. "Bolsa Família: Projeto social ou marketing

político?" *Revista Katálysis* 10(1), 115-122.
Neri, Marcelo. 2008. *A nova classe média: o lado brilhante da pirâmide*. Rio de Janeiro:FGV/IBRE, CPS.
Neto, Raul da Mota Silveira and Carlos Roberto Azzoni 2013. "Os impactos do benefício do Programa Bolsa Família sobre a desiguldade e a pobreza." In *Programa Bolsa Família: uma década de inclusão e cidadania*, eds. Tereza Campello and Marcelo Côrtes Neri, Brasília: IPEA.
Silva, Maria Ozanira da Silva e. 2007. "O Bolsa Família: problematizando questões centrais na política de transferência de renda no Brasil." *Ciência & Saúde Coletiva* 12(6): 1429-1439.
Soares, Sergei, Pedro H. G. F. de Souza, Rafael G. Osório, and Fernando G. Silveira 2010. "Os impactos do benefício do Programa Bolsa Família sobre a desiguldade e a pobreza." In *Bolsa Família 2003-2010*: avanços e desafios, Vol. 2, edited by Jorge Abrahão de Castro and Lúcia Modesto, Brasília: IPEA.
Suplicy, Eduardo Matarazzo. 2007. "O direito de participar da riqueza da nação: do Programa Bolsa Família à Renda Básica de Cidadania." *Ciência & Saúde Coletiva* 12(6): 1623-1628.
―――2012. *Renda de cidadania: a saída é pela porta*. 7th ed., São Paulo: Cortez.
Toffmann, Rodolfo 2005. "As transferências não são a causa principal da redução na desigualdade." *Econômica* 7(4): 335-341.

〈インターネット〉
ブラジル政府 (http://www.brasil.gov.br/)
ブラジル大統領府図書館 (http://www.biblioteca.presidencia.gov.br/)
社会開発飢餓対策省 MDS (http://www.mds.gov.br/)

第3章

南アフリカの子ども手当改革
――社会的投資の視点からの再評価――

牧野　久美子

はじめに

　南アフリカには社会手当（social grant）と呼ばれる大規模な現金給付プログラムがあり，同国の貧困対策の要となっている。社会手当の対象は，高齢者，障害者，子どもであり，その受益者数の合計は2012/13年度に1600万人を超え，全世帯の半数以上が何らかの社会手当を受給しているとされる（Leibbrandt et al. 2010, 62; SASSA 2013a, 22）。社会手当のうち，受益者数が最も多いのが子ども手当（Child Support Grant）であり，2012/13年度の子ども手当の受益者数（手当の対象となっている子どもの数）は1134万人であった（SASSA 2013a, 22）。

　高齢者手当や障害者手当がアパルトヘイト体制期からの長い歴史をもつ制度であるのに対して，子ども手当は1998年に導入された，比較的新しい制度である。アパルトヘイト体制下では，子どもにかかわる社会手当として，単親世帯を対象とした養育手当（State Maintenance Grant）があったが，人種差別的な運用が行われ，人口の8割を占めるアフリカ人世帯にはほとんど支給されていなかった。民主化後，制度上の人種差別がもはや許容されなくなったことを背景に改革が行われ，1998年に新たな子ども手当の導入と，養育手当の段階的廃止をセットとする改革――以下，子ども手当改革と呼ぶ――が

実施された。この改革は，実施当時，新たな子ども手当の支給額の低さや年齢制限の厳しさが市民社会組織から強く批判され，先行研究においても経済成長優先の新自由主義改革の事例とみなされてきた（Johnson 2000; van Niekerk 2003; Vorster 2000）。しかし，2000年代以降，手当の増額と，年齢制限の引き上げが段階的に行われた結果，子ども手当は現在のような大規模なプログラムへと成長した。本章は，こうした子ども手当の制度導入後の拡大を念頭におきつつ，1998年の子ども手当改革について，社会政策の方向性に関するどのようなアイディアに支えられていたのかに注目しながらその軌跡をたどることを通じて，この改革が新自由主義的な政治環境のなかで実施されつつも，同時にポスト新自由主義の社会政策の特徴を先取りするものであったことを示したい。

本章の構成は以下のとおりである。第1節では，子ども手当改革に関する先行研究を検討したのち，福祉政治におけるアイディアの役割を重視する分析枠組みを提示する。第2節では，本章が分析対象とする子ども手当の特徴について，南アフリカの社会手当制度全体の概要を示しながらまとめる。第3節では，民主化後の南アフリカで子ども手当改革が政治議題にのぼった背景について述べ，続く第4節で，子ども手当改革の決定過程を，改革案や，改革案をめぐる議論の背後にどのようなアイディアがあったのかに注目しながら詳細に検討する。最後に，「おわりに」で本章の結論をまとめる。

第1節　先行研究と分析枠組み

1．先行研究の検討

条件付き，無条件を問わず，現金給付政策をめぐっては，開発経済学的な手法を用いたインパクト評価や効果の計測が盛んに行われる一方で，制度の形成や改革過程に関する分析は少ない傾向がある（本書序章参照）。しかし，

いずれの社会においても，実際に選択され，実施される政策は，経済合理性の観点からすれば最適なものとは限らず，さまざまな要因が絡み合って政治的に決定されることから，その過程に関する研究がもっと深められる必要があるだろう。

南アフリカも例外ではなく，社会手当の貧困軽減効果を確認する研究が積み重ねられる一方で[1]，なぜそのような制度が南アフリカで成立するに至ったのかは十分に明らかにされてこなかった。そのなかでは，長い歴史をもつ高齢者手当に関しては，20世紀前半の社会年金制度の成立過程とその社会的影響に関するサグナーの研究をはじめ（Sagner 2000），制度の起源や変化の過程に関する研究が比較的進んでいる[2]。社会手当に限らず，南アフリカの社会保障制度の歴史的特徴を論じたものとしては，アパルトヘイト体制下で形成された，インサイダーを労働市場において優遇する「分配レジーム」が，形を変えてアパルトヘイト後も継続していることを指摘したシーキングスとナトラスの研究（Seekings and Nattrass 2005）をまず挙げることができるだろう。また，ファンデルベルグは，アパルトヘイト体制下の南アフリカの社会保障制度が白人社会のニーズを反映する形で成立し，それが徐々に他の人種の人々に広げられてきた歴史的経緯があること，そのため労働市場で優遇されてきた白人以外の人々にリスクが偏在する失業問題に対応するための制度が発達せず，現在に至っても失業者への社会保障が手薄であるという特徴があることを指摘している（van der Berg 1997）。これらの研究に共通するのは，アパルトヘイト体制下に起源をもつ制度が，緩やかに変化しつつも基本的な性質は維持されており，そのことが現在の南アフリカ社会の不平等な性質の根底にあるという視点である。

それに対して，養育手当／子ども手当については，民主化後に大きな改革が行われたことから，連続性（経路依存）への着目よりも民主化後の改革の性質に関心が集中してきた。養育手当から子ども手当への制度移行では，それまで養育手当をほとんど支給されていなかったアフリカ人世帯に門戸が開かれたが，従来の養育手当の受益世帯（おもにカラード，インド系の世帯）は，

大きな痛みを強いられた。養育手当は単親世帯の親を対象とする手当（parent allowance）と子どもを対象とする手当（child allowance）からなり，子どもふたりの場合月額700ランド（親に対して430ランド，子ども1人当たり135ランド）が支給されていたのに対して，新たな子ども手当では子ども1人当たり100ランドとなり，親に対する給付はなくなった。対象となる子どもの年齢も，養育手当は18歳まで支給されていたのが，新たな子ども手当は6歳まで（7歳の誕生日を迎えるまで）に制限された。養育手当の受給者にとっては支給額の大幅な切り下げ，あるいは子どもの年齢によっては打ち切りとなる内容であったことから，女性団体やNGOなどは改革案が明らかになると抗議の声をあげた。しかし，政府は当初案の子ども1人当たり月額75ランドから100ランドへと手当額を引き上げたものの，それ以上の修正を行わず，1998年の子ども手当の導入と同時に養育手当の段階的廃止が開始された。

　先行研究は，このような内容の子ども手当改革について，民主化後の南アフリカの経済・社会政策の新自由主義化の文脈を強調してきた。すなわち，人種差別の解消が必要だったのは当然としても，そのために払われた犠牲が大きすぎる，そしてそのような大きな犠牲が払われることになった背景には，1996年のマクロ経済戦略「成長・雇用・再分配」（Growth, Employment and Redistribution: GEAR）導入に象徴されるアフリカ民族会議（African National Congress: ANC）政権の新自由主義化があった，と論じられてきたのである（Johnson 2000; van Niekerk 2003; Vorster 2000）。

　しかし，その後の経緯を考えると，南アフリカの子ども手当改革を単に新自由主義の文脈のみでとらえる見方は不十分であったように思われる。すなわち，2000年代に子ども手当制度は大きく拡大し，新興国世界で最大級のプログラムへと成長し，南アフリカはブラジルと並んで，「社会的保護が最もすすんだ中所得国」と呼ばれるまでになった（Barrientos et al. 2013, 54-55）。国連児童基金（United Nations Children's Fund: UNICEF）の支援により実施されたインパクト評価では，子ども手当が子どもの発育や，教育機関や医療機関へのアクセスを向上させていることも報告されている（DSD, SASSA and

UNICEF 2011; 2012)。こうした現在の子ども手当像は，新自由主義のイメージからは遠く隔たっている。

　子ども手当改革が決定され，実施に移された1996〜98年当時は，先行研究が指摘するように，南アフリカでは新自由主義なマクロ経済政策が採用され，財政赤字削減のための歳出抑制の圧力が高まっていた。こうした状況が，改革の選択肢を狭める重要な制約として働いていたことは確かである。しかし，歳出抑制を追求するだけならば，単に養育手当を廃止なり削減なりするだけでよかったはずである。実際，第3節でみるように，子ども手当による代替なしに単純に制度を廃止するという選択肢は，現実的なものとしてあった。そうしたなかで，子ども手当への切り替えという形で子どものいる世帯への社会手当制度が生き延びたこと，そしてその制度のデザインが，最終的には資力調査を伴うことになったものの，「男性稼ぎ主」(male-breadwinner) モデルから外れた例外的な単親世帯のみを対象とするのではなく[3]，世帯の形状にかかわらずあらゆる子どもを対象とする普遍的な手当として構想されたことを理解するには，新自由主義とは異なる視点の導入が必要となるだろう。

2．本章の分析枠組み

　福祉政治の分析方法は，大きく，権力資源動員論などの利益中心アプローチ，歴史的制度論などの制度中心アプローチ，言説政治を重視するアイディア中心アプローチに分類することができる。研究史的には，利益，制度，アイディアの順に分析アプローチの重心が移ってきており，それは福祉国家の形成・発展期から縮減期，さらには再編期へという時期区分と緩やかに呼応している（加藤2012; 宮本2006）。このうち，本章では，分析にあたってアイディアを重視するが，その理由は以下のとおりである。

　第1に，子ども手当改革は，アパルトヘイト体制から非人種的民主主義体制への転換が契機となって行われたもので，単純に福祉政策が拡大，縮小したのではなく，既存のプログラムの削減と新たなプログラムの導入が同時に

行われたという点で，福祉政策の再編の政治としてとらえるのが妥当である。体制転換に伴い，従来の制度は大きく揺らぎ，政策の目標やよって立つ理念，優先順位の見直しが迫られた。政治的にも経済的にも大きな不確実性がある状況下での政策形成においては，アイディアが重要な役割を果たすことが指摘されている（Blyth 2002）。

　第2に，後述するように，子ども手当改革の方向性を決めるうえでは，政府が任命した専門家委員会が大きな役割を果たした。限られた活動期間のなかで，既存の制度を大幅に変更する提言をまとめるにあたって，専門家委員会は，南アフリカの家族支援制度の実情調査に加えて，国外の政策事例や理論動向を積極的に参照しており，この改革には政策伝播（policy diffusion），すなわち当該政治システムの外部から政策に関する知識やアイディアを移入し，政策形成に利用するという要素があった。政策伝播の過程で移転される内容についてドロウィッツとマーシュは，目標や方向性を幅広く指し示す政策と，政策実施のための具体的な手段であるプログラムが区別されるべきであるとしている。また，移転の程度について，まるまるコピーする（copying）場合だけでなく，政策やプログラムの背後のアイディアを移転するもの（emulation），いくつかの政策を組み合わせるもの（combinations），着想だけ得て実際に採用する政策はオリジナルと異なるもの（inspiration），といったさまざまな段階があることに注意を促している（Dolowitz and Marsh 2000, 12-13）。本章では，子ども手当改革のたたき台を作成した専門家委員会の委員長を務めたフランシー・ルンド（Francie Lund）の回想録（Lund 2008）を主要な資料として参照し，海外のどのような政策やプログラムが，どの程度移転されたのかに注目しながら，南アフリカの子ども手当改革の内容を支えたアイディアについて検討したい。

　子ども手当改革の鍵となるアイディアについて，結論を先取りすれば，それが社会的投資の視点をもった改革であったというのが本章の主張である。ジェンソンは，福祉国家を支えるアイディアの主流の移り変わりについて，第2次世界大戦後から1970年代までのケインズ型福祉国家の時代，1980年代

から1990年代半ばまでの新自由主義時代に続いて，1990年代後半以降は「社会的投資の視点」(Social Investment Perspective)の時代に入ったとしている。国や地域によって強調点は異なるものの，ジェンソンによれば，社会的投資の視点の特徴には，子どものための政策を重視し，貧困の世代間連鎖を断ち切ろうとすること，現在の問題への対処よりも将来のための予防的な介入を重視すること，そしてそうした介入を，直接裨益する個人だけでなく，社会全体のためのものとしてとらえることなどが含まれている。こうした特徴は，男性稼ぎ主の保護に重点をおき，それにより防ぎえない貧困は事後的に救済しようとするケインズ型福祉国家とも，ひたすら支出抑制を追求する新自由主義とも区別されるものである。1997年に成立したイギリスのブレア労働党政権の政策が社会的投資の視点の代表例だが，ジェンソンは，同様の視点は他のヨーロッパ諸国，さらにはラテンアメリカ諸国にも拡がったとしている。本書第1章，第2章でみたように，ラテンアメリカ諸国の条件付現金給付においては，若年層の人的資本への投資という考え方がしばしば強調されており，そこに社会的投資の視点をみてとることができる。ジェンソンはラテンアメリカ諸国以外の新興国や発展途上国については検討していないが，本章は，南アフリカの子ども手当改革もまた，世界的な政策アイディアのトレンドと無縁ではなかったことを示そうとするものである (Jenson 2010; 2012)。

第2節　社会手当制度の概要と子ども手当の位置づけ

　本節では，次節以降の分析の準備として，南アフリカの社会手当制度の概要を述べ，そのなかでの子ども手当の位置づけについて確認する。
　冒頭で述べたとおり，南アフリカには社会手当と呼ばれる大規模な現金給付プログラムがあり，同国の貧困対策の要となっている。社会手当の対象は，高齢者，障害者，子どもであり，その受益者数の合計は2012/13年度に1600万人を超え，全世帯の半数以上が何らかの社会手当を受給している

(Leibbrandt et al. 2010, 62; SASSA 2013a, 22)。

　南アフリカの社会手当の概要，支給月額上限，受給者数は表3-1のとおりである。このほかに，緊急の救済を要する場合に，通常3カ月以内の一時的な給付（Social Relief of Distress）を受けられる場合がある。表3-1からは，子ども手当の特徴として，1人当たりの支給金額は低いが，受益者数が他の手当と比べて圧倒的に多いことが読み取れる。

　子ども手当の受益者数（手当の対象となっている子どもの数）は，1998年4月の制度導入から2年ほどは伸び悩んだが，2000年代に入ってから急増した（図3-1）。2000年代の受益者拡大の最大の要因は，給付対象となる子どもの年齢制限が段階的に引き上げられたことにある。当初，6歳まで（7歳の誕生日を迎えるまで）となっていた年齢制限は，2003年から2005年にかけて13歳まで段階的引き上げられた。また，2009年には14歳まで対象に含め，さらに17歳まで段階的に引き上げることが決定され，2011年末までに引き上げは完了した（表3-2）。当初の受益者数の伸び悩みは，申請手続きの煩雑さも起因していたが，申請に必要な書類や資力調査は1999年に簡素化された（Leibbrandt et al. 2010, 55）。また，資力調査の基準は，当初，対象年齢の子どもの30パーセント程度が受給できる水準として，都市部で世帯月収800ランド，農村部で1100ランド未満に設定されていたが，2008年に支給額の10倍（支給額が250ランドであった2010年を例にとると，月収2500ランド未満，主要な養育者に配偶者がいる場合はあわせて5000ランド未満）へと緩和された（Leibbrandt et al. 2010, 55）。2010年の被用者の月収の中央値が2800ランドであったことを考えれば（Statistics South Africa 2010），今では，子どもの養育者が失業や不完全就業状況にある場合に加えて，低所得の仕事に従事する比較的幅広い層が受給対象となっていることがわかる。

　このように子ども手当の対象者の範囲が拡大してきたのに加えて，1人当たりの支給額も徐々に上昇してきた。子ども手当の支給額は，制度導入当初の100ランドの水準が2000年まで継続したが，2001年以降，毎年引き上げられ（うち2002年，2008年，2011年，2013年は4月と10月の2回引き上げを実施），

表3-1 社会手当の概要

種類	支給対象	支給月額上限 （2013年10月現在）	受益者数 （2012/13年度，単位：人）
高齢者手当	男女とも60歳以上。独身の場合は本人の所得・資産，配偶者がいる場合は夫婦あわせた所得・資産に関する資力調査あり。	1,260ランド （75歳以上は1280ランド）	2,873,197
退役軍人手当	60歳以上，もしくは障害のある，第一次世界大戦，第二次世界大戦，朝鮮戦争において従軍した者。資力調査の基準は高齢者手当と同じ。	1,280ランド	587
障害者手当	18歳から59歳までの，身体障害や精神障害により働くことができない者。資力調査の基準は高齢者手当と同様，そのほかに医師による障害の証明が必要。	1,260ランド	1,164,192
付加給付	高齢者手当，障害者手当，退役軍人手当の受給者で，身体障害・精神障害のために自分の身の回りのことができず，フルタイムの介護を必要とする場合の付加給付	300ランド	73,719
子ども手当	18歳未満の子どもの主要な養育者。主要な養育者が独身の場合は本人の所得，配偶者がいる場合は夫婦あわせた所得に関する資力調査あり（資産は問われない）。実子・法律上の養子でない場合，支給対象となる子どもの数は6人まで。	300ランド （子ども一人当たり）	11,341,988
障害児手当	重度の障害がありフルタイムの特別ケアを要する18歳未満の子どもの養育者。養育者が独身の場合は本人の所得，配偶者がいる場合は夫婦あわせた所得に関する資力調査あり（資産は問われない）。	1,260ランド （子ども一人当たり）	120,268
養子手当	18歳未満の養子（裁判所の許可があるもの）の養育者。資力調査なし。	800ランド （養子一人当たり）	532,159
合計			16,106,110

（出所）SASSA 2013a, 2013b.

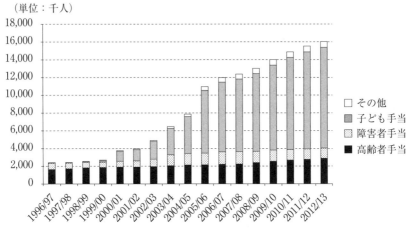

図3-1　社会手当受給者数の推移（1996/97～2012/13年度）

（出所）　SASSA　2009, 2013a.
（注）　「その他」には，退役軍人手当，障害時手当，養子手当を含み，付加給付を含まない。

2013年10月現在，子ども１人当たり300ランドとなっている（表3-2）。年によって引き上げ幅が物価上昇率を下回ることもあったが（とくに最初の３年間は支給額を据え置かれたため実質的に大きく目減りした），全期間を通じてみれば，子ども手当の支給水準は，他の社会手当（高齢者手当，障害者手当，養子手当など）と比べて実質的に大きく上昇してきた（van der Berg and Siebrits 2010, 9）。

以上より，民主化後の社会手当が拡大していること，およびそれがおもに子ども手当の拡大によっていることが確認できた。家計パネル調査のデータを用いた研究では，子ども手当の拡大を主要因とする社会手当受益者の増大によって，南アフリカの絶対的貧困が減少してきたこと，そして子ども手当の導入前に比べて，とくに所得下位20パーセントの世帯の社会手当の受益率が大きく上昇したことが指摘されている（Leibbrandt et al. 2010; Woolard and Leibbrandt 2010）。次節以降では，その子ども手当がどのような過程を経て導入されたのかを詳細にみていきたい。

表3-2 児童手当の給付額および対象年齢の上限（1998〜2013年度）

年度	子ども1人当たりの支給額（単位：ランド）	対象となる子どもの年齢の上限
1998	100	6歳まで
1999	100	6歳まで
2000	100	6歳まで
2001	110	6歳まで
2002	130（4月〜） 150（10月〜）	6歳まで
2003	160	8歳まで
2004	170	10歳まで
2005	180	13歳まで
2006	190	13歳まで
2007	200	13歳まで
2008	210（4月〜） 220（10月〜）	13歳まで
2009	240	14歳まで
2010	250	1994年1月1日以降に生まれた者
2011	260（4月〜） 270（10月〜）	1994年1月1日以降に生まれた者
2012	280	17歳まで
2013	290（4月〜） 300（10月〜）	17歳まで

（出所）各年度の財務大臣の予算演説（various years），各種政府資料をもとに筆者作成。

第3節　子ども手当改革をとりまく政治環境

　本節では，民主化後の南アフリカで養育手当の改革が政治議題化した経緯をまとめる。

　南アフリカの社会手当制度は，アパルトヘイト廃止後に始まったものではなく，白人支配体制以来連なる，長い歴史をもっている。高齢者手当のもととなった社会年金同様（牧野2011），養育手当も「プア・ホワイト」（白人貧困層）の増加が社会問題化した1920年代の立法により初めて制度が導入され

た。このとき導入された制度は，(1)支給対象を子どもの母親が未亡人であるか，父親が働けない状況にある例外的な世帯に絞り，さらに，(2)社会集団の長や後見人が子どもの面倒をみる習慣があるということを理由に，アフリカ人世帯を支給対象から外した点に特徴がある（Haarmann 1998, 82）。

　上記の(2)の特徴を社会年金と比較すると，社会年金も当初はアフリカ人が対象外とされたのが，その後アフリカ人にも支給対象が広げられ，アパルトヘイト体制の後期にはアフリカ人が受給者の過半を占めるまでになった（牧野2011）。それに対して，養育手当はアパルトヘイトが終わるまでずっとアフリカ人世帯に門戸を閉ざしたままであった。体制移行が視野に入ったアパルトヘイト体制の末期には，養育手当に関する規定から人種的な要素は払拭されていたが，当時まだ人種別・地域別に福祉政策の担当部局が分断されていたことを背景として，運用面で人種差別が残ったままアパルトヘイト体制の終焉を迎えた（Haarmann 1998, 82）。1990年時点で，人口全体でみると0歳から17歳の子ども1000人当たり8人に支給されていたが，カラードとインド系の子どもが1000人当たり48人と突出し，次いで白人の子どもが1000人当たり15人，アフリカ人の子どもは1000人当たりわずかふたりと，人種により大きな格差があった。カラード，インド系世帯よりも白人世帯のほうが受給者の比率が低いのは，白人人口の生活水準が全般的に高く，養育手当の資力調査の条件を満たす貧困世帯が少なかったためと思われるが，アパルトヘイト時代の4つの人種カテゴリーのなかで，平均的にみて最も貧しいアフリカ人世帯の受給者が少ないのは，明らかに人種差別的な制度運用のためであった（Lund Committee 1996, chapter 1, section 4）。

　1994年に初めて全人種参加総選挙が実施され，アフリカ民族会議（ANC），アパルトヘイト体制時代の与党であった国民党（National Party），ズールー人民族主義政党のインカタ自由党（Inkatha Freedom Party）の3党による「国民統合政府」（Government of National Unity）が成立した。国民統合政府は，ANCと国民党政権の二者を中心に進められた民主化交渉のなかで合意された移行期の権力分有のしくみであり，選挙で一定以上の得票をした少数政党

に政権参画の機会を与えるものであった。1993年の暫定憲法に規定されたこのしくみに従って，ANCは1994年の選挙で過半数を大きく超える得票をしたものの単独政権とはならず，国民党とインカタ自由党との連立政権を形成した。

国民統合政府における，国民党所属のアビー・ウィリアムズ（Abe Williams）福祉大臣のもとで養育手当改革が検討され始めた。民主化後，かなり早い段階で養育手当の改革が検討されることになったのは，新体制のもとで養育手当の人種差別の撤廃は必然であったが，従来の制度を維持したまま全人種に門戸を開いた場合，財政的に維持できないと認識されたからであった。ウィリアムズ大臣は，国民統合政府発足から約1年後の1995年6月に，次のように述べている。

> 社会手当や年金の人種による支給額の格差が廃止されたのは大きな前進である。しかし，養育手当にはすべての人々が平等にアクセスできていない。このことの財政的な意味は大きい（Williams 1995）。

民主化に伴って，すべての社会手当の制度上の人種差別が撤廃されるなか，ウィリアムズ大臣が養育手当だけにとくに言及したのは，養育手当は従来アフリカ人世帯にほとんど支給されてこなかったため，単にそのまま全人種に平等に門戸を広げた場合の財政面の影響がきわめて大きいと考えられたからであった。ここでは，財源にかぎりがあることを前提としたうえで，人種間の不平等解消を図るためには養育手当の水準の切り下げが必要となるという認識が示されている。

ウィリアムズ福祉大臣と州政府の福祉大臣によって構成される福祉大臣委員会[4]が，1995年末にナタール大学（現在のクワズールー・ナタール大学）のルンド教授を委員長とする「子どもと家族への支援に関する調査委員会」（Lund Committee on Child and Family Support，以下，ルンド委員会）を設置したが，委員長を務めたルンドによれば，このときの経緯は次のようなものであ

った。1995年に行われた福祉大臣委員会の会合に，養育手当とは別のイシューについてアドバイスを求められて出席したルンドは，多くの州政府の福祉大臣が，養育手当を即時廃止する考えに傾いていることを知った。ルンドは，それが既存の受給者に与える影響が甚大であることを懸念し，子どもや家族への支援のあり方について全体的に調査を行うべきであると提案し，その提案を福祉大臣委員会が受け入れる形でルンド委員会が発足した（Lund 2008, 18-19）。すなわち，ルンドの提案がなければ，新たな子ども手当の導入なしに，単純に養育手当の廃止だけが起きていた可能性も十分にあったと考えられる。

　州政府の福祉大臣の多くが養育手当の廃止に抵抗感がなかったのは，ANCの支持基盤であるアフリカ人にとってはその影響がほとんどなかったからであろう。1994年の州議会選挙で，9つの州のうち，西ケープ州（国民党が第一党）とクワズールー・ナタール州（インカタ自由党が第一党）以外はANCが第一党となっていた。当時，アパルトヘイトの廃止と民主化に伴い，随所に人種差別や格差が存在していた福祉政策は全般的に見直され，利用者の多くが白人であった高齢者ホームなど，アフリカ人貧困層が受益していない政策の予算は大幅に削られる方向にあった。そもそも，当時のANCの政策のなかで，社会手当を含む福祉政策の優先順位は低かった。バルチーシは，ANCは社会手当受給者に対してネガティブな認識をもち，「脱商品化された社会的供給」を軽視していたと指摘している（Barchiesi 2011, 109）。ANCは2004年以降の選挙戦において社会手当の拡大実績を強調するようになるが，1994年，1999年の総選挙のマニフェストでは社会手当についてほとんど触れていなかった[5]。すなわち，子ども手当改革実施当時のANCの社会手当の重要性への認識は薄かったと考えられる。それに比べると，国民党のウィリアムズ福祉大臣は，アパルトヘイト体制下のカラード議会で福祉大臣を務めていた経験があり，受給者世帯の生計にとっての，あるいは政治的パトロネージとしての養育手当の重要性を認識していたであろう。しかし，ウィリアムズ大臣は汚職疑惑で辞任し（1996年4月），また国民党が国民統合政府か

ら脱退したため（1996年5月に表明，6月末に脱退），ルンド委員会の途中で福祉大臣は，副大臣から昇格したANCのジェラルディン・フレイザー－モレケティ（Geraldine Fraser-Moleketi）に交代した。フレイザー－モレケティは，副大臣当時に行った予算演説で，「差別的で，断片的で，非民主的で，大多数の人々のニーズにあっていない過去の福祉政策と劇的に決別する」決意を述べていた（Fraser-Moleketi 1996）。人口の8割を占めるアフリカ人が利用できずにいた養育手当は，ここでいう「差別的で」「大多数の人々のニーズにあっていない」プログラムであったということができよう。

第4節　子ども手当改革の決定過程

1．イタラ合意——ルンド委員会の当初案——

　前節でみたように，ルンド委員会の発足当時，養育手当に対する政府の見方は否定的なものであった。ルンド委員会はそれに対して，養育手当の存続は否定しつつ，社会手当の役割を擁護し，新たな子ども手当を導入することを提言していくことになる。ルンド委員会の提言はどのような議論のなかから生まれ，どのようなアイディアに支えられていたのだろうか。
　先に述べたように，ルンド委員会は，1995年12月に，中央政府の福祉大臣と州政府の福祉大臣から構成される福祉大臣委員会によって設置された。同委員会は，福祉大臣委員会が直接任命した専門家（ルンド，西ケープ大学のピーター・ラルー〈Pieter le Roux〉教授，ステレンボシュ大学のセルファス・ファンデルベルグ〈Servaas van der Berg〉教授）のほか，市民社会団体の推薦に基づき任命されたメンバー，専門性や経験を買われてあとから委員会への参加を要請されたメンバーなどから構成され，事務局として福祉省の官僚が参加した（Lund 2008, 22-23）。同委員会は1996年2月に初会合をもち，同年9月に政府に報告書を提出した。委員会の公式会合はおおむね月1回のペース

で開催されたほか，5月に5日間にわたる合宿方式での集中討議（以下，合宿）がもたれた。なかでも，委員会の提言の方向性がまとまるうえで重要だったのは，5月の合宿であったとされる（Lund 2008, 30）。

　ルンド委員会は，養育手当の維持は難しいことを受け入れたうえで，それに代わるプログラムとして，新たな子ども手当（国家による現金給付）のほかに，さまざまな現物給付やサービスの強化についても検討した。そのうえで，合宿において委員会が達した結論は，新たな子ども手当が最善である，というものであった。合宿会場の名前をとってイタラ合意（Itala Agreement）と呼ばれる，合宿参加者の間で形成されたコンセンサスのおもな内容は以下のとおりであった（Lund 2008, 130）。

・低年齢の子どもの養育のための現金給付を行う。対象年齢は0-9歳を強く支持する。年齢制限の設定をコスト抑制メカニズムに使用する［引用者注：年齢制限をどのように設定するかによって総額をコントロールするという意味］。
・資力調査は実施しない。
・給付は主要な養育者（primary care giver）に対して行う。
・給付は保健にかかわる何らかの活動への参加と連携させる。

　ルンドは回想録のなかで，委員会を意図的に「調査志向（research-driven），いまのはやりの言葉でいえばエビデンス・ベースト（evidence-based）」のものにしたと振り返っている（Lund 2008, 36）。ルンド委員会の活動の特徴をひと言でいうならば，逆風下にあった社会手当（現金給付）を積極的に意義付けるエビデンスを集め，それをもとに現金給付に好意的な結論を出したことといえるだろう。ルンドは回想録のなかで，調査のための予算をつけることを委員就任の条件にしたと記している（Lund 2008, 22）。それにより，ルンド委員会は，既存の社会手当が受給者世帯に与えるインパクトについて調査を行い，現金給付に好意的な議論を収集した（Lund 2008, 31, 36）。

第3章 南アフリカの子ども手当改革 113

　ルンド委員会は，国内だけでなく，国外からもたらされた情報も積極的に参照した。アパルトヘイト時代の南アフリカは，文化制裁により研究者の国際交流が限定されており，政策に関する知識も国外から入ってこなかったが，民主化後の南アフリカには，一転して，国外の政策や研究動向の情報が大量に流入した。ルンド委員会もまた，開発政策の国際潮流を強く意識しており，調査において開発政策に関する国外の議論を積極的に参照したほか（Lund 2008, 30），上記の合宿には国外から招かれた専門家も参加した。ただし，ルンド委員会の結論は，海外の政策をただ真似たものではなく，南アフリカ固有の文脈を強く意識したものでもあった。現金給付が他の選択肢よりも優れているというルンド委員会の結論の最大の根拠は，南アフリカの高齢者手当や障害者手当が受給者世帯（その多くはアフリカ人世帯）に与えるインパクトに関する調査結果であった。なかでも，アフリカ人の高齢者手当受給者の多くが小さな子どもと同居していること，受給者が女性の場合，受け取った手当が子どものために使われやすいことを発見したケースとディートンの研究成果はルンド委員会の提言を支える重要なエビデンスとなった（Case and Deaton 1996; 1998）[6]。ケースとディートンの研究は，南アフリカが民主化に向かっていた1993年に世界銀行がスポンサーとなって実施された大規模な家計調査データ（Living Standard Survey）を利用しており，民主化に伴う国外からの研究資源の流入が，現金給付の有効性を示す国内のエビデンスを用意したということもできよう。すでに存在している社会手当にかかわる行政インフラを生かすことができ，他の選択肢よりも素早く，多くの受益者に到達できると考えられたことも，現金給付を支持する強い根拠となった（Lund 2008, 53-54）。

　手当支給を保健にかかわる活動とリンクさせるという提案は，ラテンアメリカで導入されつつあった，人的資本への投資を条件とする現金給付を想起させる（第1章，第2章参照）。ただし，ルンド委員会の活動時期は，メキシコでプログレサが始まる直前の時期で，まだ条件付現金給付が普及する前の段階であり，ルンド委員会報告書およびルンドの回想録をみるかぎり，その

当時に条件付現金給付の議論が特別に参照されたという証拠はない。児童労働問題への対処を意識し，就学年齢児童をターゲットとしたプログレサとは異なり，ルンド委員会は，給付対象として就学前の小さな子どもを優先するべきという立場をとった。この判断についてルンドは，子どもが生まれて数年間の間に十分な栄養と刺激を得られなかった場合，その後の介入で回復できないほどのダメージが残るという児童発達分野のエビデンスから影響を受けたと述べている（Lund 2008, 62）。保健にかかわる活動として想定されていたのは，具体的には，「健康への道」（Road to Health）という，母子手帳のような，子どもの成長を記録するカードの保持や，法定の予防接種を受けることを子ども手当受給の条件にするという内容であった。ルンド委員会の提案は，現金給付と子どもの発育にかかわる他分野の政策とリンクさせ，相乗効果をねらう点で，条件付現金給付の発想と共通するが，条件付現金給付がルンド委員会の議論に影響を与えたというよりも，メキシコと南アフリカの政策論議の共通の背景として，子どもへの支援強化が将来の損失を予防するという社会的投資の視点に向かう開発政策の世界潮流があったと考えられるだろう。ただし，実際の子ども手当導入時には，保健プログラムとの連携は保健省の協力が得られなかったため実施されず，無条件の現金給付プログラムとなった[7]。

　イタラ合意の内容で目を引くのは，この段階でルンド委員会のメンバーが資力調査なしの普遍的な子ども手当を構想していたことである。後述するように，ルンド委員会の最終報告書では，ターゲティングを実施するという政府（とくに財務省）の強い意向を受けて，資力調査なしから簡素な資力調査のついた給付へと提案内容が変更されることになる。イタラ合意は，最終的な報告書の内容についての政府との折衝による妥協以前の，改革の方向性に関する委員会メンバーの本来の考え方を示すものであったといえる。普遍的な子ども手当を支持したことについてルンドは，上述のような現金給付の有効性のエビデンスに加えて，連帯と制度運営上の問題を考慮したとしている。連帯については，普遍的給付が政府全体での「子どもを第1に考える」（First

Call for Children）という方針に貢献し，また「南アフリカのすべての子どもが大事」というメッセージを発することで「虹の国」の国民統合に貢献すると考えたという。民主化後最初の大統領となったネルソン・マンデラは政策において子どもを最優先することをたびたび強調していた。「虹の国」はマンデラがアパルトヘイト体制下で分断された南アフリカの人々をひとつの国民へと統合するビジョンを示すのに用いた表現である。また，制度運営上の問題としては，資力調査を課した場合，家族が流動的で誰の所得を基準とすべきかが不明な場合が大いにありうること，非常に多くの子どもが貧困状態にあるなかで，誰を手当の対象とし，誰を対象外とするのかの線引きが非常に困難になることが考慮された。ルンド委員会はまた，所得格差が著しいなかで，手間とコストをかけて資力調査を行わなくても，手当を不要とする比較的裕福な層はわざわざ少額の手当のために申請手続きを行わないか，あるいは給付を受けても税制を通じて回収できるとの認識をもっていた（Lund 2008, 85-86）。

　このように資力調査なしで構想された新たな子ども手当は，あらゆる子どもを国家が積極的に支援するという意味合いのものであり，男性稼ぎ主が不在の例外的な世帯を救済する養育手当とは発想をまったく異にするものであった。ルンド委員会の考えは，従来の養育手当について，制度をそのまま維持することは財政面から困難であるだけでなく，家族の形態の変化に照らして不適切だというものだった。すなわち，養育手当はもともとイギリスの社会政策を輸入したもので，男性稼ぎ主が家族の必要を満たすのに十分な収入を得て，女性はおもに妻・母として家事と子育てを担う，フォーマルな婚姻に基づく核家族モデルを規範とし，そこから外れた例外的な場合に支給されるものという位置づけであった。しかし，単親世帯の増加，男性の長期失業，女性の労働市場参加，安定雇用の減少は世界的な傾向である。南アフリカの家族の形態も，男性稼ぎ主モデルにはあわなくなっているし，そもそも過去に完全な形で存在していたことがあるかどうかも怪しい。このように，ケインズ型福祉国家を時代遅れのものとした社会政策の世界的な潮流変化と，南

アフリカ固有の事情を照らし合わせ，ルンド委員会は養育手当と決別し，養育手当を段階的に廃止することによって得られる財源により新たな子ども手当を導入すべき，という結論に至ったのである。そして，男性稼ぎ主モデルに代わる新たなモデルとしてイタラ合宿で生まれたのが「子どもを追いかける」(Follow the Child) というアプローチであった。これは，世帯でなく子どもを基準とすることで，子どもがどのような形態の家族のなかにあっても，また世帯を移動しても支援を行う，というアプローチであり，ここから新たな子ども手当の支給対象を「主要な養育者」とする案が生まれた。HIV/エイズの影響で大勢の遺児が生じるであろうことが予測されていたことも，この考えを後押しした。エイズで親を亡くした子どもは親戚の家を転々とする傾向があるが，「子どもを追いかける」アプローチであれば，いちいち引き取られた先の家族の形を問うことなく，子どもを支援できるからである (Lund 2008, 51-53)。

　手厚いが支給対象が狭い養育手当から，広く薄く子どものいる世帯に支給する子ども手当への切り替えは，低所得層にとっての社会手当のアクセスを大幅に向上させることになった。この改革がなければ，社会手当受給者の拡大と，それによる貧困軽減がここまで進まなかったであろうことは，隣国ナミビアの経験を参照することから推測可能である。すなわち，ナミビアは1990年の独立まで南アフリカの占領下にあったため，独立時点での社会保障制度は，当時の南アフリカと似通ったものであり，非拠出制の社会年金の存在をはじめ，現在も，ナミビアと南アフリカの社会保障制度には多くの共通点がある。しかし，ナミビアでは南アフリカのような子ども手当改革が実施されなかったため，子どものいる世帯向けの社会手当は，依然として単親世帯をおもなターゲットとして想定したデザインのままである。レヴィンらは，ナミビアの養育手当と南アフリカの子ども手当を比較して，南アフリカのほうが受給者に占める貧困世帯の割合が高く，貧困軽減効果が高いとしている (Levine, van der Berg and Yu 2011)。南アフリカでは子ども手当改革が行われたが，ナミビアでは同様の改革が行われなかったことが，このような両国の制

度の差異，さらには貧困軽減の程度の差異を生んだと考えられる。

2．委員会報告書から閣議決定へ

　ルンド委員会は，1996年2月に初会合をもち，同年9月に報告書を提出したが，このわずか半年ほどの活動期間の間に，ルンド委員会をとりまく政治環境にはふたつの大きな変化が起き，最終報告書は，その変化を反映したものとなった。その変化とは，第1に，ルンド委員会が報告義務を負う福祉省の組織に直接かかわることとして，すでに述べたように国民党のウィリアムズ大臣の汚職疑惑による辞任，国民統合政府からの国民党の脱退を経て，副大臣であったANCのフレイザー−モレケティが福祉大臣に昇格したことである。第2に，財務省がマクロ経済戦略GEARを発表し（1996年6月），マクロ経済の安定のために歳出を抑制する新自由主義路線が鮮明になった。
　フレイザー−モレケティがアパルトヘイト時代の福祉政策からの「劇的な決別」を宣言したことは先に触れたが，新たな福祉政策の枠組みを示す福祉白書のキー概念となったのが「開発的社会福祉」であった（Fraser-Moleketi 1996）。白書の起草作業はルンド委員会の活動と並行して行われ，ルンド委員会の議論に否応なく影響を与えた。
　「開発的社会福祉」は経済開発と社会開発の相互強化を志向する考え方であり，社会政策への含意としては，経済活動に結びつくような能力開発のための支援を重視するものであった。福祉白書の起草作業は，1995年のコペンハーゲンでの国連世界社会開発サミットなど，貧困や雇用問題への対策に関する世界的な議論をふまえて行われており（Fraser-Moleketi 1996），当時，世界的に隆盛しつつあった社会的投資の流れに乗ったものであったといえる。ただし，白書において開発的社会福祉は具体的に定義されず曖昧で，混乱を招くとともに解釈の対立の余地が往々にしてあった（Lombard 2008）。社会手当政策の位置づけもそのひとつであった。
　一方では，白書起草当時，福祉省の事務次官（Director General）を務めて

いたレイラ・パテル（Leila Patel）によれば，開発的社会福祉は，権利ベース・アプローチに強固に根ざすものであるとされ（Patel 2005, 98），上記のフレイザー–モレケティの演説のなかでも，社会保障への権利を明記した新憲法の採択（1996年5月）をふまえて，冒頭で社会保障が憲法上の権利であることが述べられていた。他方で，フレイザー–モレケティの演説では「ライフスキルと社会的能力の提供，生産的資源の移転を通じて，社会保障への依存を減らしていく」ことが「ハイレベルのターゲット」のひとつに挙げられ（Fraser-Moleketi 1996），人的資本の開発を通じて人々の稼得能力を高めることで，社会手当（上記引用での社会保障は文脈的に社会手当のことを指しているのは明らかである）への「依存」を減らしていく，というのがこの時点での福祉省内での議論の方向性であったことが読み取れる。

　この考え方を象徴するのが，5歳までの子どもをもつ失業女性を対象とした旗艦プログラム（Flagship Programme for Unemployed Women with Children under 5 Years）である。特筆すべきは，職業訓練・就業支援をおもな内容とするこのプログラムについて，次のように述べられていることである。

　　　低コストの，家族中心でコミュニティに根差したやりかたで，ニーズを充足するための開発戦略の例である。一家族当たりの費用は2000ランドと見込まれ，これは現在の養育手当のレベルよりもずっと低い（Fraser-Moleketi 1996）。

　すなわち，旗艦プログラムは養育手当に代替するものとしてとらえられ，しかもそれが安上がりな方策であると考えられていたのである。ここからは，ルンド委員会の活動当時，社会手当は将来的に削減が望ましい政策と考えられていたこと，社会手当の財源を他の「開発的」なプログラムに振り向けようとする流れがあったことをみてとることができる。

　それに対して，ルンド委員会のメンバーは，現金給付であれば比較的容易に規模が追求できるのに対し，旗艦プログラムについては参加人数が限定さ

れることから，養育手当の代替案とはなりえないとの認識をもっていた (Lund 2008, 36, 43)。ルンド委員会は，最終報告書において，開発的社会福祉が社会保障や福祉サービスを切り下げる口実に使われるのならば，南アフリカ社会はますます不平等になるだろうと警告し，開発的なプログラムは社会保障を補完するものとして価値があるが，代替するものではないと結論づけ，社会保障と開発プログラムの連携（後者による前者の代替ではなく）の必要性を強調した (Lund Committee 1996, chapter 4)。このように，社会手当を開発的社会福祉と対立・矛盾するものとしてではなく，相互補完的な関係にあるものと位置づけ，社会手当に積極的な開発的意味付けをもたせることで，ルンド委員会は改革案への福祉省内の支持を得ることが可能になったと考えられる。ルンドは回想録のなかで，福祉大臣のフレイザー‒モレケティと，福祉省事務次官のパテルが委員会の提案を支持したことが，改革をその後の政治過程で生き残らせる上できわめて重要だったと述べている (Lund 2008, 114)。

　ルンド委員会の活動中に生じた第2の重大な環境の変化が，1996年6月に財務省が公表した GEAR である。GEAR はワシントン・コンセンサスの処方箋の内容（歳出抑制による財政赤字削減，民営化の推進など）を多く含む経済政策で，1980年代に多くのアフリカ諸国で実施された構造調整と共通点が多いものであった。すでに述べたように，子ども手当改革に関する先行研究は，GEAR 導入に象徴されるような ANC 政権の政策の新自由主義化が改革結果に大きな影響を与えたことを一律に指摘している。実際，改革に利用できる財源規模が新自由主義的なマクロ経済政策によって厳しく制約されたのは確かである。ルンド委員会が改革案を練るにあたって財政制約を強く意識していたことは，ルンド自身の以下の証言から明らかである。

　　［ルンド委員会の］設置から数週間以内には，「改革せよ，ただし既存の財源の枠内で」(Reform, but reform within the existing envelop) という政権の新たなスローガンを考慮にいれない政策提言は，それがどのような

内容のものであろうと，政治的指導層にまともにとりあってもらえないことが明らかになっていた。私は1996年4月に当時の財務副大臣のアレック・アーウィン（Alec Ewrin）との会合で直接そのことを伝えられた。委員会メンバーのピーター・ラルーとセルファス・ファンデルベルクも，他の政策領域で仕事をするなかで，それが事実であることを知っていた（Lund 2008, 30）。

ルンドがアーウィン財務副大臣と面会した1996年4月はまだGEARが公表される前のことだが，財務省内ではGEARの起草作業が大詰めを迎えていたタイミングであり，歳出抑制はすでに既定路線となっていたと考えられる。

2000年代半ば以降，子ども手当のインパクト評価で肯定的な結果が出始めると，財務大臣は予算演説のなかで子ども手当が子どもの栄養状態や就学に好影響を与えていることに言及するようになる（e.g. Manuel 2006）。換言すれば，財務省は子ども手当を，価値のある社会的投資としてみるようになったのである。しかし，子ども手当改革が検討された1996年当時は，財務省内で新自由主義の影響が最も強かった時期であり，社会支出抑制の強い圧力がかかっていた。先に述べたとおり，アフリカ人がほとんど受益していなかった養育手当について，単純な削減・廃止を支持する意見も政府内で強かったことを考え合わせれば，養育手当の政府内での位置づけはかなり脆弱なものであったということができよう。

この状況で，ルンド委員会がとった戦略は，財務省の要求を受け入れ，その枠内に収まるような改革案を提示することだった。先に述べたように，ルンド委員会メンバーはイタラ合宿の時点で，資力調査なしの普遍的な子ども手当を支持していたが，ルンド委員会の最終報告書では，「簡素な資力調査」に基づく給付へと主張が後退した（Lund Committee 1996）。この判断の理由として，ルンドはいったん給付のスケールを小さくしてでも，手当のための予算をまずは確保するためであったとしている。また，「普遍的給付」とい

う考え方そのものへの理解も政府内で得られなかったと述懐している（Lund 2008, 86-87）。

　ルンド委員会の最終報告書は，政府，とくに社会手当政策を管轄する福祉省と予算を統括する財務省との調整のなかで，政府に受け入れられる内容を探ったうえで，最低限譲れない部分——子どものための現金給付のための予算を残すこと，低年齢の子どもを優先すること，「子どもを追いかける」アプローチをとり家族形態にかかわらず給付を行うこと——を意識してまとめられたものであった。イタラ合意と最終報告書の差分は，委員会メンバーと政府との間の交渉・妥協の痕跡を示しているといえる。その結果，政府はルンド委員会の最終報告書の提言をほぼそのまま受け入れ，その内容に沿った改革案を1997年3月に閣議決定した。ルンド委員会報告書は，新たな子ども手当の給付対象となる子どもの年齢や給付額についてある程度の幅をもたせた想定を提示していたが（年齢については，0歳から4歳まで，6歳まで，9歳までの3パターン，給付額は6歳児の食料品・衣料品の最低生活費に相当する月額70ランドから，養育手当のうち子ども部分を参考にした[8]125ランドまでの間を想定）（Lund Committee 1996），閣議決定された政府案では，給付対象の年齢は0歳から6歳まで，給付額は75ランド，対象年齢の子どもの30パーセントをターゲットとするとされた（Liebenberg 1997, 46）。

3．市民社会からの批判と立法過程での修正

　ルンド委員会の報告書に基づく政府の改革案が明らかになると，市民社会からは強い批判が起きた。閣議決定ののち，改革案は国会での審議の過程に入ったが，幅広い意見聴取が欠けているという市民社会からの批判を受けて，国会の福祉委員会（Portfolio Committee on Welfare）は1997年4月から5月にかけて，ケープタウン，ウムタタ，ピータースバーグ（現ポロクワネ）の3カ所でヒアリングを実施した。国会の委員会が国会所在地のケープタウン以外で地方公聴会を開くのは異例のことで，それだけ批判の声が強かったこと

が窺われる (Johnson 2000, 30)。

そこでは,提案された新たな子ども手当の金額が低すぎること,対象年齢が狭く設定されていること,福祉省自身が就学前の子どもの約60パーセントが貧しい環境 (impoverished circumstances) におかれていることを認めているのに,対象年齢の30パーセントのみがターゲットとされていること,といった点が批判された。公聴会に参加して意見を述べたり,あるいは書面で意見を提出した市民社会組織は,南アフリカ最大のナショナルセンターである南アフリカ労働組合会議 (Congress of South African Trade Unions: COSATU),南アフリカ全国NGO連合 (South African National NGO Coalition: SANGOCO) および個別のさまざまなNGO,キリスト教団体 (プロテスタント系のSouth African Council of Churches およびカトリック教会の South Afircan Catholic Bishop's Conference),人権法の専門家集団であるコミュニティ法律センター (Community Law Centre at the University of the Western Cape) などである (Liebenberg 1997, 46-47, footnotes 18-26)。これらの市民社会組織から出された批判点は,突き詰めれば,すべて改革案において設定された予算制約にかかわる問題であった。たとえばCOSATUはケープタウンでの公聴会において,「養育手当制度の改革において,より大きな平等の達成を主要な目的にすえるのは正しい」としたうえで,「政府が自らに課している,歳出カットによる財政赤字削減へのコミットメントのために,平等度を向上させるという目的がかすんでしまっている」と批判した (COSATU 1997)。国会の福祉委員会は,公聴会のあと,子ども手当の金額の引き上げ (75ランド→135ランド),年齢制限の緩和 (6歳まで→9歳まで),ターゲットの拡大 (対象年齢の30パーセント→80パーセント),を提言した。国会の修正提案に部分的に対応する形で,与党ANCは,1997年7月に子ども手当の金額を当初案の75ランドから100ランドへと引き上げることを決定し,法案修正を経て1998年4月から改革が実施された (Liebenberg 1997)。

こうした経緯について,先行研究では,新自由主義的な改革を実施しようとした政府 (そこにルンド委員会も含まれる) とそれを批判する市民社会組織,

という対立構図が描かれてきた。そして，その結果について，市民社会組織が政府から一定の譲歩を勝ち得たと評価されつつも（Krafchik 2001, 101-102; Liebenberg 1997），全体としては新自由主義改革の事例としてとらえられてきたことは第1節で述べたとおりである。しかし，本節第1項で検討した，ルンド委員会の当初案（イタラ合意）を導いた委員会内での議論に照らせば，政府の改革案を批判した市民社会組織と，ルンド委員会がもともと支持していた政策の方向性は，社会手当の貧困世帯にとっての重要性を認識し，国家による世帯への直接支援（経済成長からのトリクルダウンを待つのではなく）を肯定し強化しようとする点で共通していたといえる。ルンド委員会と，改革案を批判した市民社会組織との違いは，支持する政策の方向性の違いというよりは，ルンド委員会が財政制約をその当時の政治環境に照らして現実的に動かしがたい制約条件と認識していたのに対して，批判勢力は財政制約を受け入れず，それ自体を変えることを目標としたより大きな闘いの一部として，子ども手当改革の提案への批判を行っていた点にあったといえるだろう。ルンド委員会は，新自由主義的なマクロ経済政策を規範として受け入れたのではなく，それを無視すれば提案が通らず養育手当全廃だけが起きる可能性があるという，無視できない制約条件として認識していたのであった。

おわりに

本章は，南アフリカで1998年に実施された子ども手当改革について，先行研究が指摘するように新自由主義的な政策環境のなかで決定・実施された側面はあるものの，他方でそのデザインはポスト新自由主義の社会政策の特徴である社会的投資の視点を取り入れたものであったことを指摘した。子ども手当改革のたたき台となったルンド委員会の提言は，ANC政権が新自由主義に傾くなかで，国家による世帯への直接的な所得支援である社会手当の有効性を強調し，子どもにかかわる現金給付を残し，かつその対象を単親世帯

からあらゆる家族形態に暮らす子どもに広げるという，社会的投資の視点につながる側面をもっていた。こうした側面は立法過程での議論の争点とならず，改革案が財政制約を前提とした内容であったことから強い批判を浴びたことが，子ども手当改革に対する従来の新自由主義改革との評価につながってきたと思われる。本章では，改革当時には明らかになっていなかった，委員会内部での議論の詳細を検討することで，先行研究で見過ごされてきた，子ども手当改革の革新的な側面に光を当てた。

　ルンド委員会がもともともっていた資力調査なしの普遍的な子ども手当というアイディアは，政府との交渉・妥協の過程で後退したが，「子どもを追いかける」アプローチ，家族の形態にかかわらず主要な養育者に手当を支給するという新たな子ども手当のデザインは，実際の改革において生き残った。養育手当と子ども手当は，子どものいる世帯への現金給付という政策手段の点では共通するが，男性稼ぎ主が不在の例外的な場合の支援と位置づけられていた養育手当と，財政の許すかぎりなるべく多くの子どもを支援しようとする子ども手当は政策の方向性においてまったく異なっていた。政策伝播の議論に照らすと，現金給付というプログラムの選択は，国外からアイディアを取り入れたというより，南アフリカにすでにあった社会手当制度に関する肯定的なエビデンスの存在が大きく影響したのに対し，男性稼ぎ主モデルとは異なる多様な家族のあり方を想定し，子ども中心の貧困対策を重視する政策の方向性は，社会的投資の視点としてまとめられる国外の政策潮流を意識したものであった。また，政策アイディアの移転の程度としては，国外の政策やプログラムをそのままコピーするのではなく，政策の背後のアイディアをおもに活用した（emulation）ということができよう。2000年代に入ると南アフリカで新自由主義は後退して「開発国家」(Developmental State)の言説が前面に押し出され，そこでは国家が経済開発，社会開発に積極的な役割を果たすことが肯定されるようになる（牧野2013）。この新しい政策環境のなかで，子ども手当は，まだ新自由主義が支配的であった時期に社会的投資の視点を先取りしていたゆえに，真っ先に拡大していったと考えられる。

〔注〕
(1) 社会手当の教育，保健，労働市場へのインパクトに関する研究については，Leibbrandt et al.（2010: 63-66）のレビューを参照。また，子ども手当に関しては，UNICEF がスポンサーとなって実施された一連の政策評価報告書がある（Delany et al. 2008; DSD, SASSA and UNICEF 2011; 2012）。
(2) 高齢者手当に関する研究状況については牧野（2011）を参照。
(3) 南アフリカの失業率の高さおよび婚外子率の多さを考えれば，実際には男性稼ぎ主の不在は例外的な状況ではない。ここでは，養育手当が男性稼ぎ主世帯を規範とし，男性が家族を養うことができない状況を例外的な場合と想定していたという，政策理念上の意味で「例外的」という表現を用いている。
(4) 福祉大臣委員会の原語は welfare MINMEC。MINMEC とは，中央政府大臣 Minister の最初の3文字，および，州政府大臣 Member of Executive Committee の頭文字をとったものである。
(5) アフリカ民族会議（ANC）の1994, 1999, 2004, 2009年の各総選挙のマニフェストを参照（http://www.anc.org.za/list.php?t=Manifesto）。
(6) ジャーナルへの掲載年は1998年だが，1996年にはワーキングペーパーの形で主要な研究結果は発表されていた。また，著者の一人であるケースはルンド委員会の合宿にも国外からの専門家の一人として参加していたことから（Lund 2008, 33, 36），ルンド委員会が彼らの研究内容を熟知していたことには疑いの余地がない。他に合宿に国外からの専門家として参加したのは東欧諸国の社会保障改革に関わったロンドン・スクール・オブ・エコノミクス／世界銀行のニコラス・バー（Nicolas Barr）らである。
(7) 手当の条件付けをめぐっては，子ども手当の導入後もたびたび議論にのぼっている。子ども手当の就学年齢への拡大後の2004年には，予防接種の記録や就学年齢の場合に就学証明の提出を給付の条件とすることが検討された。このときは制度変更には至らなかったが，2009年の社会扶助法実施規則改定により，子ども手当の受給者（子どもの主要な養育者）は，対象となる子どもが7歳以上の場合，6ヶ月ごとに学校長がサインした就学証明を提出することが求められるようになった。社会開発省（福祉省から改称）の当初案は，就学証明の提出を手当受給の条件とするものであったが（条件付現金給付への変更），専門家やNGOの強い反対意見を受けて，実際の規則改定では，就学証明が提出されなかった場合でも，手当を打ち切られることはない，「ソフトな」コンディショナリティへと薄められた（Hall 2011）。2013年11月に筆者が実施した複数の南アフリカ政府関係者へのインタビューによれば，規則改正後も現場での運用は変化しておらず，子ども手当は実態としては無条件現金給付のままであるという。なお，この規則改定のときにルンドは，南アフリカの就学率はすでに十分高く，子どもが就学していない場合，たいていそ

の理由は供給側(学校の質の低さ)にあり,子どもの貧困を断ち切るのに必要なのは,手当に条件をつけることではなく,学校により多くの資源を投入し,学校の施設,管理体制,教育内容を充実させることである,との理由で,就学を手当受給の条件にすることに明確に反対の立場をとった(Lund et al. 2008)。ここからは,ルンドが条件付けに原理的に賛成,あるいは反対するのではなく,海外の政策事例を参照しつつ,南アフリカ固有の事情に照らしてその是非を判断する姿勢をとってきたことが伺える。

(8) ルンド委員会報告書では,125ランドの根拠として「養育手当の子ども部分相当」と書かれているが,実際には養育手当の子ども部分は1人当たり135ランドであった。

〔参考文献〕

〈日本語文献〉

加藤雅俊 2012.「比較福祉国家論における言説政治の位置——政治学的分析の視角——」宮本太郎編著『福祉政治』(福祉+α: 2)ミネルヴァ書房 133-150.

牧野久美子 2011.「年金は誰のため?——南アフリカの非拠出型年金に関する批判的分析——」宇佐見耕一編『新興諸国における高齢者生活保障制度——批判的社会老年学からの接近——』アジア経済研究所 31-60.

———2013.「民主化後の南アフリカの経済社会変容——序論——」牧野久美子・佐藤千鶴子編『南アフリカの経済社会変容』アジア経済研究所 3-29.

宮本太郎 2006.「福祉国家の再編と言説政治——新しい分析枠組み——」宮本太郎編『比較福祉政治——制度転換のアクターと戦略——』早稲田大学出版部 68-88.

〈外国語文献〉

Barchiesi, Franco 2011. *Precarious Liberation: Workers, the State, and Contested Social Citizenship in Postapartheid South Africa*. Albany: State University of New York Press.

Barrientos, Armando, Valerie Møller, Joao Saboia, Peter Lloyd-Sherlock and Julia Mase 2013. "'Growing' Social Protection in Developing Countries: Lessons from Brazil and South Africa." *Development Southern Africa* 30(1): 54-68.

Blyth, Mark 2002. *Great Transformations: Economic Ideas and Institutional Change in the Tewntieth Century*. Cambridge: Cambridge University Press.

Case, Anne and Angus Deaton 1996. "Large Cash Transfers to the Elderly in South

Africa." *NBER Working Paper* No. 5572 (http://www.nber.org/papers/w5572).
―――1998. "Large Cash Transfers to the Elderly in South Africa." *The Economic Journal* 108(450) September: 1330-1361.
COSATU (Congress of South African Trade Unions) 1997. "COSATU Oral Submission to Portfolio Committee on Welfare Regarding Proposed Changes to the System of Child Support Benefits Arising from the Report of the Lund Committee on Child and Family Support - 21 April 1997." COSATU website (http://www.cosatu.org.za/docs/subs/1997/childsupportbenefits.pdf).
Delany, Aislinn, Zenobia Ismail, Lauren Graham and Yuri Ramkissoon 2008. *Review of the Child Support Grant: Uses, Implementation and Obstacles*, Report compiled and produced for the Department of Social Development, the South African Social Security Agency (SASSA) and the United Nations Children's Fund (UNICEF) by the Community Agency for Social Enquiry (C A S E) (http://www.unicef.org/southafrica/resources_8165.html).
Department of Social Development (DSD), South African Social Security Agency (SASSA) and United Nations Children's Fund (UNICEF) 2011. *Child Support Grant Evaluation 2010: Qualitative Research Report*. Pretoria: UNICEF South Africa.
―――2012. *The South African Child Support Grant Impact Assessment: Evidence from a Survey of Children, Adolescents and Their Households*. Pretoria: UNICEF South Africa (http://www.unicef.org/southafrica/SAF_resources_csg2012s.pdf).
Dolowitz, David P. and David Marsh 2000. "Learning from Abroad: The Role of Policy Transfer in Contemporary Policy-Making." *Governance* 13(1) January: 5-23.
Fraser-Moleketi, Geraldine J. 1996. "Speech by Ms GJ Fraser-Moleketi, Deputy Minister for Welfare and Population Development, Budget Vote, 16 May 1996." South African Government Information website(http://www.info.gov.za/speeches/1996/96_1689.htm、2014年2月17日最終アクセス).
Haarmann, Dirk 1998. "From State Maintenance Grants to a New Child Support System: Building a Policy for Poverty Alleviation with Special Reference to the Financial, Social, and Developmental Impacts." Thesis submitted in partial fulfilment of the requirements for the degree of Doctor of Philosophy in Development Studies at the Institute for Social Development, University of the Western Cape.
Hall, Katharine 2011. *The Child Support Grant: Are Conditions Appropriate?* Cape Town: Children's Institute, University of Cape Town.
Jenson, Jane 2010. "Diffusing Ideas for After Neoliberalism: The Social Investment Perspective in Europe and Latin America." *Global Social Policy* 10(1) April: 59-

84. ———2012. "A New Politics for the Social Investment Perspective: Objectives, Instruments, and Areas of Intervention in Welfare Regimes." In *The Politics of the New Welfare State*, edited by Giuliano Bonoli and David Natali. Oxford: Oxford University Press, 21–44.

Johnson, Krista 2000. "The Trade-Offs between Distributive Equity and Democratic Process: The Case of Child Welfare Reform in South Africa. *African Studies Review* 43(3) December: 19–38.

Krafchik, Warren 2001. "The Participation of Civil Society and Legislatures in the Formulation of the Budget." In *Public Participation in Democratic Governance in South Africa*, edited by Gregory Houston. Pretoria: HSRC Press, 83–139.

Leibbrandt, Murray, Ingrid Woolard, Arden Finn and Jonathan Argent 2010. *Trends in South African Income Distribution and Poverty since the Fall of Apartheid*. OECD Social, Employment and Migration Working Papers, No. 101, OECD Publishing (http://dx.doi.org/10.1787/5kmms0t7p1ms-en).

Levine, Sebastian, Servaas van der Berg and Derek Yu 2011. "The Impact of Cash Transfers on Household Welfare in Namibia." *Development Southern Africa* 28(1): 39–59.

Liebenberg, Sandy 1997. "Equalisation at What Cost? A Case Study on the New Child Support Benefit." *Development Update* 1(2): 43–51.

Lombard, Antoinette 2008. "The Implementation of the White Paper for Social Welfare: A Ten-year Review." *The Social Work Practitioner-Researcher* 20(2): 154–173.

Lund Committee (Lund Committee on Child and Family Support) 1996. *Report of the Lund Committee on Child and Family Support*, South Africa Government Information website (http://www.info.gov.za/otherdocs/1996/lund.htm).

Lund, Francie 2008. *Changing Social Policy: The Child Support Grant in South Africa*. Cape Town: HSRC Press.

Lund, Frances, Michael Noble, Helen Barnes and Gemma Wright 2008. *Is There a Rationale for Conditional Cash Transfers for Children in South Africa?* Working Paper No.53. Durban: School of Development Studies, University of KwaZulu-Natal (http://sds.ukzn.ac.za/files/WP%2053%20web.pdf).

Manuel, Trevor A. 2006. "Budget Speech 2006 by Minister of Finance Trevor A Manuel." South Africa Government Information website (http://www.gov.za/speeches/2006/06021515501001.htm).

Patel, Leila 2005. *Social Welfare & Social Development in South Africa*. Cape Town: Oxford University Press.

Sagner, Andreas 2000. "Ageing and Social Policy in South Africa: Historical Perspectives

with Particular Reference to the Eastern Cape." *Journal of Southern African Studies* 26(3): 523-553.
SASSA (South African Social Security Agency) 2009. *Annual Statistics Report on Social Grant 2008/09 Report.* SASSA website (http://www.sassa.gov.za/).
―― 2013a. *Annual Report 2012/2013.* SASSA website (http://www.sassa.gov.za/index.php/knowledge-centre/annual-reports、2014年2月13日アクセス).
―― 2013b. *You and Your Grants 2013/14.* SASSA website (http://www.sassa.gov.za/).
Seekings, Jeremy and Nicoli Nattrass 2005. *Race, Class and Inequality in South Africa.* New Haven, CT: Yale University Press.
Statistics South Africa 2010. *Monthly Earnings of South Africans, 2010.* Pretoria: Statistics South Africa (http://www.statssa.gov.za/publications2/P02112/P021122010.pdf).
van der Berg, Servaas 1997. "South African Social Security under Apartheid and Beyond." *Development Southern Africa* 14(4): 481-503.
van der Berg, Servaas and Krige Siebrits 2010. "Social Assistance Reform during a Period of Fiscal Stress." Stellenbosch Economic Working Papers 17/10 (http://www.ekon.sun.ac.za/wpapers/2010/wp172010/wp-17-2010.pdf).
van Niekerk, Robert 2003. "The Evolution of Health and Welfare Policies in South Africa: Inherited Institutions, Fiscal Restraint, and the Deracialization of Social Policy in the Post-Apartheid Era." *Journal of African American History* 88(4) Fall: 361-376.
Vorster, Jan H. 2000. "Getting Social Security into Gear: Reflections on Welfare Reform in South Africa." Paper presented for The Year 2000 International Research Conference on Social Security, Helsinki, 25-27 September 2000 (http://www.issa.int/html/pdf/helsinki2000/topic4/2vorster.pdf)
Williams, Abe 1995. "Welcome Address Delivered by Minister of Social Welfare and Population Development, Mr Abe Williams at the National Consultative Conference on Social Welfare Held at Bloemfontein, 26-28th June, 1995." South African Government Information website (http://www.info.gov.za/speeches/1995/171095003.htm).
Woolard, Ingrid and Murray Leibbrandt 2010. "The Evolution and Impact of Unconditional Cash Transfers in South Africa." Southern Africa Labour and Development Research Unit (SALDRU) Working Paper No.51. Cape Town: SALDRU, University of Cape Town.

第4章

エチオピアにおける現物・現金給付政策の変遷と国際食料援助政策

児玉 由佳

はじめに

 エチオピアは世界最貧国のひとつである。一人当たりGDPは470ドル（2012年）で，これは世界189カ国中183位である[1]。また，道路や電気，水道といったインフラストラクチャー整備はいまだ不十分である。そのような状況下で，エチオピアの農業は，降雨量が不安定であるにもかかわらず天水依存であり，長年干ばつと飢饉の問題に苦しんできた（Pankhurst 1985, 145; Lautze et al. 2003）。

 とくに，1984年から1985年にかけてエチオピアほぼ全土で発生した飢饉は国際的な関心を集めた。世界食糧計画（World Food Program: WFP）のような国際援助機関，外国政府援助機関そして国際NGOなどさまざまな国際組織によって，エチオピアに対して大規模な緊急食料援助が行われた。緊急事態を脱した後の食料支援は，無償食料援助から，公共事業への労働提供を条件としたフード・フォー・ワーク（Food-for-Work: FFW）やキャッシュ・フォー・ワーク（Cash-for-Work: CFW）へと移行する傾向にある（Webb and Kumar 1995）。

 国内の食料安全保障は本来その国の問題だが，エチオピアは十分な食料を自国の資源のみで確保することができずにドナーからの援助に依存してきた

ため、その政策は、外国や国際機関の援助方針から大きな影響受けることになる。とくに1984～1985年の大飢饉以降、海外からの食料援助はそれ以前の20万～30万トン前後から100万トン前後まで急増している。大干ばつのあった1992年には、食料援助は120万トンにまで達しており、これはその年のアフリカへの食料援助の25パーセントを占めていた（Webb and Kumar 1995）。

したがって、エチオピアにおける食料安全保障に関する政策アイディアを理解するためには、国際機関における援助政策のアイディアの変遷を理解することが必要となる。エチオピア政府が自国の食料安全保障政策を国際援助から独立して立案することは困難であるため、国内の政治・社会状況のみに注目しただけでは政策の変化を説明することはできない。本章の目的は、ドナー側の食料援助政策のアイディアが、エチオピアのFFWやCFWを含む食料安全保障政策にどのような影響を与えているのかを検討するとともに、被援助国側のエチオピア政府がどのようにそのアイディアを受け入れたのかを明らかにすることである。近年の国際援助の方針は、被援助国側のオーナーシップを重視しているため、被援助国側の政府は国際援助機関からのアイディアを無条件で受け入れるのではなく、自国の政治・経済状況に適した形でそれらのアイディアを修正して取り込むことができるようになってきている。したがって、政策アイディアの形成は、援助側からの一方的な押し付けではなく、被援助国側との相互作用の結果でもある。

本章は、4節から構成されている。第1節では、エチオピアにおける現物／現金給付に関する先行研究を検討し、本章の分析枠組みとなる政策伝播の議論を紹介する。第2節で先進国や国際援助機関における発展途上国への食料援助政策が、国際開発援助に関するアイディアの変化によってどのような影響を受けたのかを検討する。第3節でエチオピアの政治状況と食料安全保障政策の歴史を概観したのち、第4節では、FFWやCFWを活動の柱にしている生産的セーフティ・ネット・プログラム（Productive Safety Net Program: PSNP）を事例に、国際援助政策のアイディアが、エチオピア国内の食料安全保障政策にどのような影響を与え、それに対してエチオピア政府

がどのように対応したのかを分析する。

　食料安全保障政策に関するアイディアは時代とともに変容している。その変容のなかで，援助機関やエチオピア政府が，分析対象となる現物／現金給付プロジェクトについてどのようなアイディアを採用しているのかを把握することは，そのプロジェクトを適切に評価するために不可欠である。なお，本書は現金給付を扱うものであるが，エチオピアの場合は現金給付と現物給付を同時並行で行うことが多いため，分析対象に現物給付も含んでいる。

第1節　先行研究と分析枠組み

1．エチオピアにおける現物／現金給付政策に関する先行研究

　エチオピアは，その年の穀物生産状況によって多少増減はあるものの，ほぼ恒常的に食料援助を海外ドナーから受けてきた。これは，緊急食料支援だけでなく，フード・フォー・ワークやキャッシュ・フォー・ワーク（以下FFW/CFW）のような恒常的な食料安全保障プログラムの資金・資源の調達についても同様である。そのため先行研究は，FFW/CFWのような食料安全保障プログラムの効率性や有効性をドナー側の視点から検証するものが中心となっている。

　フード・フォー・ワーク（FFW）とキャッシュ・フォー・ワーク（CFW）とは，公共事業に参加する対価として食料や現金を給付するプロジェクトのことを指す（Holt 1983, 192; ICRC 2007, 12）[2]。労働提供の対価として現物／現金給付を受けるワークフェア（workfare）型のプログラムに分類することができる。このようなプログラムの性質から，先行研究における議論は大きくふたつに分けられる。給付の効率性と，参加する公共事業の有効性である。給付自体に関しては，さらに，食料か現金かという議論（Sabates-Wheeler and Devereux 2010）と，公共事業参加の対価として適切な給付水準を設定す

ることで効率的な自己選択のターゲティングができるのかという二種類の議論（Sharp 1998; Quisumbing 2003）がある。そして，公共事業については，コミュニティのインフラ向上や，労働参加による経験が参加者の人的資本の蓄積にどれだけ有効なのかという点が検討対象となる（Holt 1983; Bertu and Wickrema 2010）。

　これらの議論は，FFW/CFW を所与として，ドナー側がその有効性を検証するという形をとる場合が多い。そのため，1970年代から現在にかけて政治・経済状況が大きく変わっているにもかかわらず，FFW/CFW が食料援助プログラムとして選択されてきた理由についてはほとんど検討されてこなかった。

　本章では，エチオピアにおける食料安全保障政策のなかで，FFW/CFW が1970年代から継続して行われてきた要因について，それを支えてきた国内外の政策アイディアを検討することで明らかにしていきたい。

2．本章の分析枠組み：政策アイディアの国際政策伝播に関する議論

　国際開発援助における政策アイディアが発展途上国であるエチオピアの開発政策に取り入れられていく過程を分析するにあたっては，政策伝播（policy diffusion）の議論が参考になる。政策伝播とは，特定の時／場所において行われた政策や事務手続き，制度などを別の時／場所に移転する過程をさす（Dolowitz and Marsh 1996, 344）。ある国の政策を他国が取り入れるという意味での政策伝播自体は昔からあるが，その概念を掘り下げて検討するようになったのは，1990年代に入ってからである（Dolowitz and Marsh 1996; Dolowitz and Marsh 2000; Dobbin, Simmons and Garrett 2007）[3]。

　歴史的にもさまざまな政策伝播が行われてきたが，近年の政策伝播の特徴としては，伝播していく政策のほとんどが政治的もしくは経済的に自由化を進める方向にあるということと，伝播が迅速であることが挙げられている（Dobbin, Simmons and Garrett 2007, 450）。

ドビンらは，政策伝播に関する議論を整理して，大きく四つに分類している（Dobbin, Simmons and Garrett 2007）。ひとつ目は構築主義者によるものであり，この場合の政策伝播は，関係するアクターたちによってグローバルな政治状況が構築されていく過程で，新たな規範が形成，共有された結果である。その一例としては，発展途上国がグローバルな規範として教育の重要性を受け入れることで，社会体制がまだ整っていないにもかかわらず，就学率向上のための政策が採用されることが挙げられている。

　ふたつ目は，強制（coercion）による政策伝播である。構築主義における政策伝播がアクターの自由意志によるものであるのに対し，強制による政策伝播は「反自由主義的メカニズム」である（Dobbin, Simmons and Garrett 2007, 454）。直接的な強制の例としては，構造調整政策におけるコンディショナリティ（conditionality）が挙げられる。とくに，国際的な開発援助に資金を依存することの多い発展途上国政府には，国際援助機関や外国政府から援助を受けるに際して条件が課され，政策伝播が「強制的」に行われる場合が多い[4]（Dolowitz and Marsh 1996, 347-348; Dobbin, Simmons and Garrett 2007, 454-456）。ソフトな強制としては，アメリカや世界銀行のように国際的に影響力のあるアクターが報告書などを通じて新たな政策を提唱することで，国際的な援助政策の方向性が決定づけられていく場合や，主導権を握っているアクターが十分な理論武装やデータ分析を用いて新たなアイディアを提示することで，そのアイディアが国際的に主流となることなどが挙げられる。例えば，1980年代後半にアメリカ，世界銀行，IMF，シンクタンクなどによって形成されたワシントン・コンセンサスが挙げられる。ワシントン・コンセンサスにおいて，発展途上国への開発援助に対して政治的，経済的自由化路線をとることが決定されることで，世界的な援助動向も自由化路線を採用するようになったのである（Dobbin, Simmons and Garrett 2007, 457）。

　三つ目は，経済的競争の結果による政策伝播である。例としては，発展途上国が海外投資を誘致するための優遇措置を競って導入することなどが挙げられる（Dobbin, Simmons and Garrett 2007, 457）。

四つ目は，学習（learning）である。学習は，新たな証拠がこれまでの考え方や信念に変化をもたらすときに生じるとされる。政策伝播のメカニズムとしては，他国の政策を学習して自国の政策を取り入れるという形をとる。学習の経路としては，アクター間のネットワークや，IMFのような国際機関による成功例の紹介などが挙げられる（Dobbin, Simmons and Garrett 2007, 461-462）。

　これらの四つの分類は政策伝播のメカニズムをどのようにとらえるのかに注目したものであり，同じ事例であっても異なる解釈がありうると同時に，ひとつの事例に対して複数のメカニズムが働く場合もある（Dobbin, Simmons and Garrett 2007, 462）。多角的な視点から政策伝播を分析することが必要なのである。

　本章で取り上げるエチオピアの食料安全保障政策は，外国ドナーに資源・資金を全面的に依存していることを考えると，強制のメカニズムが働いていると考えられる。その一方，エチオピアに対して援助を行うドナー側は複数の機関であることを考えると，これらの機関の間で援助アイディアに関する構築主義的な政策伝播や学習のメカニズムが働くことも考えられる。そして，エチオピア政府側の，援助側の政策アイディアに対する反応も，政策伝播のプロセスを考えるにあたって重要である。したがって，本章では，FFW/CFWという政策アイディアの形成における国際機関とエチオピア政府間の政策伝播の強制と構築主義的なメカニズムに着目しつつ分析を進めていく。

第2節　国際開発援助のアイディアの変遷

1．国際開発援助全般

　この40年間で，国際開発援助のアイディアは何度か方向転換を経験している[5]。国際援助機関やドナー側である先進国の間で新たな開発政策のアイデ

ィアが共有されて伝播していく過程で，国際開発援助の主流となるアイディアが形成され，具体的な援助政策となり，発展途上国において実施されるという形をとってきた。

まず，1970年代は，政府の介入を容認するベーシック・ヒューマン・ニーズ・アプローチ（Basic Human Needs Approach）が開発の中心であったが，1980年代にはラテン・アメリカやサブサハラ・アフリカ諸国が深刻な債務危機に陥ったために，その打開策として世界銀行や国際通貨基金（IMF）主導の新自由主義をベースとした構造調整政策が主流となった（原口 1995; 絵所 1997, 105, 109; Lapeyre 2004, 5）。しかし，構造調整政策を導入した国々の経済状況が結果的に悪化した場合も多く，貧困格差は拡大し，社会サービスへのアクセスが悪化するなどの弊害も明らかになってきた（Cornia, Jolly and Stewart 1987; van der Hoeven 1991; Stiglitz 1998; Lapeyre 2004, 8-11; 　高橋・正木 2004, 114）。

1990年代後半より，先進国側で，経済停滞にともなう「援助疲れ」や，発展途上国の重債務取り消しキャンペーン（「ジュビリー2000」）が展開されたように，先進国内でも政府間援助について再考が必要となった（Smillie 1998, 35-36; 古川 2003, 15）。

そのため，ドナー側の開発援助政策は，構造調整政策から貧困削減や社会開発重視へと再度方向転換したのである。GRIPS 開発フォーラム（2003, 5）は，このような方向転換の背景に，援助増額の正当性を納税者に納得させるために，貧困削減を正面に出すことで，援助が被援助側の人々の生活向上に役立っていることをアピールする必要があったことを指摘している。方向転換をより確実なものにしたのが，1999年に世界銀行が新たな開発戦略として導入した貧困削減戦略ペーパー（Poverty Reduction Strategy Papers: PRSP）である（Lapeyre 2004, 16）。援助を受ける側の政府は，政策策定におけるオーナーシップを期待され，中長期的な開発計画として貧困削減戦略ペーパーを策定することが要求された。このペーパーでは，マクロ経済政策においては構造調整政策と変わらず自由化路線をとることが期待されていたが，同時に

貧困削減政策が必須であるとされたことが大きな特徴である (Lapeyre 2004, 17)。

それと並行して，1990年代初頭から，世界銀行は援助協調を積極的に進めている (Eriksson 2001, 3)。援助協調とは，「ふたつかそれ以上の開発パートナーが，援助資源の開発効率を最大限にするために，援助資源を結集させて，政策，プログラム，手続き，実践を調和させるための活動によって構成されたものである」(Eriksson 2001, 3)。EU 統合における手続き共通化の経験も，援助協調への動きを後押ししたといわれている (GRIPS開発フォーラム 2003, 3)。2002年のモンテレイ・コンセンサスに代表されるように，援助協調は，欧米の援助の主流となりつつある (United Nations 2003; 高橋 2010, 387)。とくに初等教育や保健衛生などの社会開発分野においては，1990年代中ごろにはセクター別の援助協調がすでに実践されていた (高橋2003, 33)。したがって，被援助国のオーナーシップを重視している PRSP において，社会開発を重視する貧困削減プログラムを援助協調を通して遂行していくことは，当然の流れであったといえる (古川 2003)。

2．食料援助に関する議論の変遷

飢饉に苦しむ人々に食料を援助するということ自体は，人道的な側面から考えれば疑問の余地は無い。しかし，発展途上国への食料援助政策を立案するにあたっては，純粋に人道的な配慮のみではなく，援助側の政治的思惑が働いていることも多い(Barrett and Maxwell 2005, 19; Sabates-Wheeler and Devereux 2010, 275; IFPRI 2012)。また，飢饉についてのアカデミックな議論の影響によっても，食料援助政策のアイディアは変容している。

バーレットとマクスウェルは，第2次大戦後から現在までのアメリカの食料援助政策の歴史を批判的に検討している (Barrett and Maxwell 2005)。アメリカは，現在に至るまで世界最大の食料援助国である。たとえば2009〜2011年の3年間の世界の食料援助[6]のうち57パーセントがアメリカによるもので

ある。批判の焦点は，地政学的考慮，自国の農業貿易促進，国内の農家の余剰在庫整理など被援助国のためではない目的のためにアメリカの食料援助が行われている点にある（Barrett and Maxwell 2005, 18）。地政学的な考慮によるものとしては，冷戦下にソビエト連邦に対抗するために始まった，アメリカによる発展途上国への食料援助が挙げられている（Barrett and Maxwell 2005, 18）。

　このような先進国側の利益重視の食料援助政策が大きな要因のひとつとなって，援助を提供する側の生産農家の在庫に左右されて被援助国が援助を必要とする時期に食料を供給されない状況が生じるなど，国際的な食料援助は本来の目的であるはずの飢餓に苦しむ人々への支援に有効に結びついていないと批判されるようになった（Barrett and Maxwell 2005, 105）。このような先進国側における批判を受けて，ドナー優先の食料援助から，受け手側を考慮した食料援助に重きがおかれるようになったのである。とくに大きな方向転換を促す契機となったのは，1973〜1974年の世界食料危機である（Barrett and Maxwell 2005, 106）。

　受け手側を考慮する食料援助の背後にあるアイディアは，権利に基づくアプローチ（rights-based approach）である（Barrett and Maxwell 2005, 111）。十分な食料を得る権利については，1949年の世界人権宣言25条においてすでに言及されており，決して新しいものではない。しかし，セン（2000）によるエンタイトルメント・セオリー（entitlement theory）の議論は，発展途上国の人々の食料を得る権利の重要性を再認識させることになった（Barrett and Maxwell 2005, 108-109）。セン（2000）は，1943年のベンガル大飢饉，1972〜1974年のエチオピア飢饉，1973年前後のサヘル地域での飢饉，1974年のバングラデシュ飢饉の具体的事例から，飢饉の原因は，単純な食料供給不足の問題ではなく，食料を得るためのエンタイトルメントを所有できない，または有効に使用できないために，食料にアクセスできないことであるとした。

　このように，食料の需給の問題から権利の問題へと飢饉に関するアイディアに大きな変化が起こることによって，ドナー側の食料援助政策も，緊急食

料援助だけでなく，長期的な生活水準向上も考慮したセーフティ・ネット構築のような政策アイディアが採用されるようになった（Barrett and Maxwell 2005, 122）。1996年の世界食料サミットで採択されたローマ宣言でも，十分な食料を確保する権利や飢餓から解放される権利について再確認され，さらにセーフティ・ネットの重要性についても言及されている[7]。このような流れを受けて，1990年代後半には，WFPやNGOの活動でも，人権に基づくアプローチをベースとした政策が採用されるようになった（Barrett and Maxwell 2005, 111）。

第3節　エチオピアにおける食料援助政策の変遷

　エチオピアへの国際的な食料援助は，ドナー間での食料援助政策アイディアの政策伝播と，ドナーからエチオピアへの食料安全保障政策アイディアの伝播という，ふたつの側面をもっている。

　恒常的な干ばつに長年苦しんできたエチオピアでは，国際援助機関や海外政府からの食料支援に関する長い歴史があり，1970年代にエチオピアで海外からの大規模食料糧支援が始まってから，すでに40年が経過している。その間に，上述のとおり，国際開発援助政策のアイディアも変化しており，その変化は食料援助政策に大きな影響を与えている。とくにエチオピアにおける食料安全保障政策は，現物／現金給付政策も含めて，主たる財源は外国や国際機関からの援助であり，その政策の方向性は，国際援助の動向と密接な関係がある。

　その一方で，エチオピアは，最初のFFWが行われた1974年から現在までの約40年の間に，帝政から社会主義政権，エチオピア人民革命民主戦線（Ethiopia People's Revolutionary Democratic Front: EPRDF）政権と，2回の大きな政権交代を経験している。そのため，エチオピア政府の側でも時代によってFFW/CFWを行う目的が変化している。

本節では，まず，エチオピアの政治状況の変遷を概観したのち，1972～1974年と1984～1985年に起きた大飢饉において，ドナー側とエチオピア政府側がどのようなアイディアに基づいて緊急食料援助を行ったのかを検討する。つぎに，緊急性の高い無償食料援助からワークフェアの性格をもつ現物／現金給付へと移行していく経緯について，ドナーとエチオピア政府の食料安全保障政策に関する言説やアイディアに着目しつつ分析する。

1. 第2次世界大戦後のエチオピアの歴史概略

エチオピアでは，第2次世界大戦後，2012年のメレス・ゼナウィ首相の死去による首相交代以前には平和的な政治指導者の交代は無く，武力による政権交代が1974年，1991年と二度行われている。戦後のエチオピアの政治体制は，ハイレ＝セラシエⅠ世の帝政期（1930～1974年）[8]，社会主義政権期[9]（1974～1991年），EPRDF政権期の三つにわけることができる。まず，1930年より続いたハイレ＝セラシエⅠ世帝政期が1974年の社会主義革命によって終焉を迎え，その後1991年には，EPRDFが社会主義政権から武力によって政権を奪取した。社会主義政権からEPRDFへの政権交代の背景には，1980年代後半の東欧諸国の民主革命や1991年のソ連邦解体へと続くソ連の弱体化などによって，社会主義陣営からの援助が大幅に減少し，エチオピアの社会主義政権も弱体化したことが挙げられる（Webber 1992, 23-24）。

EPRDFは，ティグレ主体のティグレ民主主義戦線（Tigray People's Democratic Front: TPLF）が政権の中枢を担っているが，さまざまなエスニック・グループによる政党の連合体であり，現在に至るまで政権は続いている。構造調整政策と類似した経済自由化が導入されたのは社会主義政権末期だが，自由化政策が本格的に実行されたのはEPRDF政権期からである。したがって，経済自由化導入の時期は，他の発展途上国の構造調整政策導入時期と比較すると，約10年遅れの1990年前後である。

ただし，EPRDF政権は，国際機関からの政策アイディアの強制に対して

必ずしも従順ではなく,自主的な政策立案を志向してきた。EPRDF 政権が発足した1995年から首相であったメレス・ゼナウィ(2012年に死去)は,IMF による強制的な金融自由化政策の導入に対して,エチオピアの国情に合わないとして頑強に抵抗していたことが,当時世界銀行のチーフ・エコノミストだったスティグリッツの著書で明らかにされている(スティグリッツ 2002, 48-62)。この点は,EPRDF 政権下での食料安全保障政策の変容を検討するにあたって,政府が国際援助をどのように受け入れたのかを理解するうえで重要である。

また,中央集権政治であったこれまでの政権と比較すると,EPRDF 政権は大幅な地方分権化を進めている点で大きく異なる。エチオピアの行政区分は,上から,中央政府 – 州(Region)– ゾーン(Zone)– 郡(*Woreda*)という構成になっているが,郡レベルに大きな権限が委譲されるようになってきている。2002/2003年度より,人口の87パーセントを占める4つの州(アムハラ州,オロミヤ州,南部諸民族州,ティグライ州)では,州予算の45パーセントを郡レベルで執行することができるようになっている(Garcia and Rajkumar 2008, 7-8)。この地方分権化の方針は,海外援助機関と共同で行った行政の効率性の調査に基づいて決定されている(Garcia and Rajkumar 2008, 8)ことから,地方分権化推進には,海外機関からのソフトな強制の存在を否定できないが,エチオピア政府の積極的なアイディアの学習も大きな原動力となったといえる。

2.1972~1974年の大飢饉——帝政期——

エチオピアは,長年干ばつや冷害などによって飢饉に苦しんできたが,大規模な海外からの食料援助をエチオピアが受けいれるようになったのは,10万人以上が飢餓に苦しんだ帝政末期の1972~1974年の大飢饉の時からである(Samuel 2006, 2)。この飢饉は,エチオピア政府ならびに海外ドナーの対応が遅れたために飢饉の被害が拡大したと批判されており,1974年の社会主義革

命の原因のひとつとなったといわれている（Wiseberg 1976, 107-110; Marcus 1995, 189; セン 2000, 131-132）。飢饉が拡大した原因としては，帝国政府が中央の経済成長と都市部の政治不安を重視して，農村部の飢饉の状況を軽視していたことが指摘されている（Keller 1988, 168）。1972年には農業省が飢饉の危険を把握し，その年の11月には内閣に調査報告書が提出されていたにもかかわらず，政府は事態を等閑視していた（Keller 1988, 166）。1973年8月にエチオピア赤十字によって難民キャンプが設置された時点で，6万人以上の避難民を受け入れることになったという（Keller 1988, 166）。エチオピア政府が飢饉に対して緩慢な対応をしたことについては，干ばつや飢饉が恒常的に起きていたため慣れが生じていたことや，災害を自らで解決する能力が欠如していたにもかかわらず，援助の名目で他国から干渉されることを嫌い，海外からの援助を受け入れるのに消極的であったためといわれる（Shepherd 1975, ix ; Wiseberg 1976, 109）。1973年に UNICEF が，エチオピア東部にあるウォッロ地方での飢饉の惨状について報告書をまとめているが，この報告書に対してエチオピア政府は拒絶反応を示し，報告書の配布をできるかぎり限定しようとしたとされる。この報告書に対するエチオピア政府官僚のコメントは，「もしこれを公にするか，援助を受け取らないかを選ぶのであれば，われわれは援助無しを選ぶことができる」であったという（Shepherd 1975, 33）。

また，ドナー側も，エチオピア政府との関係維持を最優先して，飢饉の深刻さをすぐには公にせず，初期には散発的な食料援助しか行わなかった（Keller, 1988, 168-169）。その背景には，冷戦の存在があり，「アフリカの角」地域にあるエチオピアは，戦略上重要な位置にあったことが挙げられる（Shepherd, 1975, viii）。とくにアメリカは，自由主義陣営側に属するエチオピア帝国政府と軍事的な相互協力体制にあったために，食料援助の必要性を認識していながら，帝国政府の「不祥事」として飢饉が公になって政情不安になることをおそれ，対策が後手にまわったとされている[10]（Wiseberg 1976, 116-118）。各国の大使館も，飢饉が公になることによってハイレ＝セラシエ政権が転覆することを恐れ，飢饉の状況を隠そうとするエチオピア政府に協

力的であった（Shepherd 1975, 90）。飢饉の状況が明らかになってきた1973年6月には，エチオピア政府は，公には干ばつと飢饉の議論を抑圧する一方で，国際援助機関に食料援助の可能性について打診している。しかしその援助はあくまで秘密裡に行うよう要請したという（Shepherd 1975, 16）。要請された機関は，WFP, UNICEF, FAO, UNDP, USAIDなどである。これらドナー機関が当初その要請を受け入れた理由として，これまでともに活動してきた援助側と政府役人とのデリケートな関係を維持するためにも，飢饉を公にして政府を刺激したくなかったことが指摘されている（Shepherd 1975, 17）。その結果，USAIDやWFPの食料援助は，迂回経路をとらされたり，必要以下の食料しか援助できないなど，結果的には被害を拡大させる結果となった（Shepherd 1975, 17）。被害の拡大を受けて，最終的には大規模な食料援助を行ったとはいえ，援助国側，被援助国側双方の政治的思惑によって，国際援助が遅れることとなったのである。

3．1984～1985年の大飢饉――社会主義政権期――

エチオピアは，社会主義政権期にも大規模な飢饉を経験し，多くの犠牲者を出している。1984年9月に社会主義政権による政権樹立10周年の大規模な祝典があり，それ以前には飢饉が生じている地域への取材は認められていなかったが，祝典終了後の10月にエチオピアでの飢饉の様子を取材することが可能になり，海外メディアがエチオピアの飢饉の様子を報道できるようになった（Clay and Holcomb 1986, 1）。飢饉の状況が世界的に報道されることによって，1年足らずでアメリカだけでも2億ドル，世界全体で計12億ドルの支援が集まったという（Clay and Holcomb 1986, 2）。当時ソビエト陣営の一員とみなされていたエチオピアに対して欧米諸国が積極的に食料援助を行ったのは，ソビエト連邦には解決できない問題を西側が解決できることを誇示したかったためともいわれている（Clay and Holcomb 1986, 2）。

このように大量の食料支援にもかかわらず，1984～1985年の大飢饉は，

1972～1974年の飢饉よりもさらに甚大な被害をもたらした（Yeraswork 2009, 811）。その原因としては，天候不順による大規模な干ばつ被害が第1に挙げられるが，内政においても，不適切な政策による長期的な農業生産能力の低下，反政府勢力が活動していた地域に対する政府の農業生産妨害，政府が援助物資を適切に使わず軍事用に利用していたことなどが指摘されている（Clay and Holcomb 1986, 42-45）。政権樹立10周年の式典までエチオピア政府が干ばつ被害を外国から隠蔽していた（Clay and Holcomb 1986, 1）ことも被害を拡大させた要因のひとつといえよう。一方，エチオピア政府側も，西側諸国の援助物資が不十分で不適切な時期に提供されたという抗議の声明をだしている（Clay and Holcomb 1986, 42-45）。

1972～1974年，1984～1985年の飢饉では，食料援助の必要性は広く認識されていた。それにもかかわらず，ドナー側とエチオピア政府側双方の政治的な思惑のために迅速に飢饉対策が行われず，導入時期の遅れから被害が拡大することとなった。

食料支援の資金・資源のほとんどがドナー側によって賄われていることを考えると，人道上であるとして，ドナー側がエチオピア政府の意思に反して独自に食料援助を行うことも可能であったかもしれないが，飢饉が深刻な段階まで進んでからしか食料援助は実現しなかった。このような事態は，両者の政治的思惑だけでなく，先進国側と発展途上国側との不均衡な力関係の下でも，必ずしも一方的に前者が後者に政策を強制できるわけではないということも示唆している。

4．緊急食料支援からFFW/CFWへ

1972～1974年と1984～1985年の飢饉のどちらにおいても，食料援助政策は，危機的状況から脱して状況が沈静化してくると，無償の食料支援から公共事業の労働参加を義務付けるFFW/CFWへと食料援助政策が移行していくという経過をたどっている。WFPのような国際機関だけでなく，1984～1985

年の飢饉において緊急食料援助を行っていた国際NGOなども，状況が安定した後は援助食料の使い道を無償食料援助からFFWへとシフトしていった（Webb and Kumar 1995, 203）。

このような方向転換のおもな理由は，天災によって失われた土壌や河川の整備などによって長期的な環境改善を図り，飢饉の再発を予防するためである（Holt 1983; Yeraswork 2009）。しかし，それだけでなく，効率的な援助のために無償の食料援助から開発支援への移行を援助機関に求めるドナーからの圧力の下で，新たな政策アイディアとしてFFW/CFWが注目されたともいえる（Bertu and Wickrema 2010, 145）。たとえばWFPでは，2003年にFFW/CFWを含んだMERET（Managing Environmental Resources to Enable Transition）プロジェクトを導入するにあたって，ドナー側から食料援助から開発支援への方針転換を求める圧力があったと報告されている（Bertu and Wickrema 2010, 145）。

エチオピアにおけるFFWは，1972～1974年の大飢饉のときに食料援助の一環として始まっており，記録に残っているもっとも初期のFFWとしてはWFP主導の1972年のものが挙げられる（Holt 1983; Humphrey 1998, 191）（表4-1参照）。ただし，大規模なFFWが行われるようになったのは，1980年代になってからであり（Yeraswork 2009, 811），1982年にはFFWに使われた食料はエチオピアへの食料援助の約半分を占めていたという（Holt 1983, 181）。1980年から1994年まで続いたWFP主導のFFWプロジェクト（Project Ethiopia 2488）は，この時期にアフリカで行われたFFWでは最大のものであった（Humphrey 1998, 6; Yeraswork 2009, 809-810）。

なお，エチオピアにおいては，食料を給付するFFWと現金を給付するCFWが併存している。対象となる地域における食料供給状況と市場の発展度によって，必要とするものが異なるためである。

初期のCFWプロジェクトとしては，1984～1985年の飢饉の際にエチオピア政府と国際連合児童基金（UNICEF）が行ったキャッシュ・フォー・フード（Cash-for-Food）・プロジェクトが挙げられる（Humphrey 1998, 7）（表4-1）。

このプロジェクトで食料ではなく現金を支給したのは，輸入された援助食料ではなく，受益者が地元の穀物を購入できるようにするためであった

表4-1　エチオピアで行われた FFW/CFW

政治状況による時代区分	エチオピアの状況	FFW/CFW を行ったプログラム
～1974 ハイレ=セラシエⅠ世帝政期	1972～1974年 飢饉（ティグレ，ウォッロ）	・1972 FFW（WFP）
1974～1991 社会主義政権	1984～1985年 飢饉（全地域）	・1980～1994　Project Ethiopia 2488 Expansion 1, 2, 3（WFP/農業省） ・1984/85～1990 Cash for Food（UNICEF/RRC*1） ・1985～不明 Damot Weyda での FFW（Concern） ・1989 Peasant Agri. Dev. Programme（EC/農業省）
1991～ EPRDF 政権	1990～1992年 飢饉（北部，西部，南西部）	・1991～不明　EBSN Pilot Projects（WFP/Concern） ・1992 Wobera での FFW/CFW（WFP/農業省/Oxfam UK） ・1992～Tekle Haimanot FFW（WHP/SIDA/IHAUDP*2） ・1992～ Koisha CFW（SOS Sahel）
	1993～1994年 飢饉（北東部）	・1992～1994 Arsi での FFW/CFW ・1993 Tigray での FFW/CFW（WFP/GTZ） ・1993～ Employment Generation Scheme（エチオピア暫定政府） ・1994～2002 Project 2488 Expansion 4（WFP/農業省）
	2002 干ばつ	・1995～2005　Microproject Programme（REST*3/31の援助機関） ・2003～2006 MERET（WFP/農業省） ・2005～現在 PSNP（エチオピア連邦政府/世銀/WFP/EU/他6カ国） ・2007～2011 MERET-PLUS（WFP/農業省）
	2011 干ばつ	

（出所）　Humphrey（1998, 6），Bertu and Wickrema（2010, 152），Webb and von Braun（1994, 20-21），Yeraswork（2009），IEG（2011, 29），USAID（2002）*4，WFP（n.d.）*5
（注）　*1　Relief Rehabilitation Commission（エチオピアの政府機関）
　　　*2　Integrated Holistic Approach to Urban Development Project（ローカル NGO）
　　　*3　Relief Society of Tigray（ローカル NGO）
　　　*4　http://2001-2009.state.gov/p/af/rls/fs/15210.htm
　　　*5　http://www.wfp.org/countries/ethiopia/overview

(Humphrey 1998, 7)。受益者だけでなくコミュニティの経済発展も考慮している点で，受益者の救済としての食料給付を重視したそれまでのFFWとは異なる目的をもったプロジェクトであったといえよう。

現金給付と現物給付（多くの場合食料給付）のどちらが貧困層への援助に有効なのかについては，人道援助と社会保護の研究において長らく議論されてきた。サバテス－ウィーラーらは，現金給付と現物給付の比較分析に関する従来の議論の中心は，給付される側のニーズではなく，食料の余剰在庫を抱えるドナー側にあったと指摘している（Sabates-Wheeler and Devereux 2010, 275)。また，発展途上国の貧困層が適切に現金を使えないだろうという「エリート目線」から現金給付を疑問視する側面もあったとしている（Sabates-Wheeler and Devereux 2010, 275)。さらに，2000年代初頭には，被援助国での食料給付の問題点も多く指摘されるようになった。とくに，他国から出荷された食料を貯蔵し配布する費用の問題，そして無償の援助食料が地元の農業生産や商業分野と競合してしまう点などが，食料給付の問題として挙げられている（Barrett and Maxwell 2005, 131)。また，特定の食料しか配布できないため柔軟性に欠ける上，食料を渡すという行為自体が従属関係を生むといった点も指摘されている。

現金を給付する場合は，給付にかかる費用も少なく，その現金を用いて農業生産や商業活動を行うこともできるうえに，必要に応じて食料でないものも購入できるという利点がある（Sabates-Wheeler and Devereux 2010, 275)。このような議論を背景に，現金給付が支持されるようになっていった（Barrett and Maxwell 2005, 200; Sabates-Wheeler and Devereux 2010, 275)。

ただし，近年では，改めて現物給付の利点と現金給付の欠点が検討されるようになっている（Devereux 2006; Gentilini 2007; Sabates-Wheeler and Devereux 2010)。サバテス－ウィーラーらは，以下の二点を指摘している（Sabates-Wheeler and Devereux 2010, 275)。まず，食料や現金の管理におけるジェンダーの問題である。食料は女性によって管理され，現金は男性によって管理されることが多いため，現金給付は女性や子どもに裨益しない恐れがある。第2

に，現金給付はインフレーションに対して脆弱であることが挙げられる。たとえば2007～2008年の国際的な食料価格高騰によって，低所得層や現金給付に依存していた貧困層の購買力は著しく低下した。このような状況下では，現金給付より食料給付の方が貧困削減に有効であると考えられる。

このように，食料給付と現金給付にはそれぞれ異なる利点と問題点があるため，どちらの方法が優れているのかといった評価は難しい（Sabates-Wheeler and Devereux 2010）。したがって，エチオピアでも，後述のように対象地域の状況などを勘案して食料給付と現金給付を使い分けている（Sabates-Wheeler and Devereux 2010, 275）。食料給付と現金給付のどちらを行うべきかを決定するプロセスでは，対象地域の食料事情や経済状況の精査が必要となる。そのため状況を理解していない外部ドナーによる一方的な判断でFFWかCFWかの選択を行うことは難しく，現地の状況に柔軟に対応するためには，政府末端の行政機関に判断が求められることになる。有効にプロジェクトを遂行するためには，食料給付と現金給付のどちらが優れているのかといった机上の議論ではなく，現地機関の自主的な判断が必要となる。

第4節 生産的セーフティ・ネット・プログラムと国際食料援助政策

2005年よりエチオピアで始まった生産的セーフティ・ネット・プログラム（Productive Safety Net Program: PSNP）は，これまでのFFWやCFWの延長線上にあるように考えられがちである。しかし，プログラムを精査してみると，国際機関やエチオピア政府の抱いている食料安全保障政策に関するアイディアの変容の結果，これまでとは異なる性格をもった現物／現金給付政策であることがわかる。

国際機関による発展途上国への援助についてのアイディアの変化は，エチオピアへの食料安全保障関連の援助にも変化をもたらしている。同時に，エ

チオピア政府側も，食料安全保障と開発との関係性についての新たなアイディアを採用することによって，PSNPを一過性の食料援助としてのFFW/CFWではなく，開発のための重要なプログラムとして位置づけている。

本節では，国際機関とエチオピア政府との間の政策アイディアの相互作用に注目しつつ，PSNPについて検討する。

1．生産的セーフティ・ネット・プログラム導入までの背景

PSNPは，エチオピアが受動的に外国ドナー主導による食料援助を受け入れるのではなく，エチオピア政府の食料安全保障政策に対する主体性が前面に出ているという点で，これまでの食料援助とは異なっている（Fithanegest et al. 2010, 330; World Bank 2010, 8-9)。その契機として，2002～2003年に起きた大干ばつの経験に基づいた政府の食料安全保障政策の方針転換が挙げられる。

2003年に，エチオピア内閣府は，国連機関，外国政府援助機関そしてNGOまでを含んだ外国ドナーとともに，エチオピアの食料安全保障政策に対する中期的解決策を検討する一連の会議を開催した（World Bank 2010, 8)。フトゥハネグストらによると，この会議のなかで，エチオピア政府が「初めて」公式に，天候不順のような予期せぬ災害によって生じる食料不足は，短期的なショックの問題ではなく開発の問題であるという認識を示したという（Fithanegest et al. 2010, 330)。この報告はそれ以前のエチオピア政府の食料政策については言及していないが，それまでの開発政策は飢饉と開発の問題を結びつけたものではなかったことを間接的に示している。

エチオピアの食料安全保障政策における変化は，関連する組織の再編などにも表れている。1974年に設立された救済復興委員会（Relief and Rehabilitation Commission: RRC）は外国からの食料援助の窓口としての役割を果たしてきたが，1995年に災害防止準備委員会（Disaster Prevention and Preparedness Commission: DPPC）へと名前を変更する[11]。DPPCのエグゼクティブ・メン

バーには,議長を務める副首相のもと,財務省,保健省,経済協力開発省の大臣が入っており,DPPC は食料安全保障政策に関する政府の最高意思決定機関といえる。それに加えて,農業開発省管轄下に災害リスク管理食料安全保障部門 (Disaster Risk Management and Food Security Sector: DRMFSS) が2009年に設立された。DRMFSS は,食料安全保障政策に関する計画立案など実務を担当している[12]。DRMFSS の下部組織には,早期警戒対応局 (Early Warning and Response Directorate) と食料安全保障調整局 (Food Security Coordination Directorate) があり,生産的セーフティ・ネット・プログラムは後者で扱われる。災害への対応を第1の目的として設立された RRC や初期の DPPC と比較すると,DRMFSS は食料安全保障を管轄している点が異なっており,より長期的な計画が立てられるようになった。

このようなエチオピア政府の方針転換は,国内の政治・経済的状況を考えれば妥当であるともいえるが,国際的な援助動向の影響も大きかったと考えられる。上述の会議に先立って2002年に策定されたエチオピア版貧困削減戦略ペーパーといえる「持続可能な開発貧困削減プログラム」(Sustainable Development and Poverty Reduction Program: SDPRP) において,成長重視から貧困削減へと開発政策が変更され,セーフティ・ネットの重要性が言及されている。したがって,2003年の会議における政府の声明以前から,食料安全保障と開発政策を結びつけるという方針転換は,エチオピア政府にとっても国際機関にとっても既定路線だったといえよう。

たとえば世界銀行の PSNP に関する成果報告書では,PSNP の目的は,エチオピア政府の食料安全保障政策を,毎年のように繰り返される場当たり的な緊急食料支援の要請から,長期的開発志向のセーフティ・ネット構築へと転換させることであると明言されている (IEG 2011, vii)。

エチオピア政府の食料安全保障政策の大きな方向転換は,政府が世界的な動向とは無関係に行ったものではなく,世界銀行のような国際ドナーによる強制的な政策移転の意図との相互作用のなかで生じたといえる。

2. 生産的セーフティ・ネット・プログラム概観

　生産的セーフティ・ネット・プログラム（PSNP）は，干ばつ危険地域（draught-prone area）を対象とし，その地域の人々の長期的な食料安全保障の確立をめざすものである。具体的な目的は，FFW/CFW を通して食料や現金給付をおこなって世帯レベルの資産の消耗を防ぐとともに，住民参加の公共事業によってコミュニティ・レベルの資産を創出することで，食料安全保障を確立することにある（MoARD 2006, 1）。

　セーフティ・ネット・プログラム以前に行われてきた FFW や CFW のほとんどは，国際機関や各国ドナーが個別に実施してきたが，このプログラムでは，エチオピア政府が援助協調によって国際機関・ドナー政府からの支援をまとめて受け取り，州政府や地方自治体に実施を委譲する仕組みになっている（Fithanegest et al. 2010）[13]（資金分担については表4-2参照）。この点が，これまでの FFW/CFW プロジェクトとは異なるということは，DRMFSS 関係者からの聞き取りでも確認された[14]。

　国際機関ではなく，エチオピア政府がこのプログラムを主導しているという位置づけは，政府の文書でも明言されている。2006年に出された「生産的セーフティ・ネット・プログラム：プログラム実施マニュアル（修正版）」（Productive Safety Net Programme: Programme Implementation Manual (revised)）（MoRAD 2006）では，エチオピア政府がイニシアティブをもってプログラムを遂行するという言説をベースに文章が書かれている。たとえば，マニュアル冒頭にあるプログラムを行う理由の部分で，以下のような文章がある。

　　　緊急人道援助によって普及したシステムよりも，むしろ複数年にわたって安定して資源を供給できる生産的セーフティ・ネット・システム［経由のプログラム］の方が，食料不安を抱える世帯の基本的な食料ニーズを検討するにあたって，切迫した必要性があると，エチオピ

第4章　エチオピアにおける現物・現金給付政策の変遷と国際食料援助政策　153

ア政府は決断した（MoARD 2006, 1, [ ] 内, および下線は筆者）。

この文章には外部からの「強制」を窺わせる要素はなく，エチオピア政府自らの決断であるということが強調されている。後述するとおり，PSNPに使われる資金，資源のほとんどは海外からの援助であり，被援助国側のオーナーシップ自体も強制的に担わされている側面はある。しかし，政府側の言説はあくまでPSNPは政府自身の決断によるプログラムであり，マニュアル

表4-2　PSNP用融資（APL[*1]1〜3）の財源

関係機関	第1期 (2005-2006) US $ (百万)	(%)	第2期 (2007-2009) US $ (百万)	(%)	第3期 (2010-2014) US $ (百万)	(%)
繰越金	NA	−	0	(0)	19.0	(1)
エチオピア政府[*2]	0.1	(0)	5.6	(1)	53.8	(3)
国際開発協会（IDA）	113.7	(29)	207.9	(20)	462.5	(27)
イギリス国際開発部（DFID）	95.9	(24)	139.3	(13)	282.3	(16)
EC	37.5	(10)	160.8	(15)	78.7	(5)
アイルランドAID（DCI）	21.3	(5)	47.4	(5)	74.3	(4)
アメリカ　USAID[*3]	102.4	(26)	314.2	(30)	530.9	(31)
カナダ国際開発庁（CIDA）[*4]	16.8	(4)	87.4	(8)	81.8	(5)
WFP	0	(0)	25.1	(2)	50.0	(3)
スウェーデン国際開発庁（SIDA）	4.3	(1)	29.4	(3)	23.0	(1)
オランダ	0	(0)	31.3	(3)	71.3	(4)
防災グローバルファシリティ(GFDRR)[*5]	0	(0)	0.3	(0)	0	(0)
残高[*6]	0		19.0		-499.7	
合計[*7]	392.0	(100)	1,067.7	(100)	1,227.9	(100)

（出所）　IEG (2011, 29) より筆者作成。
（注）　*1　アダプタブル・プログラム・ローン（Adaptable Program Loan）。長期的な開発プログラムのための段階的な融資。詳細については世界銀行ホームページを参照のこと（http://go.worldbank.org/ARB0Z06MC0）。
　　　*2　エチオピア政府は，APL1では現金，APL2, 3では現物の提供。
　　　*3　USAIDの資金は，NGOとWFPを経由して提供された。
　　　*4　CIDAのAPL1の資金は，実際にはAPL2に分配された。
　　　*5　2006年に設立された国際ドナー機関。
　　　*6　内訳の割合からは除く。
　　　*7　オリジナルに記載されている合計の数値が内訳の合計と大きく異なるため，筆者が計算した数値を記載した。

では地方分権化に伴って下部行政機関の役割を重視していることが明記されている（MoRAD 2006, 4）。援助はエチオピアの行政機構のなかに内製化されていく方向にあるといえよう。

　生産的セーフティ・ネット・プログラムの活動内容は，FFW/CFW と無償の食料／現金給付のふたつに分類される。中心となるのは，FFW/CFW であり，資金は85パーセントを目安に FFW/CFW に割り当てられている。残りの15パーセントは，高齢者，妊産婦，障害者，10代の孤児など FFW/CFW に参加できない人々を対象にしたもので，無償で食料もしくは現金が給付される（MoARD 2006, 11, 44）。

　DRMFSS 関係者の聞き取りなどから，PSNP における FFW/CFW は，食料支援とともにプログラム参加によって個人が労働技術などを習得することで人的資本を蓄積することを目的としていることが明らかになっている[15]。なお，FFW/CFW のプログラムで受給者が参加する公共事業は，農業での生産活動と重複しないように 1 月から 6 月の間に行われる（Hoddinott et al. 2012, 766）。

　2005年の段階では現金優先原則（Cash-first principle）がとられていたが，その後2009年には，プロジェクト対象地域の状況に応じた形で FFW と CFW を組み合わせることが奨励されるようになった（MoARD 2006, 46; Fithanegest et al. 2010, 332）。その背景には，2007年以降急激に進行したインフレーションのために，現金の実質的な価値が急激に低下してしまったことが挙げられる（Sabates-Wheeler and Devereux 2010）。DRMFSS 関係者によると，実際にプログラムを遂行していく場合，現金給付の方が保管場所，保管期間，輸送費用などを考えると食料の現物給付よりも容易であることは確かだが，食料が市場に出回っていない地域などでは FFW を選択しているという。この選択については，援助機関や DRMFSS ではなく，現地の行政機関に判断がゆだねられている。[16] 表4-3は，2009/2010年度から2012/2013年度のプログラムの受益者が，このプログラムを通して何を受け取っているのか内訳を示したものである。年度によって現金給付と食料給付の受益者の割合が異なっている

表4-3 生産的セーフティ・ネット・プログラムにおける受益者内訳*

	2009/10年度		2010/11年度		2011/12年度		2012/13年度	
	受益者数(人)	(%)	受益者数(人)	(%)	受益者数(人)	(%)	受益者数(人)	(%)
現金のみ	1,743,992	(22)	1,307,062	(17)	1,156,038	(15)	3,512,106	(51)
食料のみ	1,702,225	(22)	3,653,767	(47)	1,352,169	(18)	1,862,800	(27)
現金・食料	4,374,786	(56)	2,787,476	(36)	5,133,861	(67)	1,514,974	(22)
合計	7,821,003	(100)	7,748,305	(100)	7,642,068	(100)	6,889,880	(100)

(出所) エチオピア政府による公式書類より。
(注) *エチオピア政府の計画であり，実際の受益者とは異なる。

が，これはそのときどきの農業生産の状況や食料価格によって対応した結果であると考えられる。

エチオピア政府にとって，生産的セーフティ・ネット・プログラムは，食料安全保障政策が機能し経済成長によって世帯レベルの生活水準が向上すれば，不要となるプログラムという位置づけにある。FFWやCFWへの参加を通じて獲得した収入や技術・知識を生かすことによって，プログラム参加者の経済的自立が可能となり，プログラムから順次卒業していくことをめざしている[17]（MoARD 2006, 3）。政府が卒業をめざす背景には，このプログラムの資金のほとんどが外国からのドナーによるものであり，政府単体では継続不可能であることが挙げられる。前掲の表4-2からもわかるとおり，このプログラムの資金の100パーセント近くがドナーによって賄われている。

エチオピア政府は，生産的セーフティ・ネット・プログラムと平行して，卒業後の受け皿として，国家財政からの支出に基づいたマイクロファイナンスによる自立支援プロジェクトを行っている[18]。しかし，マイクロファイナンスを利用するためには，十分な収入を確保できる経済活動に従事していることが前提となるため，干ばつなどの被害を受けた地域の人々が容易に現金／現物給付からマイクロファイナンスへ移行できると考えるのは難しい。2010/11～2014/15年度を対象とした新5カ年計画（The Growth and Transformation Plan: GTP）では，生産的セーフティ・ネット・プログラム対象者の段階的減少を前提としており，政府予測では，2009/10年度の対象者780万人

から，2014/15年度には130万人まで減少していくことになっている（MoFED 2010）。現在のところ，プログラムから卒業できた人々の数は政府の予測を下回っており，実際には順調に卒業できる対象者は予測以下にとどまるとみられている。世界銀行エチオピア事務所で生産的セーフティ・ネット・プログラムを担当している関係者も同様の意見を述べるとともに，性急な卒業に対して懸念を示していた[19]。

3．生産的セーフティ・ネット・プログラムとこれまでのFFW/CFWとの比較

生産的セーフティ・ネット・プログラム（PSNP）とそれ以前のFFW/CFWでは，概要自体は大きく異なる点はなく，どちらも公共事業に労働参加した人々に食料や現金を給付するプログラムである。ただし，活動資金の流れ，主導権のあるアクター，そして目的において，これまでと異なる点が多い。PSNPの特徴は，被援助国側であるエチオピア政府のオーナーシップが前提であることと，新自由主義的な政策アイディアが前面に出ていることである。

まず，生産的セーフティ・ネット・プログラムは，長期的な開発計画のなかに組み込まれているという点で，その時々の天災からの復興をめざすこれまでのFFW/CFWとは目的が異なる。また，援助協調によって，複数のドナーの資金がひとつにまとめられることも大きな違いである。これまでは，各ドナーが干ばつ被害を受けた地域に対する援助として，政府と一対一で援助プログラムを遂行してきたが，生産的セーフティ・ネット・プログラムでは，関係機関によってドナー会議が開かれプロジェクトの方向性や結果について検討が行われたのち，実務遂行はエチオピア政府に委ねられる。エチオピア政府が対象地域や給付の種類などの決定権をもち，プログラムを遂行していく仕組みになっている[20]（Fithanegest et al. 2010）。

エチオピア政府主導という特徴は，援助対象地域に現金給付を行うか食料

給付を行うのかの判断を，地方の行政機関にゆだねていることにも表れている。エチオピアの PSNP 担当局である DRMFSS の担当官も，CFW と FFW については，プログラムが行われる現場の状況をふまえて，混合で行う場合も含めて現場の行政機関が柔軟に判断すべきものであるとしている[21]。先述の援助側の現金給付と食料給付に関する議論を，現場レベルで取り入れて対応していることからも，その遂行段階で被援助側の自主性が発揮されている。

このような自主性を発揮することが可能になったのには，地方分権化が進んでいることも深く関係している。地方分権化のアイディアも，前述のようにエチオピア政府と国際機関との相互作用の結果であることを考えると，発展途上国における政策アイディアの形成過程を理解するには，ひとつの政策を抽出して分析するだけでは不十分であるといえる。

つぎに，公共事業参加の目的において，生産的セーフティ・ネット・プログラムは，これまで重視されてきた公共事業への労働参加によるコミュニティの開発よりも，給付を通した個人もしくは世帯レベルのエンタイトルメント向上を重視している点でも，これまでの FFW/CFW とは異なる (Fithanegest et al. 2010, 153)。たとえば，フトゥハネグストらは，先述の WFP による FFW/CFW を含んだ MERET プロジェクトと生産的セーフティ・ネット・プログラムを比較して，後者はコミュニティ単位での土壌や水資源改良のような環境保全活動を軽視していると批判している (Fithanegest et al. 2010, 153)。

また，急激なインフレーションによって若干修正されたものの，「現金優先原則」に明らかなように，給付を通して家計の購買力が向上し，それによって市場が活性化されることが期待されており (MoARD 2006, 1)，市場原理を通した貧困削減を重視している。たとえば，2012/13年度の生産的セーフティ・ネット・プログラム計画文書では，再度「現金優先原則」が明示されている。この文書では，現金給付優先の理由を，市場を活発化させることで食料援助依存からの脱却をめざすためとしている。

おわりに

本章では，エチオピアでの食料安全保障政策が，国際援助機関による緊急食料支援から始まってFFWやCFWへと移行していき，現在のエチオピア政府がオーナーシップをもつ生産的セーフティネットプログラム（PSNP）へと変化していく過程を検討した。

エチオピアの食料安全保障政策のための資金のほとんどは，国際援助機関や外国政府に依存してきた。エチオピアにおいて無償食料支援からFFW/CFWへと食料安全保障政策が変化した背景には，エチオピア政府に対してだけでなく，WFPのような国際援助機関に対しても，ドナーからの効率性への要求圧力が高まったことが挙げられる。また，FFW/CFW自体も，その手法自体には大きな変化はみられないが，その目的は，PSNP導入にあたってコミュニティ開発重視から個人／世帯の生計向上重視へと変化している。そこには，新自由主義的な思想を根底にもつ開発援助政策が世界的な主流になっていることが影響している。また，援助協調によって，被援助国側のエチオピア政府が，政策遂行において主導権を発揮することができるようになっているが，その援助協調のアイディア自体が国際援助政策から生まれていることは，援助側と被援助側の政策伝播のなかでの相互作用として留意しておくべきであろう。

エチオピアの食料安全保障政策は，資金や資源を国際援助機関やドナー政府に依存しているために，ドナーの政策アイディアを資金とともに受け入れてきた。そこには，さまざまな政策伝播のメカニズムが働いているが，それは大きく三つに分類できる。

ひとつは，ドナー間での政策伝播であり，そこには構築主義的メカニズムや学習メカニズムが働いている。前者は，ドナー側が援助政策形成において他国ドナーや国際機関の援助動向や，先進国における社会福祉政策の動向を自発的に取り入れていくものであり，後者は，たとえば世界銀行やFAOそ

して国際 NGO などが紹介するプロジェクトの成功例を学習して政策を取り入れていくメカニズムである。このふたつは，独立したものというよりは，互いに密接に関係しているといえる。

つぎに挙げられるのは，ドナー側からエチオピアへの食料安全保障政策に関する政策伝播である。ドナーに資金を依存しているエチオピアにとっては，ドナー側から提示される政策を受け入れざるをえないという点では，直接的な強制のメカニズムが強く働いている。

三つ目は，被援助国側であるエチオピア政府のアイディア伝播に際する自主性である。それ以前の国際開発援助は強制的な性格が前面に出ていたといえるが，近年の傾向では，受け入れ国側のオーナーシップが求められるようになっており，エチオピア政府も国際機関の援助動向を把握して主体的に食料安全保障政策を形成していくことを期待されている。資金源がドナーにあるために，エチオピア政府が完全に自由な判断を下せるとは言い難いが，ドナー側と協働して政策を形成することができるという点で，これまでの直接の強制とは異なる形をとっている。このようなプロセスは，単純な強制でもなく，かといってエチオピア政府が自主的に政策を選択する「学習」ともまた異なるものである。さまざまなアクターとの相互作用の結果，エチオピアがオーナーシップをもって援助機関とともに食料安全保障政策を遂行していく過程は，国際援助機関から被援助国への政策伝播の新たなメカニズムが形成されつつあることを示しているといえよう。

〔注〕

(1) World Databank: World Development Indicators
(http://databank.worldbank.org/data/views/variableSelection/selectvariables.aspx?source=world-development-indicators, 2013年12月17日アクセス）のデータに基づく。
(2) FFW/CFW をめぐる議論については, Sabates-Wheeler and Devereux (2010), Barrett and Maxwell (2005, 200), Devereux (1999) などを参照のこと。
(3) たとえば，本書序章第4節で言及されているドロウウィッツとマーシュ（Dolowitz and Marsh 1996）による政策の国際伝播のモデルが一例である。彼

らの提示している政策伝播についてのチェックポイントは，政策伝播の分析に有用である。本章では，彼らがチェックポイントとして挙げている点についてひとつずつ対応することはしないが，念頭に置いたうえで分析を進めていく。

(4) 先進国側が発展途上国に対して特定の政策を「強制的」に採用させたとしても，その政策を先進国自身が採用しているとは必ずしも限らない。たとえば，ドーハ・ラウンドでは，発展途上国に農産物市場の開放を求める先進国側の農業が，補助金や輸入関税によって手厚い保護政策によって守られていることを途上国側は批判している（国連開発計画 2005, 164-165）。

(5) 本章では，主に世界銀行，IMF，国際労働機関（ILO），国際連合児童基金（UNICEF）のような国際開発機関における開発援助のアイディアの変遷をとりあげている。ただし，それ以外にもアカデミックな分野では，従属論からの視点のものなどさまざまなアイディアがある（絵所 1997, 220-236）。

(6) ここでの食料援助は，アメリカ国内で生産されたものだけでなく，被援助国や第三国で生産された食料も含む（WFP ウェブページ："Food Aid Information System"（http://www.wfp.org/fais/, 2013年1月30日アクセス）。

(7) FAO ウェブページ（http://www.fao.org/docrep/003/w3613e/w3613e00.HTM, 2014年2月13日アクセス）。

(8) 1936-1941年のイタリアによるエチオピア占領期間には，ハイレ＝セラシエⅠ世の統治は一時中断している。

(9) 社会主義政権期は，内実は大きく変わっていないものの政体としては二期に分けることができる。1974年から87年までは，臨時軍事行政評議会（Provisional Military Administrative Council）による軍事政権である。1987年以降は，エチオピア人民民主共和国（People's Democratic Republic of Ethiopia）として国民投票によって憲法を批准し，共和政となった。

(10) 飢饉が深刻化していたにも関わらず，1974年には，エチオピア政府はアメリカから半分は譲与とはいえ2230万ドルの軍事兵器を購入しており，さらに1975年度には1130万ドル分の兵器の譲与と1100万ドルの借款での兵器購入を予定していた（Shepherd 1975, 67）。

(11) 在英エチオピア大使館ウェブページ
（http://www.ethioembassy.org.uk/low_contrast/about_us/disaster_prevention.htm, 2014年2月9日アクセス）

(12) DRMFSS ホームページ（http://www.dppc.gov.et/index.html, 2014年2月9日アクセス）。

(13) 生産的セーフティ・ネット・プログラムに支援を行っているのは，世界銀行（国際開発協会），WFP，防災グローバル・ファシリティ（GFDRR），イギリス（DFID），EU，アイルランド（DCI），カナダ（CIDA），スウェーデン

(SIDA), オランダ, アメリカ (USAID) の10機関である (IEG 2011, 29)。
⑭ 2012年9月 DRMFSS関係者からの聞き取りより。
⑮ 2012年9月 DRMFSS関係者からの聞き取りより。
⑯ 2012年9月 DRMFSS関係者からの聞き取りより。
⑰ ただし, FFW/CFWに参加できない人々への無償食料／現金給付には卒業はない。
⑱ 詳細についてはDRMFSS (2011) を参照のこと。
⑲ 2012年9月 世界銀行生産的セーフティ・ネット・プログラム・チーム担当者からの聞き取りより。
⑳ なお, エチオピアでは, 2001年に開発援助グループ (The Development Assistance Group : DAG) が設立され, エチオピアに援助を行っている27の二国間／多国間援助機関が参加して, 情報共有を行っている (DAGホームページ：http://www.dagethiopia.org/)。
㉑ 2012年9月 DRMFSS関係者からの筆者聞き取り。

〔参考文献〕

〈日本語文献〉

絵所秀紀 1997.『開発の政治経済学』日本評論社.
GRIPS開発フォーラム 2003.『援助協調への日本の取り組み――「東アジア型」と「サブサハラ・アフリカ型」モデルで参画を――』政策研究大学院大学.
国連開発計画 2005.『人間開発報告書2005――岐路に立つ国際協力：不平等な世界での援助, 貿易, 安全保障――』国際協力出版会.
スティグリッツ, ジョセフ・E. 2002. 鈴木主税訳『世界を不幸にしたグローバリズムの正体』徳間書店 (Joseph E. Stiglitz, *Globalization and its Discontents*, New York: W.W. Norton & Company, 2002)
セン, アマルティア 2000. 黒崎卓・山崎幸治訳『貧困と飢饉』岩波書店 (Amartya Sen, *Poverty and Famines: An Essay on Entitlement and Deprivation*, Oxford: Clarendon Press, 1981)
高橋基樹 2003.「援助協調－日本の対貧困国協力への問い」『IDCJ Forum』(23) 3月29-43.
―――2010.『開発と国家――アフリカ政治経済論序説――』勁草書房.
高橋基樹・正木響 2004.「構造調整政策－枠組み, 実施状況と帰結」北川勝彦・高橋基樹編『アフリカ経済論』ミネルヴァ書房 95-116.
デブロー, スティーブン 1999. 松井範惇訳『飢饉の理論』東洋経済新報社 (Ste-

phen Devereux, *Theories of Famine*, New York: Harvester Wheatsheaf, 1993）

原口武彦 1995.「構造調整とアフリカ農業」原口武彦編『構造調整とアフリカ農業』アジア経済研究所 3-10.

古川光明 2003.「援助協調への日本の取り組みの成果と課題：本部での対応を中心に」『IDCJ Forum』(23) 3月 15-23.

〈英語文献〉

Barrett, Christopher B. and Daniel G. Maxwell 2005. *Food Aid after Fifty Years: Recasting Its Role*. London and New York: Routledge.

Bertu Nedessa and Sonali Wickrema 2010. "Disaster Risk Reduction: Experience from the Meret Project in Ethiopia." In *Revolution: From Food Aid to Food Assistance: Innovations in Overcoming Hunger.* edited by S. W. Omamo, U. Gentilini and S. Standström. Rome: World Food Programme, 139-156.

Clay, Jason W. and Bonnie K. Holcomb 1986. *Politics and the Ethiopian Famine: 1984-1985*. Cambridge, Mass.: Cultural Survival.

Cornia, Giovanni Andrea, Richard Jolly and Frances Stewart, eds. 1987. *Adjustment with a Human Face: Protecting the Vulnerable and Promoting Growth, Vol. 1.* Oxford: Clarendon Press.

Devereux, Stephen 1999. "Targeting Transfers: Innovative Solutions to Familiar Problems." *IDS Bulletin* 30(2): 61-74.

―――2006. "Cash Transfers and Social Protection." Paper presented to Regional Workshop on "Cash Transfer Activities in Southern Africa", 9-10 October, Johannesburg. (http://www.africacsp.org/wahenga/sites/default/files/library/Devereux2006_Cash_Transfers_workshop.pdf, 2013年2月7日アクセス)

Dobbin, Frank, Beth Simmons and Geoffrey Garrett 2007. "The Global Diffusion of Public Policies: Social Construction, Coercion, Competition, or Learning?" *Annual Review of Sociology* 33: 449-472.

Dolowitz, David P. and David Marsh 1996. "Who Learns What from Whom: A Review of the Policy Transfer Literature." *Political Studies,* 44(2) June: 343-357.

―――2000. "Learning from Abroad: The Role of Policy Transfer in Contemporary Policy-Making." *Governance* 13(1) January: 5-23.

DRMFSS 2011. "Productive Safety Net and Household Asset Building Programs 2003 EFY(2010/11) Annual Implementation Performance Report (July 8, 2010-July 7, 2011), Addis Ababa: Ministry of Agriculture.

Eriksson, John 2001. *The Drive to Partnership: Aid Coordination and the World Bank*. Washington, D.C.: World Bank.

Fithanegest, Gebru, Ugo Gentilini, Wickrema Sonali and Yirga Arega 2010. "Engaging in a Multi-Actor Platform: WFP's Experience with the Productive Safety Net Programme in Ethiopia." In *Revolution: From Food Aid to Food Assistance: Innovations in Overcoming Hunger.* edited by S. W. Omamo, U. Gentilini and S. Standström. Rome: World Food Programme, 329-349.

Garcia, Marito and Andrew Sunil Rajkumar 2008. *Achieving Better Service Delivery through Decentralization in Ethiopia.* Washington, D.C.: World Bank.

Gentilini, Ugo 2007. "Cash and Food Transfers: A Primer." (Occasional Papers No.18) Rome: World Food Programme. (http://www.wfp.org/sites/default/files/OP18_Cash_and_Food_Transfers_Eng%2007.pdf, 2013年2月8日アクセス)

Hoddinott, John, Guush Berhane, Daniel O. Gilligan, Neha Kumar and Alemayehu Seyoum Taffesse 2012. "The Impact of Ethiopia's Productive Safety Net Programme and Related Transfers on Agricultural Productivity." *Journal of African Economies* 21(5): 761-786.

Holt, J. F. J. 1983. "Ethiopia: Food for Work or Food for Relief." *Food Policy* 8(3) August: 187-201.

Humphrey, Liz 1998. *Food-for-Work in Ethiopia: Challenging the Scope of Project Evaluations.* Sussex: Institute of Development Studies, University of Sussex.

ICRC (International Committee on Red Cross) and International Federation of Red Cross and Red Crescent Societies 2007. *Guidelines for Cash Transfer Programming.* Geneva: ICRC and International Federation of Red Cross and Red Crescent Societies. (http://www.icrc.org/eng/assets/files/other/icrc_002_mouvement-guidelines.pdf)

IEG Public Sector Evaluation 2011. "Project Performance Assessment Report: Ethiopia Productive Safety Net Project (Cr.4004, IDA Grant H136, Tf056013) ." Washington, D.C.: World Bank.(http://www.oecd.org/countries/ethiopia/48503793.pdf)

IFPRI (International Food Policy Research Institute) 2012. *2011 Global Food Policy Report.* Washington, DC: International Food Policy Research Institute.

Keller, Edmond J. 1988 *Revolutionary Ethiopia: From Empire to People's Republic,* Bloomington: Indiana University Press.

Lapeyre, Frédéric 2004. *Globalization and Structural Adjustment as a Development Tool.* Geneva: ILO.

Lautze, Sue, Yacob Aklilu, Angela Raven-Roberts, Helen Young, Girma Kebede and Jenifer Leaning 2003. *Risk and Vulnerability in Ethiopia: Learning from the Past, Responding to the Present, Preparing for the Future.* Boston: Feinstein International Famine Center, Tufts University and Inter-University Initiative on Humanitarian Studies and Field Practice.

Marcus, Harold G. 1995. *The Politics of Empire: Ethiopia, Great Britain, and the United*

States, 1941-1974. Lawrenceville, N.J.: Red Sea Press.
MoARD (Ministry of Agriculture and Rural Development) 2006. *Programme Implementation Manual (Revised)* . Addis Ababa: Ministry of Agriculture and Rural Development.
MoFED (Ministry of Finance and Economic Development) 2010. "Growth and Trasformation Plan (GTP) 2010/11-2014/15 (Draft)." Addis Ababa: Ministry of Finance and Economic Development.
  (http://www.ethiopians.com/Ethiopia_GTP_2015.pdf, 2013年2月7日アクセス)
Pankhurst, Richard 1985. *The History of Famine and Epidemics in Ethiopia Prior to Twentieth Century*. Addis Ababa: Relief and Rehabilitation Commission
Quisumbing, Agnes R. ed. 2003. *Household Decisions, Gender, and Development : A Synthesis of Recent Research*. Washington, D.C.: International Food Policy Research Institute.
Sabates-Wheeler, Rachel and Stephen Devereux 2010. "Cash Transfers and High Food Prices: Explaining Outcomes on Ethiopia's Productive Safety Net Programme." *Food Policy* 35(4) August: 274-285.
Samuel Gebreselassie 2006. *Food Aid and Smallholder Agriculture in Ethiopia: Options and Scenarios*. Brighton: Future Agricultures. (http://www.future-agricultures.org/pp-conference-papers/doc_download/30-food-aid-and-small-holder-agriculture-in-ethiopia, 2014年2月14日アクセス)
Sharp, Kay 1998. *Between Relief and Develpoment: Targeting Food Aid for Disaster Prevention in Ethiopia*. London: Overseas Development Institute.
Shepherd, Jack 1975. *The Politics of Starvation,* New York: Carnegie Endowment for International Peace.
Smillie, Ian 1998. "Optical and Other Illusions: Trends and Issues in Public Thinking About Development Co-Operation." In *Public Attitudes and International Development Co-Operation*, edited by Ian Smillie and Henny Helmich, Paris: OECD Publishing: 21-39.
Stiglitz, Joseph E. 1998. "Towards a New Paradigm for Development: Strategies, Policies, and Processes." Paper given as the 1998 Prebisch Lecture at UNCTAD, Geneva October 19. Geneva:UNCTAD.
United Nations 2003. "Monterrey Concensus of the International Conference on Financing for Development (Report of the International Conference on Financing for Development, Monterrey, Mexico, 18-22 March 2002)." United Nations. (http://www.un.org/esa/ffd/monterrey/MonterreyConsensus.pdf, 4 Februrary 2014アクセス).
van der Hoeven, Rolph 1991. "Adjustment with a Human Face: Still Relevant or Over-

taken by Events?". *World Development* 19(12) December: 1835-1845.
Webb, Patrick and Joachim von Braun 1994. *Famine and Food Security in Ethiopia: Lessons for Africa*. Chichester: John Wiley & Sons.
Webb, Patrick and Shubh K. Kumar 1995. "Food and Cash for Work in Ethiopia: Experiences During Famine and Macroeconomic Reform." In *Employment for Poverty Reduction and Food Security*, edited by Joachim von Braun, Washington, D.C.: International Food Policy Research Institute: 201-219.
Webber, Mark 1992. "Soviet Policy in Sub-Saharan Africa: The Final Phase." *The Journal of Modern African Studies* 30(1) March: 1-30.
Wiseberg, Laurie 1976. "An International Perspective on the African Famines." In *The Politics of Natural Disaster: The Case of the Sahel Drought*, edited by Michael H. Glantz. New York: Praeger, 101-127.
World Bank 2010. *Designing and Implementing a Rural Safety Net in a Low Income Setting: Lessons Learned from Ethiopia's Productive Safety Net Program 2005-2009*. Washington, D.C.: World Bank.
Yeraswork Admassie 2009. "Lessons from the Food-for-Work Experience of the 1970s and 80s: The Case of Project Ethiopia 2488-Rehabilitation of Forest, Grazing and Agricultural Lands." In *Proceedings of the 16th International Conference of Ethiopian Studies*, edited by Svein Ege, Harald Aspen, Birhanu Teferra and Shiferaw Bekele, Trondheim: NTNU, 809-821.

第5章

岐路に立つ韓国の社会保障制度の改革課題と現金給付制度

——「最低生計費」保障から「マッチュム〈ニーズ対応〉型」社会手当構想へ——

金　早雪

はじめに

　韓国の現金給付政策は，この20年間における社会保障制度の確立と展開の中心的課題として，幾度かの大きな改革がなされたが，2014年現在，普遍的な「社会手当」構想が模索されるに至っている。敷衍すると，金大中政権（1998〜2003年）から盧武鉉政権（2003〜08年）の時代にかけて，「最低生計費」保障を求める市民福祉運動によって一気呵成に構築された社会保障制度は，保守派・李明博政権（2008〜13年）のもとで，高齢者・障害者への現金給付制度の普遍化改革が進められ，さらに現在，保守派・朴槿恵政権（2013〜18年）のもとで，最低生計基準を廃して，「ベーシックインカム」にアイディアを借りた新たなシステムへと，大きく改革されようとしている。そこで本章は，最低生計費保障制度の確立にともなって相次いだ現金給付制度の改革をまず整理し，次いで，この制度が行き詰った原因と，現在提案されている政策アイディアの政治的実現が，「マッチュム[1]〈ニーズ対応〉型」という政策言説がかぶされて進行するに至った経緯とその意義を考察する。

　簡単に，背景事情を述べておこう。国民基礎生活保障法（2000年施行）による最低生計費に基づく生活保障システムの確立によって，一方では，高齢

者・障害者への現金給付が，保守回帰した李明博政権での踏襲と改革を経て，つまり政権の保革を問わず，段階を追って普遍的手当へと改訂されていった。他方，社会保険と公的扶助からなるこのシステムは，2000年代に出現した「新貧困」＝「働く貧民」（韓国語で「勤労貧困」）には有効に機能しなかった。非正規や自営業など不安定就労層は，社会保険制度の適用から除外される「死角地帯」となり，他方，国民基礎生活保障制度は資力や扶養義務基準等による受給資格審査が厳格なため，これら「勤労貧困」層の多くが公的扶助でも「死角地帯」におかれ，社会保障制度の及ばない狭間に陥ったからである。

　盧武鉉政権の後半ごろから，こうした国民基礎生活保障システムの機能不全を修復する方策として，自活事業のほか，医療，住宅，教育への給付を生計給付とは別立てにすること（個別給付制度）がおもに福祉現場の関係者らから提案され始めていた。そうした改革提案を念頭において，政府・保健福祉部（省）管轄の政策シンクタンク「韓国保健社会研究院」（Korea Instiute for Health and Social Affairs: KIHASA）に所属する盧デミョン研究員を中心とする研究グループから，「ベーシックインカム」に通じる，普遍的な「社会手当」の導入を企図する大胆な提案が提示された（盧ほか 2009）。この政策アイディアは，政権運営の主導権を取った朴槿恵議員によって採用され，政権の発足とともに，「国民基礎生活保障制度のマッチュム型給付体系への改編」（盧ほか2013）という呼称のもとに，改革作業が始まった。盧研究員らの提案の究極の構想は，公的扶助を最後の事後的救済システムから，資産調査等のない普遍的な給付に改編することで，予防的あるいは積極的な所得保障システムを構築することにある。その第1歩が，基礎生活保障システムの個別化への再編である。いうまでもなく「ベーシックインカム」は，1990年代のヨーロッパから伝播されたものであるが，貧富格差の拡大や，労働世代の生活困窮が，世界的に同時進行しているという時代状況が，「マッチュム型」という韓国仕様のもとに具体化されようとしているのである。

第1節　現金給付をめぐる問題状況と分析の視角

1．現金給付制度の改革をめぐる先行研究について

　韓国における先行研究を「現金給付」という領域に限定してフォローすることには，かなりの無理がある。社会保険と公的扶助の組み合わせを骨格とする社会保障制度が成立して日も浅く，未成熟な部分が多く，なおも発展途上にある制度も多いために，政策をめぐる論議がさまざまな方向に拡散し，基礎的な枠組みをめぐる方向に集約され難いからである。したがって，先行研究の検討は，社会保障制度全体の論議をふまえつつ，そこから現金給付をめぐる論点を抽出しながら考えていくという方法を取らざるをえない。ただ，「国民基礎生活保障法」（以下，基礎法）の制定後10年を迎えた2009年前後から，社会保障制度の見直しと改革の必要性についての論議が急速に活発化し，問題点が次第に整理されつつあることも指摘しておかねばならない。基礎法の10年間の実績については，保健福祉部およびKIHASA（保健福祉部・韓国保健社会研究院 2011）や政策担当者（金진우 2012）だけでなく，研究者（朴 2010；李・李 2008），福祉関係者（洪・李 2009），市民団体（経済正義実践市民連合2010，参与連帯2008; 2013，参与連帯・南2013）などによって問題点の検証が行われ，改革の方向性についての論議を活発化させているという状況がある。これらの検証において論議されているおもな問題分野は，基礎生活保障の受給認定における制限性，硬直性とそれによって公的支援から排除される生活困窮者の問題，韓国の公的扶助に固有な施策として導入された働く貧困層に対する生活自立支援制度（「自活給付」と「条件付き受給」）の機能不全問題などである。現金給付制度との関連では，高齢者や障害者に対する基礎的な所得保障（手当ないし年金）の問題，就労支援を中心とする「自活給付」において生計給付が柔軟かつ機動的に運営されていない，などの問題である。多くの論稿では，これらのケースにおける現金給付が厳格な資力調査などによって制限的に運営されている点を批判しているが，にもかかわらず，政策

提案は制限の緩和にとどまっており，制限の廃止の提案にまでは至っていない。

つぎに，社会保障をめぐる問題状況を浮かび上がらせる研究として，この10年間に，実証的な貧困研究が地道に積み重ねられてきたことに注目しておかねばならない。とくに，KIHASAによる「福祉パネル調査」に代表される実証的なデータは社会保険や基礎生活保障制度の機能を点検するうえで，大きな役割を果たしてきた。なぜなら，これらの研究は，世界的な経済の不安定化と「雇用増加なき成長」のもとでの停滞的な貧困集団（非正規労働者や自営業従事者などの「勤労貧困」層）の増加傾向を実証的に提示するとともに，現行の社会保障制度がこの問題に有効に対応していないことを説得的に提示することによって，世論と政権や主要政党の政策選択方向に大きな影響力を与えてきたからである。朴槿恵政権が福祉改革において採用した「マッチュム〈ニーズ対応〉型福祉」という表現は，まさに政策とニーズの乖離という問題点を強く意識したところから生まれたといえよう。

基礎生活保障制度の欠陥克服をめぐる論議が「最低生活」の保障機能の強化という点に向けられ，社会的施策の「死角地帯」となっている「勤労貧困」層に対する新たな政策提案が提示されないという停滞状況が続くなかで，新たな突破口となったのが，すでに述べたように，KIHASAの盧研究員を中心として貧困調査研究と生活保障政策の改革に取り組んできた研究グループである[2]。この研究グループが2009年に発表した「社会手当制度導入の妥当性についての研究」（盧ほか 2009）は，民主化期以降の社会施策（とくに所得保障）の全面的な点検と改革方向を提示するとともに，韓国における現金給付制度について初めて包括的に分析した研究として重要である。この研究は，ヨーロッパ諸国の児童手当や家族手当の基礎にある考え方や，資力調査を廃した普遍的な所得保障制度である「ベーシックインカム」の発想を下敷きにしながら（具体的な出典としてISSA（2002）やBIEN公式サイトなどをあげている），韓国における現金給付の現実的な改革方向を提案した点で，その後の政策論議に大きな影響を与えた。具体的には，高齢者・障害者への手当の改

革に関連して,韓国の「一部政党と進歩団体などで基本所得(ベーシックインカム)概念についての研究と議論が活発に進行している」(盧ほか2009,134)と指摘されている。さらに,自活就労支援を始めとする基礎生活保障制度の給付体系の検証においても,「欲求〈ニーズ〉別給付」への改編提案が明示され始めた(盧・李・元 2007)。この改革案が与党・セヌリ党の朴槿恵議員によって取り上げられ,具体的な政策としての実現に向けての政治的テーブルに乗せられることになる。KIHASAの研究グループによる「国民基礎生活保障制度のマッチュム型給付体系への改編」に関する研究(韓国保健社会研究院・国土研究院 2013;盧・李・강 2013)は,具体的な政策案の策定と改革による影響評価をめぐるものである。いずれにせよ,資力調査などの給付資格制限を伴わない普遍的な「社会手当」の拡大を主張する盧研究グループの政策改革提案は,韓国の社会保障制度における現金給付制度ないしは所得移転制度のあり方について,今後の論議の大きな方向性を規定することになったといえよう。

2.分析の視角と方法

以上のことから,本章では,金大中政権期に形態を整えた韓国の社会保障制度(おもに現金給付制度)が2000年代に入って,どのような問題点を抱え,それに対して,どのような政策改革が提起されたのかという経過を基本的な背景としながら,その過程で,政策アイディアがどのように形成され,どのような政治的経路を通じて,実現されていくのかを分析していくことにしたい。この場合,問題となるのは,2000年代以降の韓国において,福祉政策の政策アイディアがどのような形で論議され,それらが実際の政策として実現されていくうえで,どのような政治力学が作用しているのかという点である。より具体的にいうと,1990年代の金泳三政権,金大中政権,盧武鉉政権といういわゆる「民主化」政権の時代に,近代的な社会保障体系の構築を一挙に実現させてきた政治力学が,2000年代,とくに保守系の李明博政権,朴槿恵

政権の時代に入って，どのように変化してきているのか，あるいは，それほど変化していないのかが問われることになる。1990年代の社会保障政策改革を実現させる原動力となったのは，政治的民主化の進展を背景として活発化した「市民運動」に基盤をおく「社会福祉運動」であった。ここには，福祉関係者，ニーズをもつ当事者，研究者，市民，労働者などの各種団体が含まれる。とりわけ韓国の社会保障史上，分水嶺となる基礎法の成立過程では，市民団体，福祉団体，労働組合，研究者などの広範な連合が形成され，それが国会における与野党による立法活動に直接的な影響力を及ぼす形で政策が実現していくという経過をたどったことを想起しておかねばならない。また，IMF経済危機の克服過程では，福祉政策の改革をめぐって，産業界・労働界と政府との「労使政」合意形成が行われたことも重要である。さらに，韓国の場合には，民間の社会団体，福祉活動団体などがそれぞれ社会的調査や政策立案能力をもつ組織が多いことに大きな特徴があり[3]，「民主化」の時代には，行政や政党，政府系シンクタンクに先立って，政策アイディアの形成において主導権をとるケースが少なくなかった。たとえば，基礎法の法案準備において，名称と法案の細部にわたる内容を準備したのは，福祉改革にとくに熱心に取り組んだ有力な市民団体である「参与連帯」を中核とする社会運動の側であった（金成垣 2008；金早雪 2003; 2005）。

　いうまでもなく，ポスト民主化期の李明博政権期（2008〜13年），現在の朴槿恵政権期（2013年〜）においては，かつての「民主化」期のように，福祉政策の形成において，社会運動が主導的な役割を演じるような状況は変化してきている。またIMF経済危機の克服過程でみられた労使の政策合意の構造も崩れてきている。福祉政策をめぐる改革案の提起とその政治的な実現においては，社会・労働運動の影響力が後退するとともに，政党の主導権が増大し，また，政策アイディアの提起においても，政府系シンクタンクの主導による場合が多くなってきているといえよう。しかしながら，ポスト民主化期において，2期続いた保守政権いずれもが，「福祉」を，きわめて重要な国政課題のひとつとして設定せざるをえない状況におかれたことも否定でき

ない[4]。この点は，何よりも，基礎法の改革において，セヌリ党が主導権を取り，むしろ金大中，盧武鉉政権の系譜に立つ民主党（現・新政治民主連合）が思い切った改革案を提起できない状況に象徴されている。また，社会運動や民間シンクタンクによる福祉政策の点検・批判や改革提案などの活動はなおも活発に展開されており，時の政権や主要政党も無視できない状況が続いている。実際，福祉政策の改革において，特定のイッシューが浮かび上がると，それをめぐって，その都度，各種の市民運動団体，福祉関連団体，政府系と市民運動系それぞれがもつ政策研究機関（シンクタンク），大学などの研究者やその団体・研究機関，および与野の各政党などが広範に参加する社会的な政策論議の場が形成され，国会の審議や政府の政策決定に直接，間接の影響力を与えることが少なくない。こうした状況から，政策アイディアが独立した変数として主導的な役割を果たす政治環境がつくり出されているといえよう。いずれにせよ，本章においては，基礎生活保障制度の「マッチュム型給付体系への改編」という政策アイディアがポスト民主化期の福祉政策をめぐる政治・社会力学構造の変化のなかでどのようにして登場し，実現されていくのかという視角から分析していくことにしたい。

　本章では，まず第2節で，韓国において，最初に登場する現金給付制度としての老齢手当，障害手当が生活保護受給者を対象として低額の生計給付のわずかな補充給付として出発したのち，2000年代に入って，資力調査を伴わない「社会手当」への方向に転換する過程を考察し，そうした方向転換がどのような政策アイディアから生まれ，どのような政治経路によって実現されていったのかを分析する。次いで，第3節において，社会保険と公的扶助の組み合わせによる社会保障体系が2000年代の「雇用なき成長」のなかで「勤労貧困」層に対する政策機能をもちえないという問題が露呈されるとともに，それを打開するために，どのような政策アイディアが登場し，どのような政治力学を通じて実現に向かっているのかを分析することとする。

第2節　高齢者・障害者に対する現金給付制度の展開過程

1．老齢手当と障害手当の導入とその機能

　韓国において，現金給付が登場するのは，1989年に行われた一連の福祉改革によって導入された老齢手当（老人福祉法），障害手当（障害者福祉法[5]），母子世帯対象の福祉給付（母子福祉法）においてである。これら3種の現金給付の導入は，社会・生活分野に対する国庫支出を極度に抑制していた従来の国の財政的姿勢を大きく転換するものであった。こうした転換は，「民主化特別宣言」（1987年）後の直接選挙によって誕生した盧泰愚（軍人出身）政権のもとで行われたが，政権自身のイニシアティブによるというより，ニーズをもつ当事者である高齢者や障害者，およびその支援者らの団体による政策改革要求運動の高まりと，復権した議会における野党主導の審議を通じて実現されたことに注意しておく必要がある。これら現金給付の実現こそ，その後の「民主化」（金泳三・金大中・盧武鉉政権）時代の福祉改革の前段階にあたるからである。
　一連の現金給付は，1991年から支給が開始されたが，図5-1と図5-2にみるように，当初の支給範囲，給付額はきわめて限定されたものであった。老齢手当は月額1万ウォンで支給人数は約8万人，障害手当は重度障害者を対象に月額2万ウォンが6800人に支給されたのみであった。いずれの場合も，給付対象は生活保護受給者に限定されていたし，1991年の都市部の1人当たり平均消費支出月額（約22万6000ウォン）と比較して，給付水準の低さを指摘することができよう。その後，老齢手当，障害手当ともに，給付額，支給人数も漸次拡大されたが，それほど大幅な拡大はみられなかった。1997年の時点で，老齢手当は月額3万5000ウォン（80歳以上5万ウォン），障害手当は4万5000ウォンであったが，同年の都市部の1人当たり平均消費支出月額は46万5000ウォンであったから，依然としてきわめて低額であったことに変わりはない。

法律においては、これらの手当の給付目的について、高齢や重度障害というニーズに対する福祉的配慮であることが謳われているが、生活保護の給付額があまりにも低かったために、実質的には、生活保護対象者への追加的な生活費支援以上の意味をもちえなかった。1990年代前半の時点では、生活保護受給者（在宅生活者）の約50パーセントは65歳以上の高齢者であり、約36パーセントが重度・軽度障害者で、両者を合わせて生活保護受給者の90パーセント近くに達する。そして、この頃までの生活保護給付水準は主食現物（米・麦）のほか、現金は副食費・被服費・燃料費などだけで、最低限の生活を維持する水準からは程遠かった。したがって、図5-1に示したように、老齢手当と障害手当は、低水準の生活保護給付にわずかながらでも現金給付を上積みする意味を与えられ、とくに受給者のうちでも、困窮度の高い重度障害者と70歳を超える高齢者の生活困難の緩和が意図されたと考えられる。

図5-1　老齢手当制度の変化

1991～1996年	1997年	1998～2007年	2007年～	
老齢手当 （老人福祉法）		老齢手当 （老人福祉法）		敬老年金 （老人福祉法）	基礎老齢年金 （基礎老齢年金法）	
生活保護受給者	70歳以上	生活保護受給者	65歳以上	生活保護／基礎生活保障受給者　65歳以上 一定所得額以下の人	所得分布の下位60％の人 08年から下位70％の人	70歳以上 09年から65歳以上
○当初、月額1万ｳｫﾝ、支給人数約8万人 ○95年から、月額3万ｳｫﾝ（80歳以上は5万ｳｫﾝ）、支給人数約17万人に拡大	○支給対象を65歳以上に拡大、約26万人 ○給付額は月額3.5万ｳｫﾝ（80歳以上は5万ｳｫﾝ）	○支給対象を低所得者に拡大、約55～60万人 ○給付額は月額4万ｳｫﾝ（80歳以上は5万ｳｫﾝ）	○給付額は、国民年金加入者の月平均所得の5％（08年現在8.4万ｳｫﾝ） ○支給人数、09年約354万人	

（出所）『保健社会白書』（1994年まで）及び『保健福祉白書』（1995年以降）の各年版により、筆者作成。

図5-2 障害手当制度の変化

	1991～2004年	2005～2006年		2007～2009年		2010年～		
18歳以上	障害手当 (障害者福祉法)	障害手当 (障害者福祉法)		障害手当 (障害者福祉法)		障害者年金 (障害者年金法)		
	生活保護／基礎生活保障受給者 / 重度	基礎生活保障受給者	重度	基礎生活保障受給者	重度	年金	一定所得額以下の人	重度
				一定所得額以下の人				
			軽度	基礎生活保障受給者	軽度	手当	基礎生活保障受給者	軽度
	創設時，支給対象6,800人，給付月額2万ｳﾞｫﾝ，04年までに，6万ｳﾞｫﾝ，約14万に漸次拡大	対象を軽度に拡大，給付額・重度6万ｳﾞｫﾝ，軽度2万ｳﾞｫﾝ，支給総数約30万人		対象を低所得層に拡大，給付額・重度12～13万ｳﾞｫﾝに引き上げ，軽度2～3万ｳﾞｫﾝ		重度について，年金制度を新設．軽度については手当存続　年金支給対象は約26万人		

	2002～2006年		2007年～			
18歳未満	障害児童扶養手当 (障害者福祉法)		障害児童手当 (障害者福祉法)			
	基礎生活保障受給者世帯	重度障害児	基礎生活保障受給者世帯	障害児 重度	障害児 軽度	
			次上位階層世帯			
	02～06年，給付月額4～5万ｳﾞｫﾝ，給付人数約3千人		対象を次上位階層に拡大，軽度児童にも拡大，給付月額の引き上げ，重度15～20万ｳﾞｫﾝ，軽度10万ｳﾞｫﾝ，支給人数は約2万世帯			

(出所)　『保健社会白書』(1994年まで) 及び『保健福祉白書』(1995年以降) 各年版により，筆者作成。
(注)　表中の「次上位階層」とは，最低生計費の120％までの所得の階層。また「障害者…」を冠する法令の原語は「障碍人…」である (本文の注(5)参照)。

しかも，生活保護給付と老齢手当を合算しても，最低生活を営める額よりはるかに低かったことは，1994年の生計保護基準の憲法違反訴訟の事例が如実に物語っている[6]。低すぎる生活保護給付の部分的な補てんという機能は，

最低生計費基準による生活保障を避けようとする国家の政策と，わずかでも生活支援の増額を要求する高齢者，障害者の団体や市民運動の間の妥協的産物であったとみることができよう。

しかしながら，1999年に成立した基礎法によって最低生計費が保障されるようになると，これらの手当の位置づけと機能は転換することになる。図5-3に示したように，最低生計費ラインまでの生活保障を受けたうえで，老齢手当や障害手当が加算されることになり，それまで生活費の補充の意味しかもたなかった手当は，老齢や障害に対応して発生する生活上の経費を支援するという機能をもつようになる。言い換えれば，最低生計水準保障が確立することによって，初めて，老齢手当や障害手当はニーズに対応する現金給付としての意味をもつことになった。ここには，政策パラダイムの決定的な転換があったといえよう。ただし，それはあくまでも理論的な想定上のことであって，そのような機能を実際に発揮できるかは，基礎生活保障制度と手当制度がどのように運営されるか——要は対象者と支給金額いかん——にかかっていた。事実，制度発足後に，ニーズ当事者団体の一部から批判が出たように，最低生計費基準が生活実勢を十分に反映する高さに設定されないかぎり，手当はなおも生活費を補充する機能しか果たしえないことになる。し

図5-3　生活保護／基礎生活保障制度の手当の機能変化

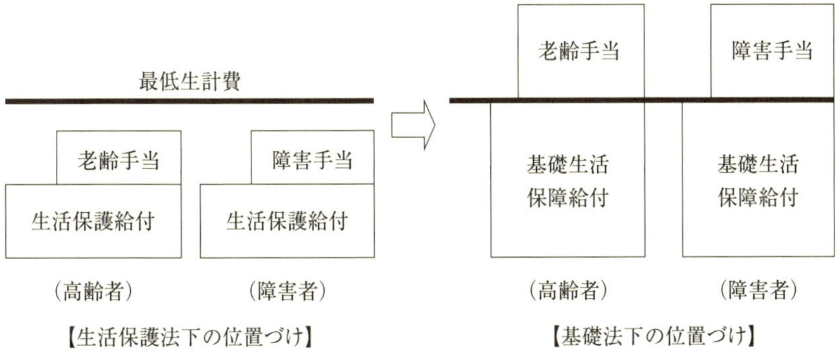

（出所）　筆者作成。なお，「基礎法」は「国民基礎生活保障法」（2000年施行）を指す。

かも，支給対象者は基礎生活保障受給者に限定されていたから，基礎生活保障を受けていない高齢者や障害者は制度の外側におかれていた。

3．「社会手当」の発想による基礎的所得保障への方向性

　国民基礎生活保障制度が施行されたことを背景として，盧武鉉政権は，政権末期の2007年に，老齢手当と障害手当について，大幅な改革を行った。まず，老齢手当についてみると，新たに基礎老齢年金法が制定され，無年金者など所得分布の下位7割までをカバーするものに転換されることになった。当初の生活保護の補充的役割から，低所得高齢者への普遍的な現金支給の性格を一段と強めたわけである。この改革についてみるとき，前段階としての1998年の改革に触れておかねばならない。1991年から老人福祉法の規定を根拠とする老齢手当の支給が始まったが，98年には，名称を「敬老年金」に改めるとともに，支給対象を生活保護受給者だけでなく，一定所得以下の低所得層に拡張するという改革が行われた（前出の図5-1）。この結果，支給対象は20万人台から60万人台に一挙に拡大された。この措置は，1999年に自営業・農民を含む国民皆年金が実現されたことを受けて，すでに高齢で年金制度の適用対象外にある人たちへの対応策として行われたものである。この時点では，将来，国民年金が機能を発揮し始めれば，こうした無年金高齢者は無くなるはずであるから，経過的な措置と考えられていた。しかし，この措置によって，制度が生活保護受給者に限定することなく，一定所得以下の高齢者を対象とする社会手当の性格をもったことは重要な変化であったといえよう。ただし，名称は手当から「敬老年金」に改訂されたが，新たな立法によるのではなく，老人福祉法の枠組内での改編措置として行われたことに特徴がある。

　1998年の改革を前史として，2007年に行われた盧武鉉政権による基礎老齢年金法の制定による非拠出年金化の措置は，政策発想の決定的な転換を表現するものであった（金早雪 2010）。それは，老人福祉法による「敬老年金」

制度が，主として生活保護／基礎生活保障受給者を対象とする貧困高齢者対策であったのに対し，独立立法による非拠出年金制度は高齢者一般を政策対象とする普遍的な所得保障としての性格を帯びるようになったからである。具体的には，従来，公的扶助受給者（および1998年からそれに準じる所得層）に限定していた給付対象が，所得分布の下位70パーセント（当初2007年は60パーセント）へと，相対化された対象設定基準によって大幅に拡大され，また給付額も国民年金加入者の月平均所得[7]の5パーセントとして，客観的に設定されている。これは，公的扶助制度にかかわる高齢者への補助的な現金給付から，資力調査を伴わない普遍的な「社会手当」の方向に転換した最初の事例として注目すべきである。

　この改革を必要とした背景にはふたつの事情がある。ひとつは，国民年金制度をめぐる問題である。金大中政権時代に，国民皆年金が実現したにもかかわらず，失業や低賃金，不安定就労のために，保険料を支払えず，納付免除の扱いを受ける人の数が年間500万人を超える事態が続いたことである。韓国でも高齢化問題が深刻化している状況のなかで，将来，加入年数不足のために，無年金ないし低額の年金しか受けられない人が大量に発生する危惧が高まった。そのため，事実上，国民年金保険の枠の外におかれた低所得層（「勤労貧困」層）の将来の老後生活に対して，基礎的な所得保障を準備する必要が生じた。今ひとつは，基礎生活保障制度をめぐる問題である。厳しい資力調査の結果，多くの高齢者が受給を認定されず，生活困窮に追い込まれた。そのため，受給対象外とされた低所得高齢者への所得支援の必要性が生ずることになった。

　改革はこれらのふたつの異なる事情が合流する形で行われたが，これらの問題に対処する政策アイディアとして，所得分布の下位70パーセントの高齢者を支給対象とする基礎老齢年金の制度は決して斬新なものではない。年金制度の枠組みにおいて，拠出年数にかかわらず，基礎的な最低支給年金額を設定しておく必要性のあることは，ほとんどすべての政策関係者の共通の認識であったし，また，基礎生活保障の認定から漏れる低所得高齢者の生活支

援の拡大の必要性も同じく共通に認識されていたといえよう。実際，これらの問題点については，多くの市民団体，福祉団体，福祉専門家らが問題提起を行い，政府，政党への要求運動を展開した。その実現において主導的な役割を果たしたのが，福祉を国家運営の最重要パラダイムに掲げていた盧武鉉政権自身であった。盧武鉉政権は，社会運動出身者を政策ブレインとして政権中枢に多数，取り込んだため，かつての民主化期にみられたような社会運動主導型から，政権や政党主導性を強めたが，改革としては不徹底な側面がみられた。たとえば，基礎老齢年金は，給付対象が所得分布の下位70パーセントまでと大きく拡大された反面，給付水準が国民年金加入者の平均所得の5パーセントというきわめて低い水準に設定されたこと，および，拠出制の国民年金制度との調整という基本的な問題は積み残された。

　他方，盧武鉉政権は，高齢者に対する基礎的な所得保障に向けての改革と併行して，障害手当についても，積極的な改革を進めた。図5-2にみるように，2005年には，給付対象を重度者だけでなく軽度障害者にも拡大し，さらに2007年には，重度について，基礎生活保障受給者だけでなく，「次上位階層」（所得が最低生計費基準の120パーセントまでの階層）にも拡大し，給付額も大幅に改善した。また，それまで社会的支援がまったくなかった障害児童をもつ世帯に対して，2002年から障害児童扶養手当の支給が始まったが，盧武鉉政権は，2007年から，対象範囲を基礎生活保障受給世帯から「次上位階層」の世帯にも拡張し，同時に，重度障害児だけでなく，軽度障害児をもつ世帯にも拡張する改革を行った。これらの改革によって，障害者（児）を対象とする所得支援は，従来の基礎生活保障受給者への限定を超えて，より一般的な社会手当の性格を強めたといえよう。この延長上に，李明博政権期の2010年には，重度障害者の基礎的な経済保障のために，障害者年金法が制定され，障害手当の非拠出年金化が行われている（軽度障害者については，従来通りの障害手当による）。

　高齢者，障害者への基礎的所得保障の導入に加えて，李明博政権から朴槿恵政権に移行した2013年には，全所得階層を対象として保育料の無料化措置

表5-1 韓国の現金給付制度の概要（2013年現在）

(支給額は月額)

名称	支給対象	内容	導入時期ほか
基礎老齢年金（2014年7月から基礎年金）	65歳以上の所得下位70%	国民年金加入者の平均所得の5％：単身20,000～96,800ウォン，夫婦40,000～154,900ウォン　2014年7月から：10～20万ウォンに増額	1991年「老齢手当」1998年「敬老年金」2007年「基礎老齢年金」2014年7月「基礎年金」に改訂
障害者年金	所得下位56%の18歳以上の重度障害者（基礎老齢年金受給者は除く）	基礎年金（国民年金加入者の平均所得の5％：96,800ウォン）＋付加給付（所得・年齢により2～17万ウォン）	1991年「障害手当」
障害手当	基礎生活保障受給者と次上位の18歳以上の軽度障害者	3万ウォン	2010年，重度者・年金と軽度者・手当に分離
障害児童手当	基礎生活保障受給と次上位の世帯の障害児	軽度は10万ウォン，次上位の重度は15万ウォン，基礎生活保障受給の重度は20万ウォン	2002年「障害児童扶養手当」（2007年に次上位に拡大）
養育手当	5歳以下児童	2013年から所得制限撤廃　12カ月未満：20万ウォン　24カ月未満：15万ウォン　5歳以下：10万ウォン	2009年　乳幼児育児法改正＊所管は女性家族部（省）

(出所)　保健福祉部ホームページ及び『保健福祉白書』より作成。

が行われ，同時に家庭での子育てについても，「次上位階層」以下の3歳未満に限定していた「養育手当」を，全所得階層の5歳以下にまで拡大する措置が実施された。こうした措置によって，表5-1に整理したように，高齢者，障害者，乳幼児などを対象とする普遍性を強くする社会手当が一応の形態を整えることになった。この10年余の経過のなかで，現金給付制度は，公的扶助受給者に限定して追加的な生計費の補充を行うという当初の機能から，幅広く低所得層に属する高齢者，障害者，乳幼児をもつ世帯に対して基礎的な所得保障を行うという「社会手当」としての機能をもつ方向で変化してきた

と評価することができる。

　盧武鉉・李明博・朴槿恵の歴代政権を通じて構築されたこれらの手当は，普遍的な社会手当の構築をめざす KIHASA 研究者らの分類によると，所得基準をほぼ廃止して人口特性においてのみ支給対象を限定する「デモグラント」(demogrant) に相当する。所得でも人口特性でも制限がない狭義の「ベーシックインカム」は，現実の政治過程では導入が困難であり，機能的にも所得保障より勤労誘因効果に期待が寄せられるのに対して，「デモグラント」は，人口特性（ハンディキャップ）に対する普遍的な所得保障の性格を強くもち，実現可能性という点から，「ベーシックインカム」に代替する，または「ベーシックインカム」への過渡的な制度として位置づけられている。ブラジルの「ボルサ・ファミリア」(Bolsa Familia) や，日本の民主党政権が導入を決定した「児童手当」も，「デモグラント」の実例であると言及している（盧ほか 2009, 165-177）[8]。

　しかし，繰り返し指摘したように，韓国のこれら手当の最大の問題は，いずれも給付水準が基礎的な所得保障からは程遠い低水準にあり，他方，生活の破綻に直面する場合の最終的な拠り所としての公的扶助（基礎生活保障制度）を受けるには厳しい資力調査をクリアしなければならないという状況に変わりはないことである。この点では，現行の制度はきわめて過渡的な段階にあると評価せざるをえない。KIHASA 研究グループが最終的にめざしている，公的扶助に依存しないで済むような水準の基礎的な所得が保障される制度が構築されるためには，積極的な社会的合意が必要になる。そうした社会的合意が成立しないかぎり，高齢者，障害者，およびその他の所得能力が脆弱な集団に対する所得保障制度は過渡的な性格を帯びたままに推移することになるだろう。したがって，今後の改革方向は，福祉政策の決定をめぐる政治的，社会的な動向いかんにかかっているといえよう。

第3節 「勤労貧困」層＝社会保障の「死角地帯」を対象とする基礎生活保障改革提案

1．社会保障「死角地帯」としての「勤労貧困」層の恒常化

2000年代に入って，韓国の社会保障制度が当面した最大の問題は，大量の「勤労貧困」層の生活ニーズに対応する機能をもっていなかったこと，しかも，この階層の保険料支払い能力が脆弱で将来にわたって社会保険制度の存立を危うくしかねないことであった。最大の誤算は，経済が成長基調を維持しているにせよ，「雇用なき成長」と表現されたように，雇用拡大と雇用条件の向上を伴うものではなかったことである。脱工業化，サービス経済化，ハイテク化などの要因のために，雇用市場は労働条件をめぐって２極化が進み，とくに，労働市場の柔軟化政策が強化されたことや外国の低賃金労働との直接，間接の競争が激化したこともあって，「青年失業」や非正規で不安定な雇用が社会問題化した。また，低所得者が多い自営業従事者の数は1980年代には縮小傾向にあったが，90年代から2000年代には，停滞的に推移している。表5-2から，2000年代には，常用雇用の1000万人台への増加がみられ

表5-2 就業構造の推移

		自営業従事者			被雇用者				合計
		事業主	家族従業者	計	常用	臨時	日雇	計	
実数 (千人)	1995	5,569	1,946	7,515	7,499	3,598	1,802	12,899	20,414
	2000	5,864	1,931	7,795	6,395	4,608	2,357	13,360	21,155
	2005	6,172	1,499	7,671	7,917	5,056	2,212	15,185	22,856
	2010	5,952	1,266	7,218	10,066	5,068	1,817	16,951	24,169
比率 (％)	1995	27.3	9.5	36.8	36.7	17.6	8.8	63.2	100.0
	2000	27.7	9.1	36.8	30.2	21.8	11.1	63.2	100.0
	2005	27.0	6.6	33.6	34.6	22.1	9.7	66.4	100.0
	2010	24.6	5.2	29.9	41.6	21.0	7.5	70.1	100.0

(出所) 統計庁『経済活動人口年報』各年版。

たが，この中には派遣などの不安定な雇用形態が増えていることや，2004年以降，生産現場では，政府間協定による外国人労働が数十万人へと急増していることに留意しなければならない（宇佐見編 2007）。2010年時点でみると，非正規身分（臨時と日雇）の被雇用者数は約690万人，自営業従事者の数は約720万人であり，両者を合わせると，約1400万人に達する。もちろん非正規や自営業層には一部に高所得階層を含み，すべてが低所得であるということはできないが，全体としてみれば，低所得層の規模は，少なく見積もっても500万～1000万人の間にあるとみることができる。さらに，2000年代に入って，所得階層の2極化が進行し，不平等化が進展していることは，1996～97年頃には0.25であったジニ係数（都市勤労者，可処分所得ベース）が2010年には0.3近くにまで上昇していることなどによっても確かめることができる（盧ほか2009, 110）。

こうした低所得層＝「勤労貧困」の大量の存在がもたらした大きな問題は，形の上では，全国民ないし全被雇用者をカバーするはずの社会保険体系からの大量の脱落者が生じ，十分な貧困防止の機能を発揮できない結果が生じたことである。国民年金では，毎年，約500万人が失業，不安定就労，所得喪失などの理由で保険料納付免除の扱いを受けている。また，雇用保険や産業災害補償保険（産災保険）では，非正規身分の被雇用者が適用除外となるケースが多い。この結果，表5-3に示したように，「勤労貧困」層のかなりの

表5-3 「勤労貧困」層の社会保険からの実質的な適用除外の比率（％）

	貧困層	非貧困層	実質的な適用除外の状況
公的年金	23.1	15.9	国民年金保険料の納付除外者5,107千名（2007年）
産災保険	77.3	43.1	零細事業場・5人未満事業場等の未加入率が高い
雇用保険	77.5	36.2	非正規職の加入率52％（正規職93％）
健康保険	21.5	1.6	健康保険料滞納者213万名（2006年）

（出所）　盧ほか（2009, 109）（元資料は韓国保健社会研究院「韓国福祉パネル」第3次）。
　　　「実質的な適用除外の状況」は，同上，p. 147（原出典は，保健福祉部ほか『庶民・中産層 지키기를 위한「휴먼뉴딜」〈庶民・中産層を守るための「ヒューマン・ニューディール」〉推進戦略』2009年）
（注）　「貧困層」は中位所得の50％以下。

部分が社会保険から排除されることになった。とくに，国民皆年金・皆保険の建前を取りながら，未加入者が20パーセント以上を占めることは大きな問題であるといわねばならない。

2．基礎生活保障制度の個別的な社会手当制度への分立化提案

　大量の「勤労貧困」集団の停滞的な存在に対して，社会保険網と公的扶助からなる生活保障システムが有効に対応していないこと，関連して，基礎生活保障受給者と中・上位所得者の中間に位置する「勤労貧困」層が社会的施策の「死角地帯」におかれているという問題は，すでに盧武鉉政権の時期から指摘され始めていて，政策関係者の間での共通の問題認識になっていた（大統領諮問・政策企画委員会2006など）。

　しかしながら，第1節で述べたように，改革論議は基礎法による最低生計費保障機能の強化の方向に偏り，社会的支援の「死角地帯」におかれた「勤労貧困」層に対する有効な支援政策の提案は登場しなかった。このような政策アイディアの停滞状況を打破することになったのは，2009年に発表された，KIHASAの盧研究員を中心とする研究グループの「社会手当」導入の提案である（盧ほか2009）。この政策アイディアの形成は，基礎生活保障制度の果たしうる生活保障機能の限界性，消極性の検証から始まっている。基礎生活保障制度による支援は受給を認定された最低生計費水準以下の生活者だけに向かい，そのボーダーラインを超える低所得＝生活困窮者に対する生活支援のツールをもたない。基礎生活保障制度に含まれる「自活給付」（就労支援制度）は受給者より上位の所得層（「次上位階層」）の一部にも適用されるが，制限的に運営されているために，ほとんど有効に機能していない。そこで，現行の基礎生活保障制度の一環として受給者のみに支給されている医療給付，住居給付，教育給付を分立的な社会手当制度に改編し，中・下位の所得層に広く適用すべきであるとする提案が着想されることになった。盧研究グループによる政策研究は2007年から始まっているが，本格的な政策提案が行われ

るのは2009年であり，そこでは，「ベーシックインカム」＝「無条件的基本所得保障制度」の考え方を基礎においた，資力調査を伴わない普遍的な「社会手当」制度を拡大させていく改革戦略が提示されている。基礎生活保障制度の「ベーシックインカム」への転換は「理想的」ではあるが，当然ながら政治的な次元を考えれば実現は難しく，当面は，児童，高齢者，障害者などへの「デモグラント」による手当制度の拡大と現行の基礎生活保障制度に付随する医療，住居，教育などの給付の個別的な手当制度への改編のふたつの経路を通じた改革を進めることが提案される。研究グループの改革提案は，基礎生活保障の受給制限の緩和，支給基準の引き上げなど保障機能の強化に傾斜していた改革論議とはまったく異質な発想に立って行われた。また，基礎生活保障制度の機能の限界性，硬直性の検証過程で，資力調査を伴わない手当制度の導入という政策アイディアへと発展していく契機として，研究グループ自身が強調しているように，「ベーシックインカム」や「社会手当」など，先進諸国の政策アイディアの国際的な伝播が作用している。

　しかしながら，研究グループの政策提案が，懸案となっている「勤労貧困」層への生活支援ツールとして有効に機能する可能性をもつというだけでは，何ら実効力をもちえない。それは，現実の政治過程を媒介して実現されていくことが必要であるからである。この政策アイディアに着目し，政治的な実現に向けての経路に導いたのは，李明博政権後半期に与党・セヌリ党の次期大統領候補と目されていた朴槿恵議員であった。すでにみたように，朴議員は李明博政権の経済政策が「新貧困」問題を解決できないばかりか，むしろ貧富格差を激化させ，政治的な不安定を招いているとみて，次期政権の運営に向けて，福祉を前面に掲げる方針をとろうとしていた。そのうえで，現行の制度が福祉ニーズに適合しない硬直的なものであること，一般国民が各ライフステージで当面するさまざまなニーズに対応していく多様性，柔軟性をもっていないことを強調して，全体的な社会保障の方向をニーズに対応する「マッチュム型」に改革していくことを提唱した。この構想のもとに，李明博政権下の2012年に，朴槿恵議員の主導によって社会保障の全体的な方

向性を規定する社会保障基本法の改正が行われている。そこでは，基本理念を，従前の「最低生活を保障し国民個々人の生活水準を向上させること」に代えて，「生涯周期にわたって普遍的に充足されねばならない基本ニーズと特定の社会リスクによって発生する特定ニーズを同時に考慮して所得・サービスを保障するマッチュム型社会保障制度」という表現におき換えている（同法第2条）。「マッチュム型社会保障制度」を次期政権の中心課題のひとつに据えようとした朴槿恵議員は，盧研究グループの基礎生活保障制度の個別給付式への拡大・改編の提案に着目し，それを「基礎生活保障制度のマッチュム型給付体系への改編」構想として政治的な実現のテーブルに乗せることを決断した。

個別給付改革の内容を簡潔に整理すると，表5-4のようになる。おもな改

表5-4 基礎生活保障制度の個別（マッチュム型）給付体系への改革案

1．現行の基礎生活保障制度

対象	所得基準	生計給付	医療給付	住居給付	教育給付	自活給付（就労支援）
基礎法受給者	最低生計費以下	○	○ 医療費の無料化	○ ニーズにより加算	○	労働能力者のみ
次上位階層	最低生計費の120％以下	―	△ 予算状況とニーズにより限定支給	△	△	△ 希望により支給

2．個別給付制度への分立提案

改正案による支給条件	現行の基準との対応	生計給付	医療給付	住居給付	教育給付
中位所得30％以下	最低生計費以下の階層に相当	○	○	○	○
中位所得30％～40％			○	○	○
中位所得40％～45％	ほぼ現行の「次上位階層」に相当			○	○
中位所得45％～50％					○

（出所）　韓国保健社会研究院・国土開発院（2013）（元の出典は保健福祉部）をもとに筆者作成。

正点は，①現行の基礎生活保障制度では，最低生計費以下の層に，生計給付・医療給付・住居給付・教育給付（労働能力者には自活給付）が支給され，次上位階層に対しては，行政の判断で限定的に生計給付以外の給付が支給され，それ以外の階層は対象にならない（All or Nothing）のに対して，改正案では，それぞれの給付について，資力調査やその他の条件無しに支給し，支給範囲もほぼ次上位階層の範囲に無条件で拡大する，②支給条件の所得基準の設定においては，従来の最低生計費を用いずに，相対的な中位所得を用いる，③それぞれの給付は，他の政策手段と連携させて，柔軟かつ機動的に運営する（そのため，主管部署も，住宅は国土海洋部へ，教育は教育部へと移すこととなる），という3点に集約できる。それぞれの給付によって支給対象となる所得基準が異なるのは，財政的事情によるものであり，全体としての財政負担は大きく増加することはないと試算されている。

　この個別給付案は，2013年に朴槿恵政権が誕生するや，「マッチュム型」という形容が付されて，実現への動きが急進展した。ただし，法律改正の手順は，やや異例な経路をたどっている。まず2013年12月に，住居給付の分離・個別化のための「住居給付法」が，基礎法の改正を前提とするという付帯条件付きで国会を通過し，14年5月に制定をみた（施行は同年10月の予定）。他方，個別給付化のための基礎法改正は13年5月に，ハンナラ党議員10人から提案された（2014年12月改正：本章末尾「追記」参照）。なお基礎法改正案の国会提出は，2012年以来，与野党議員から実に計30件を数えているが，そのほとんどは，非受給母子一家の自殺事件を受けて，扶養義務者要件の緩和に集中している。個別給付提案に対抗する有力な代案は，これまでのところ提起されていない。

　このように，今まさに韓国で進行中の現金給付政策改革において，アイディアが実現される政治過程として実に興味深い現象がおこっている。それは，盧研究グループの革新的なアイディアの実現がかつて社会保障制度の構築を主導した金大中・盧武鉉の両政権を支えた新政治民主連合（旧民主党）ではなく，それとは異なり対抗してきた流れに立つ保守系セヌリ党（旧ハンナラ

党)によって主導されていることである。いうまでもなく新政治民主連合の側も，焦点こそ最低生計費や自立支援の強化に重きをおくとはいえ，福祉向上には積極的な姿勢を標榜していて，2大政党がともに福祉改革に積極的であることには変わりがない。今や，福祉が国家運営上のきわめて重要なファクターとして定着していると考えられる。そうした政党の政治姿勢の背景には，この10年余の間に所得格差が顕著に拡大し，とくに青・壮年世代の働く階層の貧困問題がいっそう深刻化しており，どの政党も国民生活の安定化を重要な政治課題のひとつとして位置づけざるをえない状況が作用しているといえよう。こうした政治環境にあっては，政策アイディアが大きな役割を果たすと考えられ，政権与党による基礎生活保障制度の個別給付制度のアイディアの採用とその実現はまさにこの点を実証していると考えられる。社会保障基本法改正において，セヌリ党の朴槿恵議員（当時）が大胆な改正を提起していることを公聴会で直に聞いた金원섭氏の次の評価はきわめて興味深い。

「保守政党の有力政治家が福祉政策を中心に自身の大統領選挙準備を始めたことで……政治領域で福祉は非常に重要な争点として位置づけられ……〈さらに〉……左派だと罵倒してきた金大中・盧武鉉政権の遺産を縮小継承し……相対する政治勢力の政策を受容する幅広い政治志向を見せた。……政治的成果を一夜で奪われた民主党は自身らの独自的福祉モデルの構築と構想に困難をきたすであろう」（金원섭 2011）

ただし，政策アイディアを提供した盧研究グループと，政治レベルで改革を実現のルートに乗せていくセヌリ党・朴槿恵政権の連携において，政策発想の共有性は高くないため，緊密な関係が維持されていくとは考え難いことに留意しておく必要がある。「ベーシックインカム」の発想を基礎において，長期の改革戦略をもつ盧研究グループは今回の改革を過渡的なものとしかとらえていないであろうし，他方，セヌリ党・朴槿恵政権の側がグループの基本的な改革方向までも共有していないことは確実であるからである。ここに，政策アイディアを提供する主体と政策を実現に移していく政治的主体との間の連携と乖離をみておかねばならない。

おわりに

　以上にみてきたような韓国の現金給付をめぐる政策改革の動向は，必ずしも韓国に固有のものではなく，むしろ世界のさまざまな国における動向と共通するところが多いと考えられる。なぜなら，多くの国において，経済の展開が所得格差の拡大をもたらす一方で，雇用拡大と雇用条件の改善に結びつかず，逆に非正規労働者などの不安定就労を増大させることにより，低所得で不安定な生活者を増大させているからである。社会保障をめぐる論議において，現金給付という政策ツールとその果たしうる機能に対して改めて目が向けられつつあるのは，こうした共通の背景があるからに他ならない。韓国の場合も，1990年代末の経済危機までは，おおかた好調な経済成長の持続によって生活水準を一挙に向上させてきたが，2000年代には，一定の経済成長にもかかわらず，「勤労貧困」層が持続的に増加するという事態に当面することになった。そのため，基礎生活保障における自活給付に次いで，医療，住居，教育を始めとする各種の現金給付のあり方を見直し，その生活支援機能を見直すべき状況が生まれていたともいえる。しかし，韓国の場合は，民主化運動の成果として勝ち取られた国民基礎生活保障制度には独特の思い入れがあり，その「最低生計費」に準拠するシステムの解体につながる改革には，やはりある種の抵抗感が存在するように思われる。その意味では，盧研究グループの改革提案はそうした抵抗感を超越したポスト民主化期の大胆な提案であったといえよう。しかも，そのアイディアが「ベーシックインカム」や「社会手当」などの国際的な政策アイディアの流通から形成されてきた発想に源泉をもっていることは，多くの国が同じような課題に直面し，そこから生まれた政策アイディアが交流し，伝播することを示しているといってよい。本章では詳しく立ち入らなかったが，育児手当の導入も，「ジェンダー主流化」（ワーク・ライフ・バランス）（金早雪 2014b）などの政策アイディアが，フランス，ブラジル，日本などを先行例として伝播した事例である。

今ひとつ，韓国の基礎生活保障制度の各種手当への分立という改革の実現過程の分析で明らかになったことは，今やいかなる政党も政権運営において，福祉＝生活保障を最優先のパラダイムとせざるをえず，政策アイディアが独自の役割を果たしうる政治環境が形成されているという点である。ここでは，社会運動が社会的な立法や制度形成を主導した民主化期の政治力学が変容し，政党主導が強まっていることが確認されるとともに，大胆なアイディアを提供する政策研究機関（シンクタンク）などが重要な役割を果たす状況が確認された。ただし，時の政権とは協力しながらも，一定の独自性をもって政策アイディアを追求できるシンクタンクのあり方それ自身は民主化運動の成果であったことにも留意しておかねばならない。本章で取り上げた現金給付の改革は，韓国社会保障制度の全面的な見直しと改革に向けての最初の第一歩にすぎず，改革が次の段階に移行したときに，盧研究グループの政策アイディアと今回の改革の意味をより深く把握できることになるだろう。その意味で，今後の展開を注意深くフォローしていきたい。

〔注〕
(1)　「マッチュム」とは，韓国語で「合わせる，一致させる」を意味する「マッチュダ」の名詞形である。盧ほか（2009）は，基礎生活保障制度については「個別給付」型とも言えると解説している。盧・李・강（2013）では，「customized」と英訳している。なお，本文，参考文献とも，〈　〉内は筆者による補注である。
(2)　研究グループは，政策課題ごとにメンバーが構成され，KIHASA の比較的若手の研究者を中心に，大学教員や他の政府系シンクタンクや行政部署などからも適宜，加わることがある。政策課題に関する政策報告書は，福祉パネルなどのデータ分析に基づいて，解決策の検討では複数の方法について長短を比較するという，偏りのないスタンスが貫かれている。なお盧デミョン氏は，基礎生活保障制度のなかでも，「勤労貧困」層に関する自活事業を専門とされてきたようである。
(3)　障害者・児，女性の人権擁護に関する団体だけでなく，韓国にユニークなこととして，「大韓老人会」という大規模な全国団体や，キリスト教会などを母体とする全国各地の貧困地域の「自活支援センター」とその連合組織など，自発的な民間による福祉活動が活発というだけでなく，そうした現場に根差

した調査・研究・政策構想力の高さを指摘することができる。
(4) 福祉が政治課題として重視される背景には，地方自治制度の進展や深化も関係している。2011年，ソウル市の学校給食費の無償化をめぐる住民投票の結果，市長が辞任し，その補欠選挙は，翌年の大統領選挙の事実上の予備選と位置づけられ，与野党とも福祉や教育の充実を公約の上位に掲げた。
(5) 韓国語（漢字）の法令名は，1981年制定当時の「心身障害者福祉法」から，1989年改正で「障碍人福祉法」となったため（2007年からはハングル表記），行政でも一般にも「障碍人（チャンエイン）」と称されるが，本稿では「障害者」としている。
(6) 1997年5月の憲法訴訟判決は，生計保護基準（1人・月額6万5000ウォン相当）が最低生計費（大都市で19万ウォン，農漁村15万4000ウォン）に満たないことは認めたが，政府が5年以内に最低生計費水準にまで引き上げる努力をしていることなどから，憲法上の「幸福追求権」の侵害があったとは言えないとして，「請求棄却」（原告敗訴）とされた。
(7) 国民年金加入者全体の直近3年間の平均所得月額を通称，「a値」といい，年金支給額の決定における所得再分配に関する部分の基準などに使用されるようになり，2007年の国民年金法改正（第51条）にこれに相当する基準が導入されている。関連して，加入者本人の加入期間中の平均所得を「b値」という。
(8) 盧研究員らの分類では，公的扶助は，所得（垂直的）制限をおく給付制度であり，現行・基礎生活保障制度が人口特性（水平的）では普遍的で，年齢制限を有していた旧・生活保護法は「範疇的（Categorical）」公的扶助と分類している。国民基礎生活保障法は人口特性で普遍化したに過ぎず，所得においては限定的制度であるという指摘が，基礎法改正への理論的布石となっている。

〔参考文献・資料〕

〈日本語文献〉

宇佐見耕一編 2007.『新興工業国における雇用と社会保障』日本貿易振興機構アジア経済研究所.

金成垣 2008.『後発福祉国家論——比較のなかの韓国と東アジア——』東京大学出版会.

金早雪 2003.「韓国型『福祉国家』の始動——国民基礎生活保障法（1999/2000年）を中心に——」宇佐見耕一編『新興福祉国家論——アジアとラテンアメリカの比較研究——』日本貿易振興会アジア経済研究所 85-134.

―――2005.「韓国・公的扶助の救護・保護から普遍的最低生活保障への転換――『福祉革命』の背景,実体および意義――」宇佐見耕一編『新興工業国の社会福祉――最低生活保障と家族福祉――』アジア経済研究所 73-124.

―――2010.「韓国の福祉パラダイム転換と高齢者生活保障――ナショナル・ミニマム構築と『民間参与』――」宇佐見耕一編『新興諸国における高齢者生活保障制度――批判的社会老年学からの接近――』アジア経済研究所 233-267.

―――2013.「大韓民国――『マッチュム（誂え）型』福祉と『社会的経済』共同体の可能性――」荻原康生ほか編『世界の社会福祉年鑑2013』旬報社.

―――2014a.「1960年代前半の韓国における『反共国家建設』と生活政策――『救護行政』改革とその意義――」『信州大学経済学論集』(65): 57-99.

―――2014b.「韓国――韓国女性政策30年の成果と展望――」宇佐見耕一ほか編『世界の社会福祉年鑑2014』旬報社 203-218.

フィッツパトリック,トニー 2005.武川正吾・菊地英明訳『自由と保障――ベーシック・インカム論争――』勁草書房.（Fitzpatrick, Tony. 1999. *Freedom and Security: An Introduction to the Basic Income Debate*, Basingstoke: Macmillan）

〈韓国語文献・資料〉

経済正義実践市民連合 2010.「国民基礎生活保障制度施行10年 評価・調査結果」.

高명석〈KOH Myeong-seok〉외 지음〈ほか・編〉2009.『社会問題와 社会福祉』Seoul: 大旺社.

金원섭〈KIM Won-sup〉2011「韓国型福祉国家모델〈モデル〉,한나라〈ハンナラ〉党朴槿恵議員의 社会保障基本法 改正案」（http://www.peoplepower21.org/Welfare/671864, 2014年5月30日アクセス）.

金진우〈KIM Jin-u〉2012.『参与政府政策叢書・社会政策編福祉：福祉政策파노라마〈パノラマ〉 새 지평을 연다〈新地平を開く〉』盧武鉉財団・韓国未来発展研究院.

盧대명〈NOH Dae-myeong〉・余유진〈YEO Yoo-jin〉・金태완〈KIM Tae-wan〉・元일〈WON Il〉2009.『社会手当制度導入妥当性에 관한 研究：*Study on Introduction of Social Allowance in Korea*』Seoul: 韓国保健社会研究院.

盧대명〈NOH Dae-myeong〉・李은혜〈LEE Eun-hye〉・元일〈WON,Il〉2007『基礎生活保障制度効果性에관한研究Ⅰ』Seoul: 韓国保健社会研究院.

盧대명〈NOH Dae-myeong〉・洪경준〈HONG Gyeong-jun〉2009.『勤労貧困層支援政策改編方案研究：*Study on Reform of Active Policies in Korea*』Seoul: 韓国保健社会研究院.

盧대명〈NOH Dae-myeong〉・李현주〈LEE Hyeon-ju〉・강신욱〈KANG Sin-uk〉2013『国民基礎生活保障制度의 맞춤型 給与体系 改編方案 마련을 위한 研

究：A Study of Customized Benefit System for New Public Assistance Policy』Seoul: 韓国保健社会研究院.
大統領諮問・政策企画委員会 2006.『先進福祉国家의 비존와〈のビジョンと〉戦略』Seoul: 保健福祉部.
朴능후〈PARK Nung-hu〉2010.「国民基礎生活保障制度10年의 成果와 課題」『保健福祉포럼』韓国保健社会研究院 2010年 9 月号：6-9.
保健福祉部 1995〜『保健福祉白書』各年版（部署名称変更に従い1994年以前は『保健社会白書』, 2008-09年は『保健福祉家族白書』）.
──── 各年版『国民基礎生活保障受給者現況』.
保健福祉部・韓国保健社会研究院 2011.『国民基礎生活保障制度10年史』（金상균〈KIM Sang-gyun〉編集委員長）Seoul.
李영환〈LEE Yeong-hwan〉2005.『韓国의 社会福祉運動』인간과복지.
李현주〈LEE Hyeon-ju〉・李태진〈LEE Tae-jin〉 2008.『国民基礎生活保障制度모니터링을 위한 基礎研究 A Study of Social Assistance Monitoring System: Basic Ideas and Practical Strategies』Seoul: 韓国保健社会研究院 基礎生活保障・自活政策評価센터〈センター〉.
参与連帯・社会福祉委員会 2008.『転換期의 韓国福祉 패러다임〈パラダイム〉』인간과복지.
──── 2013.『대한민국 최저로 살아가기────누구를 위한 최저생계비인가？────』〈大韓民国 最低で生きていく────誰のための最低生計費か？────〉, 나눔의집.
──── （企画）, 南찬섭〈NAM Chan-sub〉（編） 2013.『大韓民国福祉国家────回顧와展望』나눔의집.
韓国保健社会研究院（KIHASA）『保健・福祉 Issue and Focus』各号.
──── 国土研究院 2013「（公聴会資料）国民基礎生活保障制의『맞춤〈マッチュム〉型給付体系 改編方案을 위한 研究』中間報告」（mimeo）.
洪경준〈HONG Kyeong-jun〉・李태진〈Lee Tae-jin〉2009.『基礎生活保障制度現場報告書────마지막 사회안전망에서 만난 사람들〈最後の社会安全網で出会った人々〉──── Living with Public Assistance』나눔.

〈英語文献・資料〉
ISSA (International Social Security Association) 2002. *Social Security Programs through the World: Europe*. Geneva: ISSA.

〈ウェブサイト〉
The Basic Income Earth Network (BIEN) http://www.basicincome.org/bien/

〔追記〕

　本章脱稿後，基礎生活保障制度の中位所得基準に基づく個別給付体系への抜本的改革（表5-4）が，国民基礎生活保障法改正（2014年12月30日）により，2015年7月より施行される運びとなった。詳細は別の機会に譲るが，おもな改正内容は，「最低生計費」の定義を残したまま，「最低保障水準」と「基準中位所得」の定義が新設され，その決定について，前者は保健福祉部長官，後者の世帯別の算定項目等は「中央生活保障委員会」（委員長は保健福祉部長官）が行うとされたほか，「次上位階層」の水準も従来の固定方式（最低生計費の120％）から大統領令によることと弾力化された。また従来の最低生計費以上という保障基準の撤廃に代えて，生計給付の最低保障水準は受給者選定基準を超えることとされ，受給者選定基準は，生計・医療・教育それぞれ中位所得の30％以上，40％以上，50％以上と明記された（住居は，同日の住居給付法改正で同43％以上）。このほか，地方自治体が独自に最低保障水準を超える給付を行うことができるとしたことや，中央生活保障委員会の審議による「特例受給」の新設や扶養能力の判定方法と原則の整備がなされるなど，これまでの懸案を解決する機動的な仕組みが始動することになる。

　なお本章は，アジア経済研究所の「現金給付政策の政治経済学研究会」からの訪韓調査（2013年8月25日～29日）に多くを負っていることを記して，関係各位への謝意に代えたい。

（付記：2015年1月8日）

第6章

中東欧諸国の現金給付制度
――子ども手当と最低生活保障給付を軸に――

仙 石 学

　はじめに

　本章は，社会主義体制が解体した後の中東欧諸国，とくにそのなかでも，歴史的な経緯や外部環境の制約などで共通する側面が多くみられるヴィシェグラード4カ国（チェコ，ハンガリー，ポーランド，およびスロヴァキア）の現金給付制度に焦点を当てて[1]，同じ社会主義型の福祉枠組みを有していた諸国のあいだで[2]，体制転換の後に異なる制度が導入された理由を検討することを目的とする。ただその際に本章では，「言説」もしくは「アイディア」を軸とした分析を行う他の章とは異なり，先に中東欧諸国における現在の現金給付制度の相違は従来から福祉政治分析に用いられている「利益」の視点，とくに各国における政党政治のパターンの違いから説明することが可能であることを示したうえで，つぎに「言説」の視点からみるとするとどのような知見が得られるかを検討するという形をとることとする。ちなみに結論としては，言説に注目する視点は利益政治による分析を「補完」するものとはなるが，中東欧諸国の現金給付制度の分析に際してこれらの要因に注目する特段の必要性は認められない，ただし現金給付以外の，子育て支援や女性の就労促進などの新しい領域における制度の整備に関しては，言説や政策に関するアイディアによる説明が有効となる場合があるかもしれない，ということ

になる。

第1節 「利益」の視点と「言説」の視点

　体制転換後に整備ないし再編された中東欧諸国の福祉枠組みに関して，比較政治ないし政治経済的な視点からの研究が本格的に行われるようになったのは21世紀に入ってからのことであるが，それでもこの10年ほどのあいだで，相応の研究が蓄積されてきた。ただ中東欧諸国における福祉枠組みに関するおもな研究は，国際金融組織（IMFや世界銀行など）や欧州連合などの国際機関の作用に注目する議論や（Müller 1999; Orenstein 2008; Pascall and Manning 2002; Sissenich 2002など），社会主義体制もしくはそれ以前からの歴史的経緯が影響を与えていることを指摘する制度的な議論（Bohle and Greskovits 2012; Feldmann 2007; Inglot 2008など），あるいは国内のアクターの利益や資源が制度構築に作用していることを指摘する利益政治的な議論（Müller 2004; Nelson 2001; Vanhuysse 2009など）が中心で，本書が注目する言説や政策アイディアの視点に依拠した研究は，これまでのところほとんど存在していなかった。ようやく近年になって，年金制度の民営化（と「フラット・タックス」制度の導入）に関して，政策アイディアの拡散が地域全体における制度の導入と連関していることを指摘するアペルとオレンシュタインの議論や（Appel and Orenstein 2013），2000年代におけるポーランド，ハンガリー，およびルーマニアの家族政策の変化を市民組織など新しいアクターの登場と関連させて検討し，そのなかで新しいアイディアがアクター間の議論を通していかに政策に取り込まれたか（もしくは取り込まれなかったか）を比較したイングロットらの研究（Inglot, Szikra and Raţ 2012）などが公刊されたにすぎない。

　ではなぜ，中東欧の福祉枠組みは言説や政策アイディアの視点から検討されることが少ないのか。そのおもな理由としては，この諸国の福祉枠組みの構築に関しては，とくに言説やアイディアという新しい道具を用いなくとも，

過去の歴史的経緯の作用と現在のアクターの利益に基づく政治過程とを組み合わせることで，おおむね説明が可能であるということがある（仙石 2011aなど）。そこで本章でも，今回取り上げる現金給付制度についても利益の視点で説明が可能であることをまず示したうえで，その後で政治の場における言説の使われ方に注目することで何らかの新たな知見を導くことができるかどうかについて検討していく，という形をとることとしたい。

なお対象とする現金給付制度であるが，本章では税金により拠出され対象となるすべての人に支給される，最低生活を保障するための給付制度（最低生活保障給付）と子どもの養育を支援するための給付（子ども手当）のふたつを取り上げることとする。ここでこれらの制度を取り上げる理由としては，中東欧諸国における主要な現金給付がこのふたつであることや，本書の（エチオピアをのぞく）他の章では最低生活保障給付もしくは子ども手当のいずれかが取り上げられていることで，これらのケースと比較を行うことが可能となるということももちろんあるが，より積極的な理由として，中東欧諸国ではこの2種類の現金給付には一定の結び付きがあるということがある。具体的には，現在の中東欧諸国における貧困世帯の多くは「多子世帯」もしくは「ひとり親世帯」であり，そのために一般的な貧困率と子どもがいる世帯の貧困率とのあいだには正の関係がある（図6-1）。そしてまたそれゆえに，家族に対する給付と貧困世帯に対する給付とは時として結び付けられ，そこから子ども手当が貧困対策として活用される，もしくは逆に，子どもがいる「健全な」家庭を支援するために現金給付を削減して税控除などを重視するといった施策がとられることもある[3]。このような理由から，本章では上の2種類の現金給付制度に注目することとしたい。

本章の議論は以下のとおりである。続く第2節においては，ホイザーマンがまとめた福祉における新しい政党政治の枠組みを整理した上で，これを基に政党の政策指向と現金給付（最低生活保障給付および子ども手当）に対する態度との連関を説明する枠組みを提起する。次いで第3節では，この政党政治の枠組みを利用することで，ヴィシェグラード4カ国における現金給付制

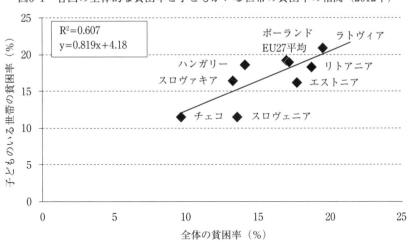

図6-1 各国の全体的な貧困率と子どもがいる世帯の貧困率の相関（2012年）

（出所）Eurostatより筆者作成。
（注）ここでの「貧困率」は、世帯所得が各国の可処分所得の中間値（メディアン）の60パーセント以下である世帯の比率を指す。

度の現状およびその国ごとのちがいをおおむね説明できること，つまり「利益」の視点で現在の制度のあり方を分析することが可能であることを示していく。そのうえで第4節において，ポーランドとチェコの事例を基に，人口危機という言説が両国における家族関連の現金給付の拡充に際してどのように用いられたかを比較する。ここではこの2カ国において，十分な議席を有していない政党が言説を利用して広範な範囲の政党の支持を取り付け，自らの追求する政策を実現させたものの，この合意が政党政治において基軸となる対立を越えることはなく，いずれの事例においても政権が交代すると政策の方向性が大きく変更されたことで，言説が政党政治の枠を越えた動きに結び付くという事態はこれまでのところ生じていないということを明らかにする。この議論をふまえて最後に，言説の視点で中東欧諸国の既存の現金給付制度の展開を説明することには限界があるものの，それは言説や政策アイディアに依拠する視点がまったく利用できないということを意味するわけではないことをあわせて指摘しておく。

第2節　現金給付制度と政党政治

　現金給付制度と政党政治との連関を検討するための枠組みについて，本章では「新しい福祉政治」の視点から現在の福祉国家の変容の方向性に関する類型を提起した，ホイザーマンの議論を利用することとしたい（Häusermann 2012）。ホイザーマンは現在の福祉国家の変容について，一般にいわれるような「産業化の時期の福祉国家」から「ポスト産業化の時期の福祉国家」への転換という包括的な議論ではその特質を把握することは困難であることを指摘したうえで，福祉国家の変容については抽象的な観念論ではなく，具体的な政策の変化の方向に注目した議論を行う必要があることを提起した。この点についてホイザーマンは，社会政策には正規雇用の労働者に対して所得および雇用を保障することを目的とする「古い社会政策」と，非正規雇用者やワーキングプア，ひとり親世帯や高齢者のみの世帯，あるいは労働市場に参加できない若年層や低学歴層など従来の「古い社会政策」ではカバーできない社会層に対して，労働市場への参入・復帰を支援したり，あるいは労働そのものが困難な場合に必要に応じた支援・保護を与えたりすることを目的とする「新しい社会政策」があるが，従来の福祉国家はその形式のちがいこそあれ基本的に「古い社会政策」に対応するための制度を整備していたのに対して，現在の福祉国家は，これまでの「古い社会政策」を維持するかそれとも縮小するか，および現在必要度が高まりつつある「新しい社会政策」を拡充するかしないかというふたつの選択に直面していること，およびそこから現在の福祉国家の変化のパターンには（変化しないという場合も含めて）4つの方向性があることを整理した（Häusermann 2012, 113-118）。そのパターンは，表6-1に示したとおりである。

　つぎにホイザーマンは，現在の主要な政党の指向性をこの政策変化のパターンと連携させて，以下の4つのグループに類型化した。

表6-1　現在の福祉国家改編の方向性

	古い社会政策の維持	古い社会政策の削減
新しい社会政策の拡充	「福祉拡充」従来の福祉を維持しつつ，新しい社会政策も拡大	「フレクシキュリティ」従来の福祉を削減し，その分雇用拡大や福祉のターゲット化を追求
新しい社会政策の軽視	「福祉保護主義」従来の福祉の維持のみ追求し，新しい社会政策には取り組まず	「福祉削減」従来の福祉を削減し，新しい政策も実施せず

（出所）　Häusermann（2012, 117）の Figure 6.1をもとに筆者作成。

(1) 中間層や女性，若年層，非正規雇用層，あるいは少数派を対象として，従来の労働者の保護以上に新しい社会政策を重視する「新左派」。
(2) 従来の正規雇用されている労働者（特に「稼ぎ手」となる男性労働者）の権利保護を優先し，新しい社会政策には関心を有さない「旧左派」。
(3) 基本的に福祉の拡充には反対だが，新しい社会政策のうち労働者の商品化を進めるアクティベーションは支持する「経営者・リベラル」。
(4) 再配分には多少の関心を有するが，行き過ぎた格差の是正には反対する「保守」。

　この4つのグループは，問題となるイシューによってそれぞれの政党の立ち位置が異なっている一方で，現在のヨーロッパではどの国でも連立政権が常態となっていることから，いずれのグループも単独で自らの政策を実現できる可能性は低くなっている。そのため自らの政策実現のためには，いずれの政党も政策の「パッケージ化」によって他の政党と妥協ないし協力をする必要がある。その結果として現在の福祉政党政治においては，単純な右派対左派という構図とは異なる，多次元的な構造がみられるようになっている。具体的には，新旧の左派であれば古い社会政策の維持ないし拡充で，新左派とリベラルはアクティベーションの促進で，リベラルと保守は福祉削減でそれぞれ連携する可能性がある。そのために何がイシューとなるかによって異なる形の連携が現れる可能性が高く，またそれゆえにイシューの変化にとも

ない，1度形成された連携が解消されることもおこりえる[4]。そしてイシューとなる事項は国により異なることから，政党の連携の形も国ごとに異なることとなり，それが最終的には国ごとの制度の相違として現れることとなる（Häusermann 2012, 121-122）。

このホイザーマンの視点を，今回対象とする最低生活保障給付および子ども手当に関して当てはめると，おおむね以下のような状況を考えることができる。

(1) 「新左派」低所得層を支援する最低生活保障給付と次世代育成を支援する子ども手当のいずれも新しい社会政策の方向性に沿うもので，積極的に拡充を求める。
(2) 「旧左派」最低生活保障給付は労働者が失業した際などのセーフティネットとしてその必要性は認めるものの，その拡張が現在の労働者の福祉削減を伴うものとなる場合には抵抗することがある。他方で子ども手当については，女性の就労を促進させるアクティベーション策とは異なり，世帯の収入を安定化させ女性を労働市場から家庭に戻す作用を有することから，その導入を支持する可能性が高い。
(3) 「経営者・リベラル」最低生活保障給付および子ども手当のいずれも，給付の削減および対象の限定化を追求する。あわせて最低生活給付に関して，就労インセンティヴを強める制度の導入を求める。
(4) 「保守」宗教やナショナリズムの視点から「家族」を支援する子ども手当の拡充は支持する可能性が高いが，最低生活保障給付に関しては補完性原理や自助努力の視点から，リベラルと同様に給付削減や就労義務の強化を求める傾向がある。

この視点からみると，子ども手当に関しては新左派，旧左派に加えて保守もその導入および拡充を求める可能性があるのに対して，最低生活保障に関してはその拡充を追求するのが新左派のみであることから，子ども手当は何

らかの形での政党間の連携が成立すればその拡充が図られる可能性が高いのに対して，最低生活保障は新左派が多数派にならないかぎりこれが拡充される可能性は低いと想定することができる。次節ではこの視点を基に，ヴィシェグラード4カ国における主要政党の指向性および政党間の連携関係と現金給付制度との関係をみていくこととしたい。

第3節　中東欧4カ国における現金給付制度と政党政治との連関

ヴィシェグラード諸国における政党の指向性および連携関係と，その結果として形成された現金給付制度との連関をみるためには，まず各国の主要な政党の福祉に対する指向および政党間の連携の形について，明確にしておく必要がある。ここで政党の方向性（旧左派・新左派・リベラル・保守）を確認する手段として本章では，ベルリンの社会科学研究センターの「マニフェストプロジェクト」により作成された，主要な先進国およびポスト社会主義国における選挙の際のマニフェストをコード化し，それをもとに政党のさまざまな政策に関する指向および立ち位置を数値化した『マニフェストプロジェクトデータベース』(Volkens et al. 2013) のデータを利用することとしたい。ちなみにこのデータベースにおいては個別の政策に関する指向性の強さのほか，各政党の左右位置や福祉および市場経済への指向，あるいはヨーロッパ指向なども複数の数値を合計する形で数値が算出されているが，今回は単純な左右軸ではなく「新左派」，「旧左派」，「経営・リベラル」，「保守」という，このデータベースでは取り上げられていない新たなグループ化が必要となることから，政策としてあげられているもののなかでそれぞれのグループが重視する政策に注目し，その指標が高ければこの政策を重視している（＝そのグループの政党に近くなる）という形でマニフェストに現れた各政党の特質を抜き出し，これを政党の方向性として近似的にとらえることとしたい。重視

する政策（データベースにおける指標）は，それぞれ以下のとおりである（以下の perXXX は，マニフェストデータベースにおける指標コードを示している。なお数値にばらつきが出ないように全グループ 8 項目で統一している）。

(1) リベラル：企業の自由活動重視（per401），企業インセンティヴの強化重視（per402），保護主義に反対（per407），生産性重視（per410），技術・インフラ整備重視（per411），福祉制限指向（per505），労働者と対抗（per702），中間層・専門職指向（per704）
(2) 保守：政治的権威重視（per305），古典的経済指向（per414），福祉制限指向（per505），ナショナリズム重視（per601），伝統的モラル重視（per603），法と秩序重視（per605），マルチカルチュラリズムに反対（per608），農民重視（per703）
(3) 古い左派：市場の規制を重視（per403），計画経済指向（per404），コーポラティズム重視（per405），経済への国家介入（per412），国有化指向（per413），マルクス主義指向（per415），福祉重視（per504），労働者指向（per701）
(4) 新しい左派：成長指向経済に反対（per416），環境保護（per50），社会的公正を重視（per503），教育の拡充（per506），ナショナリズムに反対（per602），伝統的モラルに反対（per604），マルチカルチュラリズム重視（per607），少数派を重視（per705）

これらの指標を元にヴィシェグラード諸国において2000年代に実施された選挙における議席獲得政党の政策指向を検討し，これとそれぞれの選挙における得票率を合わせて示したのが表6-2aから6-2dである。以下これを基に，各国の主要政党の方向性，および各国における政党の連携関係・対抗軸を概観していくこととしたい。

現在のヴィシェグラード諸国における政党システムは，ハンガリーが実質的な二大政党制で，それ以外の国もおおむね 3 から 5 の主要政党が大まかな

２大ブロックに分かれているという点では近い状況にあるが[5]，政党の政策指向および政党間の連携のあり方については，国ごとに明確な相違がある。

まずチェコに関しては，基本的には旧左派指向の社会民主党とリベラルおよび保守指向の市民民主党の対抗関係が軸となっている。ただしキリスト教系の政党はこの両者のいずれとも連携することが可能なことから，基本的に「リベラルと保守」か「旧左派と保守」という連携軸が形成されている。

ハンガリーに関しては，選挙制度が小選挙区比例代表並立制で，かつ全体の半数ほどの議席が小選挙区から選出されることもあり[6]，社会主義期の支配政党の後継政党で新左派と旧左派の両方の指向性を有する社会党と，選挙のたびに保守・ナショナリズム指向を強めている「フィデス」による実質的

表6-2a　チェコ主要政党の2000年代の選挙マニフェストにみる政党指向性およびでの得票率

(%)

		リベラル	保守	旧左派	新左派	選挙得票率[2]
2002年選挙	社会民主党[1]	16.4	12.8	26.1	11.1	30.2
	市民民主党	8.8	31.6	3.6	6.1	24.5
	共産党	10.3	15.0	20.6	12.1	18.5
	カトリック連合[1]	16.0	20.1	11.2	12.2	14.3
2006年選挙	市民民主党[1]	18.4	20.1	5.3	11.2	35.4
	社会民主党	19.3	11.6	15.6	19.9	32.3
	共産党	8.6	14.5	26.8	16.4	12.8
	キリスト教民主同盟[1]	13.3	21.0	11.0	13.9	7.2
	緑の党[1]	14.1	13.6	12.0	23.7	6.3
2010年選挙	社会民主党	8.7	16.4	16.0	15.3	22.1
	市民民主党[1]	13.9	17.7	6.9	9.0	20.2
	TOP09[1]	16.1	20.1	8.9	12.1	16.7
	共産党	5.1	16.0	26.5	12.4	11.3
	「公共」[1]	10.3	17.2	8.8	8.5	10.9

(出所)　各政党の政党指向性は本文を参照。選挙得票率はスラブ・ユーラシア研究センターの「中東欧・旧ソ連諸国の選挙データ」ウェブサイト（http://src-h.slav.hokudai.ac.jp/election_europe/index.html）より筆者作成。

(注)　1) は政権与党もしくは閣外協力政党（政権途中で離脱もしくは途中から参加の事例を含む。
　　2) 下院での得票率を記載している。

表6-2b　ハンガリー主要政党の2000年代の選挙マニフェストにみる政党指向性および選挙での得票率

(%)

		リベラル	保守	旧左派	新左派	選挙得票率[2]
2002年選挙	社会党[1]	18.2	18.2	30.3	7.1	42.1
	フィデス	20.2	16.1	9.0	10.0	41.1
	自由民主連盟[1]	9.8	16.2	8.3	20.0	5.6
2006年選挙	社会党[1]	14.8	15.4	16.3	24.4	43.2
	フィデス	18.1	20.5	28.0	18.4	42.0
	自由民主連盟[1]	24.2	15.1	6.1	25.5	6.5
	民主フォーラム	21.1	20.3	14.4	11.7	5.0
2010年選挙	フィデス[1]	12.9	22.7	30.5	10.6	52.7
	社会党	21.0	14.1	25.1	16.9	19.3
	ヨッビク	8.9	27.9	16.3	10.0	16.7

(出所)　表6-2a に同じ。
(注)　1) は政権与党もしくは閣外協力政党（政権途中で離脱もしくは途中から参加の事例を含む）。
　　　2) ハンガリーは一院制だが，選挙制度は小選挙区比例代表並立制のため，ここでは比例区の得票率を記載している。

表6-2c　ポーランド主要政党の2000年代の選挙マニフェストにみる政党指向性および選挙での得票率

(%)

		リベラル	保守	旧左派	新左派	選挙得票率[3]
2001年選挙	民主左派同盟[1]	13.7	15.2	12.0	13.3	41.0
	市民プラットフォーム	16.6	19.6	16.8	17.3	12.7
	自衛	15.8	21.1	22.8	8.8	10.2
	法と正義	10.5	24.4	13.9	6.9	9.5
	農民党[1]	2.6	50.4	5.1	8.5	9.0
	家族連盟	16.0	36.0	2.7	4.0	7.9
2005年選挙	法と正義[1]	10.9	25.2	17.9	12.1	27.0
	市民プラットフォーム	12.7	28.9	15.7	19.0	24.1
	自衛1)	11.1	23.2	20.7	12.1	11.4
	民主左派同盟	12.4	19.4	15.3	20.6	11.3
	家族連盟[1]	19.6	31.5	11.3	7.7	8.0
	農民党	7.9	23.6	8.4	14.3	7.0

表6-2c　つづき

		リベラル	保守	旧左派	新左派	選挙得票率[3]
2007年選挙	市民プラットフォーム[1]	12.5	17.8	12.8	6.6	41.5
	法と正義	16.9	20.4	9.3	4.7	32.1
	左派と民主主義[2]	8.7	11.2	9.8	17.1	13.2
	農民党[1]	10.3	11.5	12.1	14.4	8.9
2011年選挙	市民プラットフォーム[1]	16.8	15.3	13.5	14.7	39.2
	法と正義	9.4	31.0	11.0	11.3	29.9
	パリコト運動	5.3	10.2	0.0	29.0	10.2
	農民党[1]	7.2	44.3	7.7	14.5	8.4
	民主左派同盟	14.4	14.2	10.6	21.2	8.2

(出所)　表6-2aに同じ。
(注)　1)は政権与党もしくは閣外協力政党(政権途中で離脱もしくは途中から参加の事例を含む)。
　　2)2007年の選挙では民主左派同盟，民主党，労働連合，およびポーランド社会民主主義の4党が合同で選挙連合「左派と民主主義」を形成して選挙に参加した。
　　3)下院での得票率を記載している。

表6-2d　スロヴァキア主要政党の2000年代の選挙マニフェストにみる政党指向性および選挙での得票率

(%)

		リベラル	保守	旧左派	新左派	選挙得票率
2002年選挙	民主スロヴァキア運動	9.9	22.5	9.7	9.4	19.5
	民主・キリスト教連合[1]	15.8	31.9	4.8	6.5	15.1
	スメル	15.8	28.5	9.8	6.6	13.5
	ハンガリー人連立[1]	13.3	10.3	10.3	14.8	11.2
	キリスト教民主運動[1]	9.2	31.1	5.5	6.6	8.3
	新市民同盟[1]	13.4	16.3	5.3	6.5	8.0
	共産党	5.7	19.3	16.4	7.5	6.3
2006年選挙	スメル=社会民主[1]	13.2	11.0	30.6	22.4	29.1
	民主・キリスト教連合	12.4	19.9	7.9	20.6	18.4
	国民党[1]	10.3	23.9	14.4	13.4	11.7
	ハンガリー人連立	8.1	13.5	12.5	22.7	11.7
	人民党=民主スロヴァキア運動[1]	15.3	19.6	10.9	22.4	8.8
	キリスト教民主運動	9.0	40.5	11.8	9.8	8.3

表6-2d　つづき

		リベラル	保守	旧左派	新左派	選挙得票率
2010年選挙	スメル＝社会民主	14.7	15.7	28.0	16.9	34.8
	民主・キリスト教連合[1]	20.4	24.9	17.1	19.8	15.4
	「自由と連帯」[1]	26.1	29.4	2.9	15.6	12.2
	キリスト教民主運動[1]	14.3	27.0	8.0	25.8	8.5
	「橋」[1]	22.4	18.4	7.4	24.9	8.1
	国民党	25.9	27.9	5.4	20.0	5.1
2012年選挙	スメル＝社会民主[1]	14.9	15.1	21.8	20.7	44.4
	キリスト教民主運動	20.9	26.7	9.9	20.4	8.8
	「普通の人々」	13.0	20.6	4.6	29.9	8.6
	「橋」	14.8	18.8	18.1	30.2	6.9
	民主・キリスト教連合	22.0	24.1	15.2	18.1	6.1
	「自由と連帯」	29.0	23.5	3.6	17.2	5.9

(出所)　表6-2a に同じ。
(注)　1) は政権与党もしくは閣外協力政党（政権途中で離脱もしくは途中から参加の事例を含む）。

な二大政党制が形成されているが，リベラル政党の自由民主同盟がフィデスを忌避し社会党と連携することが多いことから，ここでは「左派・リベラル」対「保守」という対抗軸が形成されてきた。

　ポーランドにおいては，2000年代初頭までは共産党の後継政党でやや新左派的な民主左派同盟と，社会主義期に形成された自主管理労働組合「連帯」に出自を有する保守およびリベラル諸政党とが対抗していた。だが民主左派同盟は2001年から2005年の与党の時期に，ネオリベラル的な緊縮財政策や福祉削減を実施したことに加えて大規模な汚職事件への関与が発覚したことで有権者の支持を喪失し，以後は政権獲得が困難となっている。その結果2005年の選挙以後は，保守でナショナリストおよびキリスト教指向の「法と正義」と，リベラル指向が相対的に強い「市民プラットフォーム」との対抗関係が政党政治の軸となっている。そして政党の連携としては，法と正義にはキリスト教系の政党やポピュリスト系の政党が，市民プラットフォームには中道保守の農民党が結び付いてきたことから，近年のポーランドでは，「ナ

ショナリスト・キリスト教重視の保守」と「リベラルおよび穏健保守」という組みあわせが連携の中心となっている。

最後にスロヴァキアに関しては、他の諸国より政党のヴォラティリティ（変移性）が高く選挙ごとに異なる政党が現れることが多いものの、それでも2000年代に関しては労働組合と結びついた旧左派指向の「スメル」（2004年以降「スメル＝社会民主」、ただし以下、スメル）と、保守およびリベラルの傾向が強い「スロヴァキア民主・キリスト教連合＝民主党」（以下、民主・キリスト教連合）のいずれかを軸とした政権が形成されていること、ただしスロヴァキアの場合、保守のうち国家主義の指向が強い政党（国民党や人民党＝民主スロヴァキア運動など）は、経済や福祉の領域における国の関与を重視するという点で旧左派と連携する場合があることから（Wientzek and Meyer 2009, 471）、ここでは「旧左派（・ナショナリスト保守）」対「リベラル・保守」という対立軸が現れている。

ではこのような政党間の対抗関係と、各国における最低生活保障給付および子ども手当の制度との関係はどのようになっているのか。この点をみるために、まずは現在の制度の概要を整理しておく（表6-3aおよび6-3bを参照）。

表6-3aには各国の最低生活保障制度の概要をまとめている。ヴィシェグラード諸国の場合明確な「新左派」指向の政党が十分な力を有していないこともあり[7]、どの国の最低生活保障給付も限定的なものとなっているが、そのなかでもハンガリーの現役世代向けの制度はとくに条件が厳しいものとなっている[8]。表6-3bには子ども手当の概要を整理しているが、こちらについてはすべての子どもがいる世帯が対象となり、かつ支給水準の高いハンガリー、子どものいる世帯すべてが対象となるが支給水準の低いスロヴァキア、そして支給には所得制限があるチェコとポーランドという形の相違がみられる。ではこの相違は、各国の政党政治とどのように関連しているのか。以下それぞれの事例について、簡単に検討していくこととしたい。

まずチェコについてであるが、連邦解体後のチェコにおいては、リベラルと旧左派のあいだで政権交代が行われてきたこともあり、政権が交代すると

表6-3a　ヴィシェグラード4カ国の最低生活保障給付

	チェコ	ハンガリー[1]	ポーランド	スロヴァキア
支給条件 (1カ月当たり)	十分な所得がないと判断された場合(個別条件で決定)	月の世帯所得が最低年金額の90%(€86)を下回る場合	月の所得が単身者は€130,家族は一人当たり€109を下回る場合	月の所得が世帯1人目で€198.09,2人目以降は€138.19,子ども1人当たり€90.42で計算した所得を下回る場合
支給額 (1カ月当たり)	世帯1人目が€114,2人目から€103,子は年齢で99€63~€89	€77	最高給付額€127と,実際の所得の差(最低€7.2)	世帯構成と子の数により,€61.6~€216.1
就労要件	◯ (指定された仕事を行わない場合支給額は大幅減額)	職業紹介機関との協力を1年以上継続した後に初めて支給	△ (義務ではないが指導に従わないと支給取り消しの場合も)	◯
他給付との重複	可,ただしそれらの給付も所得基準となる	家族給付のみ可	年金と失業給付は可	不可
支給水準[2](％)	35.0	11.1	18.8	20.2
就労可能年齢層受給率(％)	1.1	3.3	3.1	5.7

(出所)　MISSOC データベースより筆者作成,ただし支給水準については Eurostat の値を基に筆者計算,就労可能年齢層の受給率については Bhale, Hubl and Pfeifer (2011, 218) の Table 4 より。
(注)　金額は比較のため,MISSOC によるユーロ相当額としている(ユーロを導入しているスロヴァキアは実際の支給額)。
1) ハンガリーは高齢者向けと就労可能年齢向けの制度が別個に存在する。ここに記載しているのは後者の制度。
2) 4人家族,稼ぎ手1人,子ども2人の場合の受給額の,全国平均の純可処分所得に対する比率(2013年)。

そのたびに福祉の方向性も変化してきた(Ripka and Mareš 2009, 103)。一般にリベラル系の政権は,現金給付を含む福祉についてはその削減を実施することが一般的で,これまでも1995年の子ども手当における所得制限の導入や,あるいは2006年の最低生活保障制度の改定などを実施してきた。とくに2006年の最低生活保障制度改革に際しては,「すべての働く人が,働いていない人,あるいは就労を回避する人より,よりよい生活ができるように」という

表6-3b　ヴィシェグラード4カ国の子ども手当制度（子ども1人当たり）

	チェコ	ハンガリー	ポーランド	スロヴァキア
上限年齢[1]	15（26）	18（23）	18（21）	16（25）
所得制限 （世帯所得）	最低生活基準[2]の 2.4倍以下	なし	世帯1人当たり €124以下[3]	なし
支給額	€18（6歳まで） €22（6〜14歳） €25（15歳以上）	子の数，障害の有無， 1人親か否かで変動 （€41〜€87）	€18（4歳まで） €25（5〜17歳） €28（18歳以上）	一律 €23.52
支給水準[4] （％）	2.4	6.5	4.2	3.0

（出所）　MISSOCデータベースより筆者作成．ただし支給水準についてはEurostatの値を基に筆者計算．
（注）　金額は比較のためユーロ相当額としている（ユーロを導入しているスロヴァキアは実際の支給額）．
1）かっこ内は所定の年齢を超えて学業を継続した場合などに支給される場合の上限年齢．
2）毎年計算されるが，2014年は単身者124ユーロ，家族は成年1人目114ユーロ，2人目から103ユーロ，子どもは年齢により63〜89ユーロを合計した額．夫婦と6歳までの子ども2人の場合，343ユーロ相当（全国平均の純可処分所得の34パーセント程度）となる．
3）おおむね全国平均の純可処分所得の18.3パーセント（世帯人数が夫婦と子ども2人の場合この4倍となる）．
4）1人当たりの手当（変動がある場合最高額）の，全国平均の純可処分所得に対する比率（2013年）．ハンガリーに関しては，両親と子ども2人の世帯の場合の1人分で計算．

スローガンのもと，本人が提供された職に就職もしくは指定された公共就労プログラムに参加しない場合，あるいは子どもを修学させる意思がない場合には支給額の大幅削減もしくは支給打切りが行われる制度が導入された．この時には同時に，全体的な給付額や給付水準の引下げも行われたために，最低生活保障給付の受給者および受給額は大幅に削減された（仙石 2011b, 181, Bahle, Hubland and Pfeifer 2011, 66-68）．他方で男性労働者の利益を追求する旧左派の社会民主党は伝統的家族を重視するキリスト教系の政党とも協力しつつ，両者の思惑が一致する労働者向けの社会保障制度の整備や子ども手当の拡充などを実施してきた（Kocourková 2011, 56-7）（第4節も参照）．ただし子ども手当の所得制限については，これが男性と比べて相対的に賃金の低い女性を家庭に回帰させる効果があることから（Ripka and Mareš 2009, 112; Szikra and Tomka 2009, 30-31)，所得制限を廃止し手当を普遍化することは追求しなかった。このような状況から，チェコでは低水準の最低生活保障と所得制限のある子ども手当という組み合わせが現れることとなる。

　ポーランドはチェコと同様の給付制度を有しているが，制度形成の背景にある政党の連携関係はチェコとは異なっている。体制転換の後に導入された子ども手当および最低生活保障給付は，もともといずれも高い水準のものではなかったが，2000年代の前半に政権を担当した民主左派同盟は，財政赤字の削減を目的としてこれらの制度をさらに選別的なものへと修正した。まず2003年には子ども手当制度を，従来の家族・子どもを広く支援するという制度から低所得層の家族を重点的に支援する制度へと変更し，所得制限の引き下げや支給額の引き下げを実施したほか，子ども手当を受給していること（つまり所得が一定額以下であること）をそれ以外のひとり親手当や育児休暇手当などの関連する付加手当を受けるための条件とすることとした（仙石 2007, 175-177, Inglot, Szikra and Raţ 2012, 29）。次いで2004年には最低給付制度に関して，金銭的支援から自立支援のためのサービス提供という方向での制度改編が実施され，自立のためのソーシャルワーカーとの協力を拒否した場合には給付が削減されるという制度も導入された（Bahle, Hubland and Pfeifer 2011, 119-120）[9]。民主左派同盟はもともとは新左派的な指向が強かったものの，先に述べたようにこの時期には財政危機問題やEU加盟への対応などからネオリベラル的な緊縮財政策を実施していたためにこのような制度変革を行ったが，そのことが民主左派同盟への支持を弱める一因となった（仙石 2013, 185）。他方で左派政権が給付の大幅な削減を行った結果，2005年以降のリベラルと保守の対抗関係のなかでは，現金給付というイシューが政治的な対抗軸とはならなくなっている。2006年に当時の与党であった保守系の法と正義が，政権のパートナーであるキリスト教原理主義的な政党の「家族同盟」の意向を受ける形で低所得者向けの家族手当の増額や出産一時金の導入などを実施したというようなケースはあるものの（第4節を参照）これは一時的な例外で，2007年以降現在まで続いている市民プラットフォームと

農民党の連立政権では，子ども手当と最低生活保障の拡充についてはほとんど議論されていない[10]。

　スロヴァキアにおいては，1998年まで政権の座にあった「民主スロヴァキア運動」は権威主義的・国家主義的指向が強い政党であったが，それゆえに経済における国家の役割を強調していて，福祉に関しても相対的に寛大な給付を行う仕組みを導入していた。だが1998年の政権交代により成立したズリンダ（Mikuláš Dzurinda）を首班とする連立政権は，福祉において市場の役割を強化するという観点から，各種の給付の削減を進めたが，2002年の選挙後に保守・リベラル系の政党主体の第2次ズリンダ政権が成立すると，制度そのものがよりネオリベラル的なものへと変革されることとなった（仙石 2013, 182-183；林 2013）。最低生活保障給付に関しては，当初は世帯の所得のみを条件とする現金給付制度が存在していたが，1998年には給付事由が長期失業や理由なき離職の場合には支給比率が引き下げられる一方で，就労しているが収入が低い場合には支給比率が引き上げられるという形に制度が変更された。さらに2004年には，給付水準のさらなる引き下げと支給条件の厳格化が実施され，併せて就労インセンティヴを強化する制度も導入された（Bahle, Hubland and Pfeifer 2011, 129-132）。他方の子ども手当に関しては，ズリンダ政権は支給額こそ削減したものの，国内の抵抗から所得制限の導入は実施することができず（Inglot 2009, 92），そのために支給水準は高くはないがすべての世帯を対象とする子ども手当の制度が現在も存続している。なおスロヴァキアの場合，対抗勢力となるのは旧左派指向のスメルであるが，スメルは政権をとると医療保険や年金など労働者にかかわる社会保障制度のリベラル化に対してはこれを修正する動きをみせてきたものの，子ども手当や最低生活保障給付に関しては強い関心を有しておらず，そのためにポーランドとは異なる経緯ではあるが，水準が引き下げられた制度がそのまま存続している。

　最後のハンガリーに関しては，二大政党の一方となる社会党は時期ごとに政策の指向性に変動があるのに対して，他方のフィデスは基本的に選挙ごと

に保守指向を強めているという状況にある。この点が反映されているのが，子ども手当の変遷である。当初子ども手当は普遍的な手当として導入されたが，社会党は経済危機への対処のために1996年から所得制限を導入した。次のフィデス政権は所得制限を廃止し再度子ども手当を普遍化したが，その後政権に復帰した社会党は，2000年代中期には格差や貧困の解消，あるいは女性の就労を重視する新左派的な傾向を示していたこともあり，今度は貧困対策および子育て支援のために子ども手当の普遍性を維持したのみならずこれを増額する施策を実施し（Tausz 2009, 252-253），これは次のフィデス政権にも受け継がれている[11]。このようにハンガリーでは，フィデスが一貫して家族手当を重視するという立場をとる一方で，社会党の側も家族手当そのものには反対しないことが通例であることから，他の諸国と異なり充実した子ども手当の制度が整備されることとなる（Goven 2000）。他方の最低生活保障に関して，フィデスは一貫して，手当を必要とする層は最もそれに値しない層であるという立場を明確にしていたことから（Goven 2000, 296-299）[12]，貧困対策の整備は社会党の意向がポイントとなっていた。ここで社会党は，先に挙げた子ども手当の拡充を進めていたのと同じ時期に貧困対策にも取り組み，その過程で2006年には，それ以前は最低生活保障制度の対象外となっていた就労可能な現役世代に対して，アクティベーションの要素が非常に強くまた不十分な点が多いものではあるものの，新たな生活支援のための制度を導入した（Tausz 2009, 255; Bahle, Hubland and Pfeifer 2011, 98-99）。だがこちらについてもその後の社会党の政策変更，およびフィデスへの再度の政権交代もあり，これ以上の制度の整備が進められないままの状態にある。

　ここまでの議論をまとめたものが表6-4である。これをみるとヴィシェグラード諸国の場合，現在の現金給付制度のあり方はおおむね，各国における政党政治の展開と結び付いているとみることができる。ではこのような利益・政党を軸とする見方に対して，言説を利用した見方を用いると新たな知見が得られるであろうか。次節ではポーランドとチェコにおける家族に対する現金給付を対象として，この点を検討していく。

表6-4　ヴィシェグラード4カ国の政党連携と現金給付制度

	政党連携の形	現金給付への指向性	結果としての政策
チェコ	「リベラル・保守」	基本的に給付削減指向	給付削減と厳格化
	「旧左派・保守」	子ども手当に一定の関心	子ども手当の給付増額
ハンガリー	「揺れのある左派リベラル」	新左派的なときは拡充指向	一時期子ども手当拡充＋最低
		そうでないときは削減の場合も	生活保障制度整備
	「保守」	子ども手当に強い関心	子ども手当の拡充
		生活保障給付には否定的	
ポーランド	「リベラル・保守」	いずれの給付にも関心なし	水準の低い制度の維持
	「保守・ナショナリスト」	子ども手当に多少の関心	子ども手当の増額
スロヴァキア	「リベラル・保守」	基本的に給付削減指向	給付削減と厳格化
	「旧左派（・ナショナリスト）」	いずれの給付にも関心なし	水準の低い制度の維持

（出所）　筆者作成。

第4節　家族に対する現金給付をめぐる言説

　本書の序章においても整理されているように，現在の福祉政治分析ではさまざまな形で，アクターの言説や政策アイディアに着目して，各国における制度の形成や転換を説明する試みが増えてきている[13]。だが第1節でも述べたように，中東欧の福祉政治を言説やアイディアの視点から検討した研究はこれまでのところほとんど存在していない。そこで本章ではひとつの試みとして，議会で十分な議席を有していない政党が，言説を軸として指向性の異なる他の政党と提携し自ら追求する現金給付の拡充を実現したが，その言説が従来の政党の連携関係を越えて受け入れられることはなく，最終的に政権の交代で給付の拡充が抑制されることとなったという点で同じような経緯をたどった，ポーランドとチェコの家族に対する現金給付を事例として，言説に焦点を当ててこのプロセスを比較していくこととしたい。

　まずポーランドの事例である。ポーランドでは2005年9月の選挙において，保守系の法と正義が勝利したが，選挙後にはこれとポピュリスト系の「自衛」および原理主義的なカトリック政党の「家族連盟」とが連携して広い範

囲の保守を取り込む政権が形成された⒁。この政権が成立した理由のひとつには，2005年の選挙の時期に「人口問題」がメディアで大きくとりあげられたということがある（Sejm Rzeczypospolitej Polskiej 2005b）。ポーランドでは，体制転換の直後までは2以上を維持していた合計特殊出生率が1990年代に急激に低下し，2002年には1.22という世界的にも低い水準となっていた。そのために2005年の選挙の頃には人口が最も多かった頃と比べて50万人近く減少しており，そこから「人口問題」が選挙におけるイシューのひとつとして取り上げられていた。ここにおいて，マニフェストにおいて低所得の家族への支援を表明した法と正義や，多子家庭に対する給付などの拡大を唱えた家族連盟が一定の支持を集めたことから，選挙後にはこの2党に指向性の近いポピュリスト系政党の自衛を加える形で，ナショナリスト・ポピュリスト・カトリックの保守政権が形成されることとなった⒂。

　この連立政権は少数政党である家族連盟の意向を反映させる形で，前の左派政権により削減された子ども手当の再増額や扶養控除の引き上げ，あるいは出産一時金制度の拡充などを実施したが，このなかでもとくに出産一時金制度の拡充に際しては「人口危機」という言説が一定の作用を果たすこととなった。従前の出産一時金は，月額所得が504ズウォチ（2014年11月時点でおよそ1万7400円）以下の世帯に対して，子どもが出生した際に500ズウォチを支給するという制度であった。だが家族連盟は，「人口危機」に対処するためには出生率を上げる必要があり，そのためには出産一時金を拡充させることが不可欠であるとして，出産一時金の所得制限廃止と金額の引上げ（一律1000ズウォチに増額）を行うという案を提示した（Sejm Rzeczypospolitej Polskiej 2005a）。これに対して法と正義は，手当額の引上げには同意しつつも所得制限は維持することを求めたが，家族連盟が同法の成立を政権信任の条件として議員立法により家族手当法の改正案を提出すると，少数与党であった法と正義は，政権維持のために同法案に賛成することを余儀なくされた。家族連盟はさらにこの改正に反対していた野党の市民プラットフォームの一部議員とも交渉を行い，低所得の世帯に対しては2000ズウォチの出産一時金

(所得制限のない新しい出産一時金1000ズウォチ＋従前の所得制限に基づく出産一時金1000ズウォチ）を給付するという合意を取り付け（Inglot, Szikra and Raţ 2012, 30），最終的に与党に加えて野党の一部の支持を受けることで自らが求めた制度の導入を実現させた[16]。このように「人口危機」という言説を活用する形で，小政党が大政党を巻き込みながら自らの追求する政策を実現したという事例は，政党の指向性だけでは説明できない政党の連携を言説による説明が補完する可能性を示しているとみることはできる。

同じような事例は，チェコでも確認することができる。チェコにおいても，1998年から政権を担当した社会民主党は出生率の低下に危惧を抱いていたが，社会民主党は当時少数与党であったために単独で政策を実施することが難しく，ほかの政党の協力を必要としていた。この際に社会民主党が提携を試みたのが，「キリスト教民主同盟＝チェコスロヴァキア人民党」（以下，キリスト教民主同盟）である。社会民主党は当初は，女性の社会進出や家庭におけるワーク・ライフ・バランスの追求などを通して出生率を上げることを追求していたが，キリスト教民主同盟は「伝統的な家族の支援」を求める一方で女性の就労支援に対しては消極的であるところから，社会民主党の側は「女性の就労」というイシューを表に出さず，「家族に対する支援」という言説を強調することで，キリスト教民主同盟の協力を取り付けることを試みた。そしてその結果として，2001年には育児休暇制度の拡充を実現したのみならず，2002年からはキリスト教民主同盟を連立与党に取り込むことで子ども手当に加えて育児手当や出産手当制度の拡充を実現し，さらに2005年にはよりいっそうの家族に対する支援策の基盤となる「国家家族政策コンセプト」を提起するまでに至る（Kocourková 2011, 53-57）。両者が「家族への支援」という言説を通して結び付くことができた背景には，チェコの社会民主党がジェンダー問題に関しては必ずしも関心が強いわけではなく，むしろ男性労働者の利益を重視し女性を家庭に回帰させることを追求していた点で，キリスト教系の政党と連携する余地が存在したことが作用している（仙石 2011a；中田 2011）。だがそれでも，このふたつの政党を結び付ける際に「家族を支援

する」という言説が作用したことは，そのとらえ方が異なるとはいえ言説が政党の連携と政策の実施に影響を与えたとみることもできる。

　ただし「人口危機」や「家族の支援」といった言説の影響は，いずれの事例においても既存の政党の対抗軸を越えて浸透するまでには至らなかった。ポーランドのケースであれば，2007年の選挙の後で政権の座についたリベラル系の市民プラットフォームは，現金給付となる子ども手当などの削減とアクティベーション重視の視点からの女性の就労支援や子どもの就学前教育の整備というリベラル的な福祉政策をすすめているし，チェコでも2006年の選挙で政権に復帰した市民民主党は「国家家族政策コンセプト」には拘束されないとして，やはり子ども手当を含む家族向け給付の削減を実施している。このような状況から考えるならば，少なくともこの2カ国においては言説は政治を動かす場合があるものの，それが利益を越えて新しい政党の連携を形成するまでの有効性は有していなかったとみるのが妥当かもしれない。

　このような結論となった理由としては，ふたつの要因が考えられる。まず中東欧諸国の多くは，ラテンアメリカやアフリカ諸国と比較して相対的に国内の「格差」が小さく，そのためにたとえば「貧困の解消が国全体のためになる」といった言説が，党派を超えて受け入れられる余地が小さいということがある。その一方で，中東欧諸国では社会主義体制の解体後に社会階層がある程度多様化し，そのなかで現金給付に関してその恩恵を受けられる層と負担を求められる層とが分かれていることから，政党の支持者層と給付に対する立場とがある程度結び付くようになり，その結果として違う立場の政党を言説で説得することが難しくなっているという状況にある。このふたつの要因のために，中東欧諸国では言説という視点により現状を説明することは難しくなっていると考えられる。

おわりに ―「言説」の視点の可能性―

　以上の議論から，中東欧諸国における現金給付制度に関して，基本的に「利益」(政党政治)の視点から説明が可能であり，「言説」による分析は利益政治による議論を補完するものとはなるものの，これを用いたとしても政党政治で説明できない知見を獲得できたり，あるいは政党政治の視点から得られた見方を覆すような議論を提起したりする可能性は大きくはないということが，確認できたと考えられる。ラテンアメリカやアフリカ諸国の場合は国内格差が大きく，かつ貧困層が多数派であることが言説に影響力をもたせた可能性があるのに対して，相対的に格差が小さい一方で社会的な立場は多様化している中東欧では，やはり自分が利益を得られるか，もしくは負担を求められるかという直接的な動機の方が，人々を動かす力としてより大きな作用を果たしているということになるであろうか。

　ただしここでの議論は，中東欧の福祉政治を分析する際に言説や政策アイディアという視点が有効ではないということまでをも意味するものではない。中東欧諸国における現金給付制度は基本的に社会主義期ないしそれ以前から存在する「古典的な制度」で，制度による利益が明確にされていることで政党政治の視点による説明が有効なものとなっている。だがこの諸国においても，「新しい制度」の導入に関してはその制度がもたらす利益が確定していないことから，言説や政策アイディアが説明力を有する可能性はある。この点については第1節で挙げたアペルとオレンシュタインがそれまでの東欧諸国に存在しなかった新しい制度である「多層型年金制度」と「フラット・タックス」制度の例をあげて，「多層型年金制度」については「アイディア」がパワーを有する国際金融組織に支持されたことで中東欧全体に広がったのに対して，「フラット・タックス」制度は国際金融組織が積極的な支持を出さなかったにもかかわらず，右派系のシンクタンクを中心とした政策ネットワークにおけるアイディアの共有が「フラット・タックス」の広がりに貢献

したことを示したうえで，資源があればアイディアの拡散は容易になるが，リソースが弱い場合でも政策アイディアが広がる可能性があることを指摘している（Appel and Orenstein 2013）。今後従来とは異なる「新しい形」の政策アイディアに基づく制度が形成され，それが党派もしくは国の相違を越えて広く受容されることがあれば，その時は言説や政策アイディアによる説明が有効となるケースもでてくるかもしれない。

　この点でひとつのヒントになると考えられるのが，ポーランドにおいて先に挙げた法と正義を中心とする連立政権により，2007年3月に提起された「家族政策プログラム」（Rząd w trosce o polskie rodziny 2007: projekt polityki rodzinnej rządu Jarosława Kaczyńskiego）の事例である。これはこの連立政権が重視していた現金給付中心の古典的な施策とは異なり，母親の無給の育児休暇期間を社会保障の対象とする，子どもの税控除を引き上げる，幼稚園や保育園の規制を緩和するなど，家族政策におけるアクティベーション的な新しい方向性を示すものであった。このプログラムのとりまとめで中心となっていたのは，法と正義のクルジック＝ロストコフスカ（Joanna Kluzik-Rostkowska）労働副大臣であった。クルジック＝ロストコフスカはポーランドにおける急進的なフェミニズムの広がりに批判的な一方で，家族連盟が主張するようなカトリック的ポピュリズムにも抵抗を示していて，そこから女性の権利と家族の権利を結び付けるという新たな政策アイディアを追求していた。また彼女は過度の論争を回避し関係者と冷静に協議するという，「過剰な言説を抑える」戦略で，このプログラムを保守的な与党に認めさせることに成功した。しかもこのプログラムは市民プラットフォームの求める路線とも親和性があったことから，最終的な提言の内容は次の政権にも引き継がれることとなった（Inglot, Szikra and Rat 2012, 30-32）。このような形で，党派を超えて新しい政策アイディアが受け継がれ，それが広く受容されるようなことが増えてくれば，これらを言説や政策アイディアの拡散という視点で検討することが可能となるのかもしれない。

　ただし言説や政策アイディアを通して新しい制度を導入するという試みは，

必ずしも成功するとは限らない。この点を顕著に示しているのが、チェコで当初は労働・社会相として、のちに首相としてチェコにおいてジェンダー支援策を追求しようとした社会民主党のシュピドラ（Vladimír Špidra）の事例である。シュピドラはジェンダー平等化の政策を推進する際に、政党のイデオロギーではなく、「EUの規則により男女の平等な取扱いが求められている」という形で、ジェンダー平等に関して広い範囲の合意を得ることを追求したが（Anderson 2013, 323）、これらの大半は連立パートナーであるキリスト教系の政党の抵抗で実現できなかったとされる（Kocourková 2011, 57）。なぜある言説や政策アイディアは利益の壁に阻まれ、別の言説や政策アイディアは利益を越えて受容されるのか。この問題について、言説や政策アイディアに依拠する視点をとる研究は、検討をしていく必要があろう。

　　　＜付記＞
　　本章は「現金給付の政治経済学」研究会への参加、および科学研究費補助金・基盤研究C「中東欧諸国における福祉と経済との連関の比較分析」（2012～2014年度、課題番号24530163、研究代表者仙石学）の成果の一部である。

〔注〕
(1) ヴィシェグラード4カ国とは、1991年2月にポーランド、ハンガリー、および当時のチェコスロヴァキアの3カ国の首脳が、ハンガリーの都市ヴィシェグラードにおいて地域間協力を進めるための会合を行ったことに由来する、現在の4カ国の総称である。
(2) 社会主義型の福祉枠組みについては、ひとまず仙石（2012, 170-171）を参照。
(3) 後者の一例として、ハンガリーの保守系政党の「フィデス」（FIDESZ）は、「正しい家族」に対する支援は必要だが、福祉を受けようとする層は最もそれに値しない層であるとして、低所得者に対する手当の重視には抵抗するという態度を示していた（Goven 2000）。なお「フィデス」は、2006年以降はキリスト教民主人民党と選挙連合および議会会派「フィデス‐キリスト教民主人民党」を形成しているが、以下ではこの連合に触れる必要がないため、フィデスと表記する。

(4) さらにホイザーマンは指摘していないが，男性労働者の福祉拡充および女性の家庭回帰の追求（＝反アクティベーション）という点では，旧左派と保守が連携することも可能である（旧左派のジェンダー性については仙石（2011a）も参照）。後述するように，チェコでは社会民主党とキリスト教政党の連携により，家族政策が拡充されたということもある。
(5) なお2010年および2014年のハンガリーの選挙では，フィデスが全体の議席の3分の2を確保する一党優位制となっている。
(6) 小選挙区からの選出比率は，2010年の選挙までは約45パーセント，2014年の選挙では約53パーセントとなっている。
(7) 後述するように，ハンガリーの社会党は一時期新左派的な傾向を強め，貧困対策を積極的に実施していた。
(8) この最低生活保障給付についてこれまでの研究では，基本的には普遍的な給付で所得および資産が不十分であれば資格が与えられる制度（チェコおよびポーランド）と，ほかの所得や給付を受けることができない場合の「最終手段」として給付が受けられる制度（ハンガリーおよびスロヴァキア）とを区別するものもあるが（Instituto per la Ricerca Sociale 2011, 21-23），スロヴァキアは受給基準は厳格なものの受給水準および現役世代の受給率はほかの国より高いことから，ここは受給条件がとくに厳格なハンガリーとほかの3国とを分けることとしたい。
(9) ただし現在のところ，ソーシャルワーカーとの協力は義務化されていない。また表6-3aにもあるように，就労は義務化されていない。
(10) この点を示すひとつの例として，子ども手当では所得基準額が近年まで固定されていたことで，平均所得の上昇にともない支給対象となる世帯が550万世帯（2004年）から300万世帯（2009年）まで減少したということがある（Inglot, Szikra and Raţ 2012, 29）。
(11) なお2008年の経済危機以降は，社会党は財政支出抑制のため再度子ども手当を削減している（Inglot, Szikra and Raţ 2012, 33-34; 仙石2012, 181-182）。
(12) フィデスは2010年の政権復帰後は再度家族政策の拡充を進めているが，そこでは就労している世帯に対する税控除の拡大や，低所得世帯に対する家族手当の制限（子どもを一定日数学校に行かせない場合は給付を停止する）など，明確に「中間層の家族」を重視する方向性を示している（Inglot, Szikra and Raţ 2012, 35）。
(13) この方向性の議論の簡単な紹介として，ほかに宮本（2012）や加藤（2013）なども参照のこと。
(14) 選挙直後は法と正義の少数政権に自衛と家族連盟が閣外協力するという形をとり，2006年5月からは正式に両党も与党となる連立政権となった。
(15) ポーランドの各政党のマニフェストに関しては，そのとりまとめ集である

Słodkowska i Dołbakowska (2006) を参照。ちなみに法と正義および家族連盟は，それぞれマニフェストで「家族」という章を設けて具体的な政策を提起しているのに対して，「市民プラットフォーム」は「市民」という章のなかで義務教育前の保育および教育制度の拡充を提起しているにすぎず，また民主左派同盟はとくに家族や子どものことには言及していない。

(16) 最終的には与党3党に加えて，野党の市民プラットフォームの132議員のうち76名および農民党25議員のうち16名の賛成を得て，出産一時金制度の増額は可決された（ポーランド下院ウェブサイト参照。http://orka.sejm.gov.pl/SQL.nsf/glosowania?OpenAgent&5&5&68）。

〔参考文献〕

〈日本語文献〉

加藤雅俊 2013.「福祉政治の理論——多様性をめぐる権力・利益・言説分析——」鎮目真人・近藤正基編『比較福祉国家——理論・計量・各国事例——』ミネルヴァ書房 38-59.

仙石 学 2007.「ポーランド」萩原康生・松村祥子・宇佐見耕一・後藤玲子編『世界の社会福祉年鑑2007』旬報社 163-181.

―――2011a.「中東欧諸国におけるケア枠組みのジェンダー的側面——女性に期待される役割が国により異なるのはなぜか——」日本比較政治学会編『ジェンダーと比較政治学』（日本比較政治学会年報13号）ミネルヴァ書房 1-32.

―――2011b.「チェコ共和国」宇佐見耕一・小谷眞男・後藤玲子・原島博編『世界の社会福祉年鑑2011』旬報社 167-186.

―――2012.「ポスト社会主義国における福祉政治——『社会主義型福祉世界』から『多様な福祉世界の並存』へ——」宮本太郎編『福祉政治』ミネルヴァ書房 169-183.

―――2013.「中東欧諸国における『ネオリベラリズム的改革』の実際——『さらなる改革』が求められるのはいかなる時か——」村上勇介・仙石学編『ネオリベラリズムの実践現場——中東欧・ロシアとラテンアメリカ——』京都大学学術出版会 163-197.

中田瑞穂 2011.「EUのジェンダー平等政策と国内ジェンダー・パラダイム」日本比較政治学会編『ジェンダーと比較政治学』（日本比較政治学会年報13号）ミネルヴァ書房 101-133.

林 忠行 2013.「スロヴァキア政党政治における『第二世代改革』——遅れてき

た新自由主義の『成功』と『定着』——」村上勇介・仙石学編『ネオリベラリズムの実践現場——中東欧・ロシアとラテンアメリカ——』京都大学学術出版会 137-162.
宮本太郎 2012.「福祉政治の新展開——三つの言説の対抗——」宮本太郎編『福祉政治』ミネルヴァ書房 1-20.

〈外国語文献〉
Anderson, Leah Seppanen. 2013. "EU Gender Regulations in the East: The Czech and Polish Accession Process." In *Eastern Europe: Women in Transition*, edited by Irena Grudzińska-Gross and Andrzej Tymowski. Frankfurt am Main: Peter Lang, 307-327.
Appel, Hilary, and Mitchell A. Orenstein. 2013. "Ideas versus Resources: Explaining the Flat Tax and Pension Privatization Revolutions in Eastern Europe and the Former Soviet Union." *Comparative Political Studies* 46(2) February: 123-152.
Bahle, Thomas, Vanessa Hubland, and Michaela Pfeifer. 2011 *The Last Safety Net: A Handbook of Minimum Income Protection in Europe*. Bristol: Polity Press.
Bohle, Dorothee, and Bela Greskovits. 2012. *Capitalist Diversity on Europe's Periphery*. Ithaca: Cornell University Press.
Feldmann, Magnus. 2007. "The Origins of Varieties of Capitalism: Lessons from Post-Socialist Transition in Estonia and Slovenia." In *Beyond Varieties of Capitalism: Conflict, Contradictions, and Complementarities in the European Economy*, edited by Bob Hancké, Martin Rhodes and Mark Thatcher. Oxford: Oxford University Press.
Goven, Joanna. 2000. "New Parliament, Old Discourse? The Parental Leave Debate in Hungary." In *Reproducing Gender: Politics, Publics, and Everyday Life after Socialism*, edited by Susan Gal and Gail Kligman. Princeton: Princeton University Press, 286-306.
Häusermann, Silja. 2012. "The Politics of Old and New Social Policies" In *The Politics of the New Welfare State*, edited by Giuliano Bonoli and David Natali. Oxford: Oxford University Press 111-132.
Inglot, Tomasz. 2008. *Welfare States in East Central Europe, 1919-2004*. Cambridge: Cambridge University Press.
———2009. "Czech Republic, Hungary, Poland and Slovakia: Adaptation and Reform of the Post-communist 'Emergency Welfare States'." In *Post-Communist Welfare Pathways: Theorizing Social Policy Transformations in Central and Eastern Europe*, edited by Alfio Cerami and Pieter Vanhuysse. Basingstoke: Palgrave Macmillan, 73-95.

Inglot, Tomasz, Dorottya Szikra, and Cristina Raţ. 2012. "Reforming Post-communist Welfare States: Family Policy in Poland, Hungary, and Romania since 2000." *Problems of Post-Communism* 59(6) November-December: 27-49.

Instituto per la Ricerca Sociale (IRS). 2011. *The Role of Minimum Income for Social Inclusion in the European Union 2007-2010*. Brussels: European Parliament.

Kocourková, Jiřina. 2011. "Czech Republic: Normative or Choice-oriented System?" In *The Politics of Parental Leave Policies: Children, Parenting, Gender and the Labour Market*, edited by Sheila B. Kamerman and Peter Moss. Bristol: Polity Press, 51-67.

Müller, Katharine. 1999. *The Political Economy of Pension Reform in Central-Eastern Europe*. Cheltenham: Edward Elgar.

─── 2004. "The Political Economy of Pension Reform in Central and Eastern Europe." In *Reforming Public Pensions: Sharing the Experiences of Transition and OECD Countries*. Paris: OECD Publishing, 23-49.

Nelson, Joan M. 2001. "The Politics of Pension and Health-care Reforms in Hungary and Poland." In *Reforming the State: Fiscal and Welfare Reform in Post-Socialist Countries*, edited by J. Kornai, S. Haggard and R. R. Kaufman. Cambridge: Cambridge University Press, 235-266.

Orenstein, Mitchell A. 2008. *Privatizing Pensions: The Transnational Campaign for Social Security*. Princeton: Princeton University Press.

Pascall, Gillian, and Nick Manning. 2002. "Social Europe East and West." In *EU Expansion to the East: Prospects and Problems*, edited by Hilary Ingham and Mike Ingham. Cheltenham: Edward Elgar, 134-162.

Ripka, Vojtěch, and Miroslav Mareš. 2009. "The Czech Welfare System." In *The Handbook of European Welfare Systems*, edited by Klaus Schubert, Simon Hegelich, and Ursula Bazant. London: Routledge, 101-119.

Sejm Rzeczypospolitej Polskiej [ポーランド下院]. 2005a. "Propozycje rozwiązań prorodzinnych." [家族重視に結びついた提案] *Kronika Sejmowa* (596): 4.

───2005b. "Regulacje prorodzinne." [家族重視の規則] *Kronika Sejmowa* (598): 6.

Sissenich, Beate 2002. "The Diffusion of EU Social and Employment Legislation in Poland and Hungary." In *Norms and Nannies: The Impact of International Organizations on the Central and East European States*, edited by Ronald H. Linden. Lanham: Rowman and Littlefield Publishers, Inc., 287-315.

Słodkowska, Inka, i Magdalena Dołbakowska. 2006. *Wybory 2005: Partie i ich programy* [2005年選挙──政党とそのプログラム──] Warszawa: Instytut Studiów Politycznych.

Straková, Jana. 2008. "Czech Republic." In *Europe Enlarged: A Handbook of Education,*

Labour and Welfare Regimes in Central and Eastern Europe, edited by Irena Kogan, Michael Gebel and Clemens Noelke. Bristol: Policy Press.

Szikra, Dorottya, and Béla Tomka. 2009. "Social Policy in East Central Europe: Major Trends in the Twentieth Century." In *Post-Communist Welfare Pathways: Theorizing Social Policy Transformations in Central and Eastern Europe*, edited by Alfio Cerami and Pieter Vanhuysse. Basingstoke: Palgrave Macmillan, 17–34.

Tausz, Katalin. 2009. "From State Socialism to a Hybrid Welfare State: Hungary." In *The Handbook of European Welfare Systems*, edited by Klaus Schubert, Simon Hegelich, and Ursula Bazant. London: Routledge, 244–259.

Vanhuysse, Pieter. 2009. "Power, Order and the Politics of Social Policy in Central and Eastern Europe." In *Post-Communist Welfare Pathways: Theorizing Social Policy Transformations in Central and Eastern Europe*, edited by Alfio Cerami and Pieter Vanhuysse. Basingstoke: Palgrave Macmillan, 53–70.

Volkens, Andrea et al. 2013. *The Manifesto Data Collection. Manifesto Project (MRG/CMP/MARPOR)*. Berlin: Wissenschaftszentrum Berlin für Sozialforschung (WZB). (https://manifesto-project.wzb.eu)

Wientzek, Olaf and Hendrik Meyer 2009. "The Slovak Welfare System: Neo-liberal Nightmare or Welfare Pioneer of Middle-eastern Europe?" In *The Handbook of European Welfare Systems*, edited by Klaus Schubert, Simon Hegelich, and Ursula Bazant. London: Routledge, 462–477.

終 章

現金給付政策形成における
アイディア・言説的要因の影響

宇佐見　耕一

　本書では，社会保障政策のなかで現金給付政策が注目されるに至った背景を序章で述べ，どのような経緯で各国において現金給付政策が制定されたのかを解明することを課題とした。その際，アイディア・言説の政策形成における影響に注目している点が本書の特色である。分析対象国は，新興諸国で現金給付政策が制定・拡大してきた，アルゼンチン（第1章），ブラジル（第2章）や南アフリカ（第3章）の事例，最貧国で社会保障の多くを海外援助に依存するエチオピア（第4章）の事例，そして急速な経済発展と社会保障制度の形成と改革が進む韓国（第5章）や社会主義体制が終焉し民主主義体制の下で社会保障制度が構築された中東欧諸国（第6章）といった新興国の先行事例である。本書ではこうした各章における事例研究より，以下のような知見が得られた。
　第1章アルゼンチンの事例では，「普遍的子ども手当」が制定される以前には，社会保険方式のフォーマルセクターの被用者を対象とした子ども手当があり，また貧困層の7人以上の子どもをもつ母親を対象とした非拠出制の多子手当が存在していたが，広範なインフォーマルセクターの子どもが対象外となるという状況があった。そうした間隙を埋めるために2009年にクリスティーナ政権により「普遍的子ども手当」が政令により制定された。同手当の制定の背後には海外に起源をもつベーシックインカムと条件付現金給付と

いうアイディアがあり，後者には人的資本に投資し貧困とその連鎖を断つというアイディアが含意されていた。前者は学者間の交流によりアルゼンチンに導入され，政治家，労働組合や市民社会組織の間に広まり知識として共有され，各アクターが異なる解釈をしたものの子どもに対する手当を普遍化させることを促す政治資源としての役割を果たした。他方，「普遍的子ども手当」は，その受給に子どもの就学や予防接種などの条件を付ける条件付現金給付政策であった。人的資本に対する投資というアイディアも海外からアルゼンチンに導入され，各アクターにより共有されたことにより条件付現金給付政策である「普遍的子ども手当」制度の策定を促す政治資源として役割を果たしたとみることができる。

　第2章ブラジルは，ボルサ・ファミリアをはじめとした条件付現金給付の支給者数が世界最大となっている。本章では，カルドーゾ社会民主党政権からルーラおよびルセフ労働者党政権における，条件付現金給付政策の拡大の過程に関して言説的制度論を参照して分析している。分析の前提として，条件付現金給付政策が大統領暫定措置という大統領の権限で制定されたことに注目する。その大統領暫定措置は60日以内に議会の承認を得なければならず，ここに大統領が直接国民と議会を説得する伝達的言説が実践される場が現れる。条件付現金給付政策が拡大し，それらがボルサ・ファミリアに集約される制度形成に際して，ルーラとルセフ両大統領は，ベーシックインカムを背景とした普遍主義的アイディアおよび制度拡大により中間層が拡大するというアイディアを伝達的言説で実践した。こうした言説が支持されたことは，世論調査でも明らかとなっている。普遍主義的あるいは中間層拡大というアイディアを背景とした伝達的言説が実践された後に，いずれの暫定大統領措置も議会において承認されて，その結果として現金給付政策が拡大し，ボルサ・ファミリアに集約化された。

　第3章の南アフリカの事例では，アパルトヘイト体制からの民主化を背景とした子ども手当改革の経緯を分析している。アパルトヘイト時代に養育手当と呼ばれていた単親世帯向けの社会手当は，民主化後，家族の形態を問わ

ず，幅広く子どものいる世帯を対象とした子ども手当へと大きく制度が変更された。養育手当の改革が政治議題に上った当時，政府内には養育手当を廃止し，社会手当を縮小する考えが広がっていたのに対し，この改革をデザインした政府任命の専門家委員会は，子どもに対する公的な支援を重視し，財政の許すかぎり，できるかぎり多くの子どもが受益できるよう，新たな子ども手当プログラムを設計した。子どものための現金給付政策を開発的な意味のあるものとして積極的に意義づけた専門家委員会の判断は，南アフリカの既存の社会手当に関する肯定的な研究結果に支えられたと同時に，新自由主義に代わり福祉政策の世界的潮流となりつつあった社会的投資のアイディアを取り入れた結果でもあった。

　第4章で扱われているエチオピアのような最貧国では，社会的支援は外国からの援助に依存している。そのため，エチオピアで行われる食料や現金の支給に関する政策アイディアも，外国ドナー間，またドナーからエチオピアへの伝播という形をとってきた。ドナー側からエチオピアへの政策伝播には強制性が伴っていたと考えられる。強制にはコンディショナリティなどによる文字通りの強制から国際機関の政策に現地のアクターが追随せざるを得ないというソフトな強制まで幅がある。ドナー側の政策アイディアは，1970年代には基本的人間ニーズアプローチ，1980年代には新自由主義を背景とした構造調整，1990年代後半より貧困削減や社会開発重視へと変遷をみせている。エチオピアに対する援助をみると1970年代と1980年代の飢餓期に緊急食料援助が行われ，危機を脱すると公共事業参加型，すなわち新自由主義を背景としたワークフェア型の食料・現金支援に移行し，そこにはドナーからの強制がみられた。他方2000年代になると，エチオピア政府側も食料不足を開発問題と結び付けて考えるようになり，成長重視から貧困削減へと開発政策が転換された。そこには海外機関の援助に関するアイディアの強制から，海外援助機関のもつ政策アイディアにエチオピア政府が自発的に対応するという相互作用により社会的支援政策が決定されるという変化がみられた。そのもとで，労働を条件としつつも地方行政機関が食料給付（FFW）か現金給付

(CFW) かの選択を判断するようになった。

　第5章の韓国の事例では，現金給付の制度と理念は以下のように変容した。現物給付で始まった生活保護が1989年民主化後に現金給付化されたが，それは財政に大きく制約されたものであり，その給付水準はきわめて低かった。それが1999年に制定された国民基礎生活保障制度においては，権利を基とした最低生計費を基準とした支給に転換した。高齢者や障害者手当もそうした流れのなかに位置づけられる。そうした転換の背景には，民主化運動や当事者団体の活動があった。しかし，21世紀に入ると国民基礎生活保障制度ではカバーしきれない新しい貧困が問題となり，2011年には所得制限を大幅に緩和した教育，医療や住居といったニーズに基づく給付制度が形成された。同章でも，保守や革新の与野党の二大政党ともに福祉改革に積極的であることから，政策の変容に関してアイディア的側面の重要性が指摘されている。支給対象を拡大させたより普遍的な制度制定は，学者グループが海外からベーシックインカム論を学び，それに示唆を受け，出された提言がその根底にあることが示されている。

　第6章の中東欧のヴィシェグラード諸国（チェコ，ハンガリー，ポーランド，スロヴァキア）の事例では，最低生活保障給付と子ども手当に関する分析をまず利益政治の視点から行っている。そこでは，中東欧4カ国における主要政党のマニフェストを分析し，各党を新左派，旧左派，リベラルおよび保守に分類した。最低生活保障と子ども手当に関して，新左派は新しい社会政策への関心から双方を積極的に推進し，旧左派は両者に強い関心をもたず，リベラルは給付の削減とインセンティヴの導入，保守は子ども手当を支持し最低生活保障は削減を求める傾向があるとする。そして中東欧諸国においていずれかの政党が政権につくと，それにおよそ対応した現金給付政策がとられることが確認された。このことから，既存の現金給付政策の大部分はアクター間の利益が確定しており，中東欧4カ国の現金給付政策は利益政治により説明が可能であると判断している。ただし，ポーランドの家族政策に関し従来とは異なる新しい政策アイディアが提起され，過剰な言説を抑える戦略

終章　現金給付政策形成におけるアイディア・言説的言因の影響　233

によりそれが制定さており，アイディアが政策形成を促した事例が提示されている。他方，新しいアイディアが利益に阻まれ政策化しなかった事例も挙げ，なぜ両者の相違点が生じるのかを検討する必要性を提起している。

　これらの各章における議論から得られる知見としては，以下のようなものがある。まずアルゼンチン，ブラジルや南アフリカといった現金給付制度が形成・拡大されつつある新興国において，第1に現金給付政策の性格に関して，現在の貧困を緩和するとともに将来的な貧困の世代間連鎖を断ち切るための人的資本への投資という視点が重視されていることである。第2にこれら新興国では，こうした現金給付政策が拡大する傾向にあるという点である。第3にこれら諸国における現金給付政策は，アイディア的要素により制度形成が促されたという点である。それは，政策の伝播という形で海外からアイディアが国内にもたらされ，それが多くのアクターにより共有されたことをとおして政策が形成され（アルゼンチン），各種のアイディアが伝達的言説により国民に直接的に語りかけることをとおして条件付現金給付政策の形成・拡大を支え（ブラジル），および専門家アクターがもつアイディアの交差のなかで，経済・社会的状況に適したアイディアが形成されていった（南アフリカ）ものである。最貧国エチオピアのような事例は，海外のドナー側の援助に関するアイディアがコンディショナリティといった直接的な，あるいはドナーのアイディアを受け手が受け入れざるを得ないというソフトな強制による伝播が制度形成において決定的に重要であった。しかし，近年では受け手とドナー側の相互作用により政策が形成されつつある。

　これに対して韓国や中東欧といった先行国の事例では，アイディア的要因で政策の変容を裏付けられた事例と，利益政治により説明可能な事例に分かれた。韓国では現金給付制度の整備が短期間に進められ，同時進行的に改革が行われている。現金給付の背景にある理念は，権利を基にしたより対象を拡大したニーズへの対応へと変化している。その背景には，従来の社会保険でも生活保護でも対象にならない層が拡大するなか，与野党二大政党が福祉を重視する姿勢を示していたことがある。そこでは，ベーシックインカムと

いう海外に起源をもつ政策アイディアの影響を受けた学者グループのより普遍的な政策の提案が政策形成に際して重要な意義をもった。他方、中東欧諸国のように既存のプログラムに対する各利益を代表する政党の対応が確定している場合には、利益政治で制度の形成が説明できるとする。そのうえで、従来とは異なる新たな政策アイディアの場合は、アイディアが政策形成の説明要因になり得るとしている。本書の課題は、各国の現金給付政策がいかに形成されたのかということであり、その際アイディア・言説的要素をひとつの中心的分析概念として用いた。しかし、中東欧の事例は、アイディア・言説的要素を用いず一般的な利益政治の視点で現金給付政策形成を説明できた。ラテンアメリカや南アフリカなどの新興諸国は、現金給付政策は形成されたばかりか、あるいはその対象を大幅に拡大している事例である。これに対して中東欧諸国は、すでに現金給付政策が存在し、各種現金給付政策に関して各種利益を反映する諸政党の関係が明らかになっている事例である。この事例から導き出されるより一般的な論点は、利益が未確定で制度が形成・拡大される諸国においてアイディア的要素が政策形成に影響を与える可能性が大きく、すでにそれに関する利益が確定している諸国ではアイディアが政策形成に与える影響は少ないということである。

　最後に本書の残された課題に関して述べたい。アルゼンチン、ブラジルおよび南アフリカといった新興諸国では、アイディアが現金給付政策の形成・拡大を促す要因であることを述べた。しかし、その分析においてアイディア自体は問題の複雑化を回避するために所与のものとして扱った。アルゼンチンや南アフリカでは国内において複数のアイディアが交差して政策となる過程が分析されているが、アイディア自体の形成を分析の課題としていない。今後の課題としては、本書で所与のものとして扱われたアイディア自体の形成も分析の対象として視野に入れるべきであろう。また、本書にはアイディアを分析の中心に据えた章と、アイディアを表明する言説の分析に比重をおいた章が含まれている。シュミットはアイディアと言説の関係について、アイディアは言説のなかに表現され、両者は相互に影響しあう存在であるとい

う定義を採用した。しかし，本書で両者の関係は必ずしも十分に説明されたとは言い切れず，この点も今後の課題として残った。さらに本書では，新興諸国や最貧国において現金給付政策形成に関して利益政治では説明が十分できないためにアイディアに注目している。しかし，シュミットも述べているようにアイディアのなかには利益も含まれており，各アクターの認識をとおしてのアイディアと利益の関係についての議論は本書では十分なされておらず，今後の残された重要な課題である。

索引

【アルファベット】

HIV/エイズ　116

【あ行】

アルゼンチン　3, 8, 9, 15, 18, 23-25, 27-31, 33-40, 42-48, 51-53, 229, 230, 232
イギリス　4, 63, 103, 115
ヴィシェグラード4カ国（諸国）　4, 18, 197, 199, 204, 205, 210, 215, 232
エチオピア　3, 9, 15, 18, 131-134, 136, 139-146, 149-159, 199, 229, 231, 232
オーナーシップ　132, 137, 138, 153, 156, 158, 159

【か行】

開発国家（南アフリカ）　124
開発的社会福祉（南アフリカ）　117-119
家族手当（アルゼンチン）　23, 25, 28, 30-32, 40, 46-50, 52
家族手当（ブラジル）
　→　ボルサ・ファミリア
家族手当（韓国）　170
家族手当（ハンガリー）　215
家族手当（ポーランド）　213, 217
家族連盟（ポーランド）　216, 217, 221
韓国　4, 5, 9, 18, 167-174, 179, 182, 183, 188, 190, 191, 229, 232
韓国保健社会研究院（KIHASA）　168-171, 182, 185
飢饉　131, 132, 138, 139, 141-146, 150
基礎的（な）所得保障　169, 179-182
基礎法（韓国）
　→　国民基礎生活保障法（韓国）
基礎老齢年金（韓国）　178-180
基本所得　→　ベーシックインカム
キャッシュ・フォー・ワーク（cash for work: CFW）　9, 131-134, 136, 140, 145, 146, 149, 150, 152, 154-158, 232
急進党（アルゼンチン）　23, 39-41, 47, 49
強制　16, 18, 135, 136, 141, 142, 145, 151, 153, 159, 231, 232
勤労貧困（韓国）　168, 170, 173, 179, 183-186, 190
クルジック＝ロストコフスカ（Kluzik-Rostkowska, Joanna）　221
経路依存性　13
敬老年金（韓国）　178
ケインズ型福祉国家　4, 102, 103, 115
言説的制度論　15, 17, 18, 60-62, 230
現物給付　7, 112, 133, 148, 154, 155, 232
公的扶助　7, 168, 169, 173, 179, 181, 182, 185
高齢者手当（社会年金）（南アフリカ）　97, 99, 106, 107, 108, 113, 116
国際食料援助　131, 149
国際伝播　12, 15, 29, 30
国民皆年金　178, 179, 185
国民基礎生活保障法（韓国）　167, 169, 172, 173, 177, 185, 188, 195
国連ラテンアメリカ・カリブ経済委員会（CEPAL）　35, 43
子ども手当（普遍的子ども手当）（アルゼンチン）　8, 18, 23-28, 30-35, 38-53, 229
子ども手当（南アフリカ）　9, 97-104, 106, 107, 110-112, 114-116, 119-124, 230,
子ども手当（中東欧）　8, 9, 197, 199, 203, 210-215, 217-219, 232
子ども手当（スロヴァキア）　8, 210, 212, 214, 232
子ども手当（チェコ）　210-213, 218, 219, 232
子ども手当（ハンガリー）　8, 210, 212, 214, 215, 232
子ども手当（ポーランド）　210, 212, 213, 217, 219, 232
個別給付制度／体系（韓国）　168, 189, 195

【さ行】

災害リスク管理食料安全保障部門（Disaster Risk Management and Food Security Sector: DRMSS）（エチオピア）　151
最低生活保障　5, 9, 18, 197, 199, 203, 204, 210-215, 232
最低生計費（韓国）　167, 177, 180, 185, 188-190, 195, 232
自衛（ポーランド）　216, 217
死角地帯（社会保障の）　168, 170, 183, 185
児童手当（韓国）　170, 182
市民プラットフォーム（ポーランド）　209, 213, 217, 219, 221
市民民主党（チェコ）　206, 219
社会構築主義　15, 29, 62
社会手当（南アフリカ）　18, 97-99, 101, 103, 104, 106, 107, 109-113, 116-119, 121, 123, 124, 230, 231
社会手当（韓国）　167, 168, 170, 171, 173, 178-182, 185, 186, 190
社会的投資　5, 6, 97, 102, 103, 114, 117, 120, 123, 124, 231
社会的保護　6-8, 10, 100
社会党（アルゼンチン）　46, 47, 49
社会党（ハンガリー）　206, 209, 214, 215
社会年金（南アフリカ）
　　→　高齢者手当（社会年金）（南アフリカ）
社会保障基本法（韓国）　187, 189
社会民主党（チェコ）　59, 206, 212, 218, 222, 230
出産一時金（ポーランド）　213, 217, 218
シュピドラ（Špidra, Vladimir）　222
障害者手当（アルゼンチン）　32
障害者手当（南アフリカ）　32, 97, 106, 113, 232
障害者年金（韓国）　180, 232
障害手当（韓国）　173-175, 177, 178, 180
条件付現金給付　5, 9-13, 18, 24-28, 30, 33-38, 41, 44, 46, 48-53, 59-62, 65-67, 69, 70, 72, 73, 75, 76, 82, 83, 85-88, 90, 91, 103, 113, 114, 229, 230, 232
食料安全保障　131-134, 136, 140-142, 149-152, 155, 158, 159
所得保障　76, 77, 168-170, 178-182, 186
資力調査　4, 7, 8, 11, 41, 101, 104, 108, 112, 114, 115, 120, 124, 169-171, 173, 179, 182, 186, 188
新自由主義　3-5, 31, 34, 39, 42, 46, 63, 73, 78, 81, 98, 100, 101, 103, 117, 119, 120, 122-124, 137, 156, 158, 231
人種差別（南アフリカ）　97, 100, 108-110
人的資本　5, 6, 9, 10, 14, 18, 24, 28, 33-35, 37, 38, 41, 46, 48, 50-53, 66, 103, 113, 118, 134, 154, 230, 232
スメル（スメル＝社会民主）（スロヴァキア）　210, 214
ズリンダ（Dzurinda, Mikuláš）　214
スロヴァキア　4, 8, 18, 197, 210, 214, 218, 232
生計給付（韓国）　168, 169, 173, 188, 195
政策伝播　28, 102, 124, 132, 134-136, 140, 158, 159, 231
生産的セーフティ・ネット・プログラム（Productive Safety Net Program：PSNP）（エチオピア）　132, 149-152, 154-157
世界銀行　6, 7, 10, 35-38, 49, 52, 113, 135, 137, 138, 142, 151, 156, 158, 198
選別的（な給付）／選別主義　61, 69, 73, 78-81, 87, 91, 213

【た行】

男性稼ぎ主（モデル）　101, 103, 115, 116, 124
チェコ　4, 18, 197, 200, 206, 210, 213, 215, 216, 218, 219, 222, 232
中間層　61, 72, 75, 76, 81-87, 90, 91, 202, 205, 230
調整的言説　63
デモグラント（demogrant）　182, 186

伝達的言説　60, 61, 63, 65, 76, 81, 86, 88, 90, 230, 232

【な行】

ナミビア　116

【は行】

朴槿恵　167, 168, 170-172, 180, 182, 186-189
ハンガリー　4, 8, 18, 197, 198, 205, 206, 210, 214, 215, 232
貧困の世代間連鎖　6, 9, 24, 25, 41, 103, 232
貧困の罠　39
フィデス（ハンガリー）　206, 209, 214, 215
フード・フォー・ワーク（food for work: FFW）　9, 131-134, 136, 140, 145, 146, 148-150, 152, 154-158, 231
普遍的（な給付）／普遍主義／普遍的手当　8, 11, 18, 23-28, 30, 31, 33-35, 37-47, 49-53, 61, 69, 70, 73, 77-81, 87, 90, 91, 101, 114, 120, 124, 167, 168, 170, 171, 178, 179, 182, 186, 187, 215, 229, 230, 232
普遍的子ども手当（アルゼンチン）
　→ 子ども手当（アルゼンチン）
ブラジル　3, 9, 10, 15, 18, 24, 27, 35, 38, 43, 46, 50, 52, 59-62, 64-67, 69, 71-88, 90, 91, 100, 182, 190, 229, 230, 232
プログレサ　113, 114
ベーシックインカム　8, 14, 18, 23-28, 33, 34, 37-43, 45, 47, 50-53, 61, 70, 73, 75-81, 90, 91, 167, 168, 170, 171, 182, 186, 189, 190, 229, 230, 232
ペロン党（アルゼンチン）　31, 32, 36, 43, 45
法と正義（ポーランド）　209, 213, 216, 217, 221
ホイザーマン（Häusermann, Silja）　199, 201, 203
ポーランド　4, 18, 197, 198, 200, 209, 210, 213-217, 219, 221, 232
ポスト民主化期（韓国）　172, 173, 190
ボルサ・ファミリア　10, 18, 59-61, 65-88, 90, 91, 182, 230

【ま行】

マッチュム（ニーズ対応）型給付／福祉／社会保障（韓国）　167, 168, 170, 171, 173, 186-188
南アフリカ　3, 9, 13, 18, 97-104, 106, 107, 113-116, 119, 122-124, 229-232
民主化（韓国）　170-174, 180, 190, 191
民主左派同盟（ポーランド）　209, 213
メキシコ　10, 24, 27, 35, 43, 46, 50, 52, 59, 113, 114

【や行】

養育手当（南アフリカ）　97, 99-101, 107-112, 115, 116, 118-124, 230, 231
養育手当（韓国）　181

【ら行】

ルーラ大統領／政権（Lula da Silva, Luiz Inácio）　59, 65, 69-71, 73-75, 78-81, 83-85, 88, 90, 230
歴史的制度論　12, 13, 15, 17, 27, 62, 101
労働・雇用・社会保障省（アルゼンチン）　37, 38, 46, 51
老齢手当（韓国）　173-178

【わ行】

ワークフェア　8, 18, 36, 37, 133, 141, 231

複製許可およびPDF版の提供について

　点訳データ，音読データ，拡大写本データなど，視覚障害者のための利用に限り，非営利目的を条件として，本書の内容を複製することを認めます。
　出版企画編集課転載許可担当に書面でお申し込みください。

　〒261-8545　千葉県千葉市美浜区若葉3丁目2番2
　日本貿易振興機構 アジア経済研究所
　研究支援部出版企画編集課　転載許可担当宛
　http://www.ide.go.jp/Japanese/Publish/reproduction.html

　また，視覚障害，肢体不自由などを理由として必要とされる方に，本書のPDFファイルを提供します。下記のPDF版申込書（コピー不可）を切りとり，必要事項を記入したうえ，出版企画編集課 販売担当宛ご郵送ください。折り返しPDFファイルを電子メールに添付してお送りします。

　ご連絡頂いた個人情報は，アジア経済研究所出版企画編集課（個人情報保護管理者－出版企画編集課長 043-299-9534）が厳重に管理し，本用途以外には使用いたしません。また，ご本人の承諾なく第三者に開示することはありません。

アジア経済研究所研究支援部 出版企画編集課長

PDF版の提供を申し込みます。他の用途には利用しません。

宇佐見耕一・牧野久美子編『新興諸国の現金給付政策――アイディア・言説の視点から――』　研究双書No. 618　2015年

住所 〒

氏名：　　　　　　　　　　　年齢：
職業：
電話番号：
電子メールアドレス：

宇佐見耕一（アジア経済研究所地域研究センター主任研究員）

牧野久美子（アジア経済研究所地域研究センター　アフリカ研究グループ副主任研究員）

近田　亮平（アジア経済研究所地域研究センター　ラテンアメリカ研究グループ副主任研究員）

児玉　由佳（アジア経済研究所地域研究センター　アフリカ研究グループ主任研究員）

金　　早雪（信州大学学術研究院社会科学系教授）

仙石　　学（北海道大学スラブ・ユーラシア研究センター教授）

―執筆順―

新興諸国の現金給付政策
――アイディア・言説の視点から――　研究双書No.618

2015年3月5日発行　　　　定価［本体2900円＋税］

編　者　　宇佐見耕一・牧野久美子

発行所　　アジア経済研究所
　　　　　独立行政法人日本貿易振興機構
　　　　　〒261-8545　千葉県千葉市美浜区若葉3丁目2番2
　　　　　研究支援部　電話　043-299-9735
　　　　　　　　　　　FAX　043-299-9736
　　　　　　　　　　　E-mail syuppan@ide.go.jp
　　　　　　　　　　　http://www.ide.go.jp

印刷所　　日本ハイコム株式会社

Ⓒ独立行政法人日本貿易振興機構アジア経済研究所　2015
落丁・乱丁本はお取り替えいたします　　　　無断転載を禁ず
ISBN978-4-258-04618-8

「研究双書」シリーズ

(表示価格は本体価格です)

617	**変容する中国・国家発展改革委員会** 機能と影響に関する実証分析 佐々木智弘編　2015年　近刊	中国で強大な権限を有する国家発展改革委員会。市場経済化とともに変容する機能と影響を制度の分析とケーススタディーを通じて明らかにする。
616	**アジアの生態危機と持続可能性** フィールドからのサステイナビリティ論 大塚健司編　2015年　近刊	アジアの経済成長の周辺に置かれているフィールドの基層から、長期化する生態危機への政策対応と社会対応に関する経験知を束ねていくことにより、「サステイナビリティ論」の新たな地平を切り拓く。
615	**ココア共和国の近代** コートジボワールの結社史と統合的革命 佐藤章著　2015年　近刊	アフリカにはまれな「安定と発展の代名詞」と謳われたこの国が突如として不安定化の道を歩むに至ったのはなぜか。世界最大のココア生産国の1世紀にわたる政治史からこの問いに迫る。本邦初のコートジボワール通史の試み。
614	**「後発性」のポリティクス** 資源・環境政策の形成過程 寺尾忠能編　2015年　223p.　2,700円	後発の公共政策である資源・環境政策の後発国での形成を「二つの後発性」と捉え、東・東南アジア諸国と先進国を事例に「後発性」が政策形成過程に与える影響を考察する。
613	**国際リユースと発展途上国** 越境する中古品取引 小島道一編　2014年　286p.　3,600円	中古家電・中古自動車・中古農機・古着などさまざまな中古品が先進国から途上国に輸入され再使用されている。そのフローや担い手、規制のあり方などを検討する。
612	**「ポスト新自由主義期」ラテンアメリカにおける政治参加** 上谷直克編　2014年　258p.　3,200円	本書は、「ポスト新自由主義期」と呼ばれる現在のラテンアメリカ諸国に焦点を合わせ、こでの「政治参加」の意義、役割、実態や理由を経験的・実証的に論究する試みである。
611	**東アジアにおける移民労働者の法制度** 送出国と受入国の共通基盤の構築に向けて 山田美和編　2014年　288p.　3,600円	東アジアがASEANを中心に自由貿易協定で繋がる現在、労働力の需要と供給における相互依存が高まっている。東アジア各国の移民労働者に関する法制度・政策を分析し、経済統合における労働市場のあり方を問う。
610	**途上国からみた「貿易と環境」** 新しいシステム構築への模索 箭内彰子・道田悦代編　2014年　324p.　4,200円	国際的な環境政策における途上国の重要性が増している。貿易を通じた途上国への環境影響とその視座を検討し、グローバル化のなか実効性のある貿易・環境政策を探る。
609	**国際産業連関分析論** 理論と応用 玉村千治・桑森啓編　2014年　251p.　3,100円	国際産業連関分析に特化した体系的研究書。アジア国際産業連関表を例に、国際産業連関表の理論的基礎や作成の歴史、作成方法、主要な分析方法を解説するとともに、さまざまな実証分析を行い、その応用可能性を探る。
608	**和解過程下の国家と政治** アフリカ・中東の事例から 佐藤章編　2013年　302p.　3,700円	紛争勃発後の国々では和解の名のもとにいかなる動態的な政治が展開されているのか。そしてその動態が国家のあり方にどのように作用するのか。綿密な事例研究を通して紛争研究の新たな視座を探究する。
607	**高度経済成長下のベトナム農業・農村の発展** 坂田正三編　2013年　236p.　2,900円	高度経済成長期を迎え、ベトナムの農村も急速に変容しつつある。しかしそれは工業化にともなう農村経済の衰退という単純な図式ではない。ベトナム農業・農村経済の構造的変化を明らかにする。
606	**ミャンマーとベトナムの移行戦略と経済政策** 久保公二編　2013年　177p.　2,200円	1980年代末、同時期に経済改革・開放を始めたミャンマーとベトナム。両国の経済発展経路を大きく分けることになった移行戦略を金融、輸入代替・輸出志向工業、農業を例に比較・考察する。
605	**環境政策の形成過程** 「開発と環境」の視点から 寺尾忠能編　2013年　204p.　2,500円	環境政策は、発展段階が異なる諸地域で、既存の経済開発政策の制約の下、いかにして形成されていったのか。中国、タイ、台湾、ドイツ、アメリカの事例を取り上げ考察する。